目　录

序言　与"敌人"的相遇 1

第一章　授予李梅将军的勋章

与"李梅空袭"的相遇 9
步步高升 10
"夜间无差别燃烧弹轰炸" 13
超级大烟花 15
麦克纳马拉的告白 16
轰炸机比原子弹更管用 19
近乎"造反"的行动 20
核战争的边缘 23
李梅"想打的战争" 24
与德累斯顿的差距 26

第二章　行使武力的基因

"宪法第二修正案"的大旗 32
历经210余年从未修改 33
不知道甘地的美国人 36
教材也无可奈何的解释 38
胆小怕事的最高法院 39
支持全国步枪协会的布什政府 41
"枪支越多犯罪越少" 43

劳伦斯·H.却伯的"变节"...45

第三章　从"无秩序"中诞生

妥协之大成...51
既成事实化的第二修正案...53
州权的分量...55
从英国继承...57
"良好纪律之民兵"的诞生...58
权利法案的复活...59
亚当·斯密的先见之明...61

第四章　原点的"五月花"号

"没有范本之国"的民主主义...64
靠烟草幸存下来的弗吉尼亚...66
在《"五月花"号公约》上签名...68
3名领头人的紧密团结...70
罗宾森告诫的意义...73
"恰如其分的武装集团"...74
与印第安人的和平友好条约...76
波士顿的崛起...77
普利茅斯最后的日子...79
大觉醒运动也助了一臂之力...80
"形色各异的人们"...81

第五章　对"命中注定"的信奉

普利茅斯的神格化...85
"演员"的"啰唆的爱国心"...86

持枪的民主
所谓美国的成立

銃を持つ民主主義
「アメリカという国」のなりたち

[日]松尾文夫◎著
刘　星◎译

世界知识出版社

图字：01-2020-4820

銃を持つ民主主義——「アメリカという国」のなりたち
Copyright © 松尾文夫 2004
持枪的民主——所谓美国的成立
Copyright © 世界知识出版社 2020

图书在版编目（CIP）数据

持枪的民主——所谓美国的成立 /（日）松尾文夫著；刘星译 . —北京：世界知识出版社，2020.12
ISBN 978-7-5012-6310-3

Ⅰ.①持… Ⅱ.①松… ②刘… Ⅲ.①民主—研究—美国 Ⅳ.①D771.221

中国版本图书馆CIP数据核字（2020）第224725号

责任编辑	袁路明
责任出版	赵　玥
责任校对	陈可望
封面设计	山　峰

书　　名	**持枪的民主——所谓美国的成立** Chiqiang de Minzhu — Suowei Meiguo de Chengli
作　　者	［日］松尾文夫
译　　者	刘　星
出版发行	世界知识出版社
地址邮编	北京市东城区干面胡同51号（100010）
网　　址	www.ishizhi.cn
电　　话	010-65265923（发行）　010-85119023（邮购）
经　　销	新华书店
印　　刷	河北新华第一印刷有限责任公司
开本印张	980×680毫米　1/16　18½印张
字　　数	290千字
版次印次	2020年12月第一版　2020年12月第一次印刷
标准书号	ISBN 978-7-5012-6310-3
定　　价	86.00元

版权所有　侵权必究

"自由的帝国" ... 88
与太平洋的相遇 ... 90
门罗主义的实像 ... 91
"不落的太阳" ... 93
"带着锄头和枪" ... 94
暗藏的种族歧视意识 ... 96
作为起点的南北战争 ... 98

第六章 "歧视"与"排斥"

"歧视"起家的建国 ... 101
"地下铁路"组织的活跃 ... 102
处于劣势的南方各州 ... 104
"歧视黑人和毒气室毫无二致" ... 106
四个世纪仍未增长的人口 ... 107
杀戮的轨迹 ... 109
细菌武器的使用 ... 112
形同废纸的条约 ... 114
努力经营赌场的日日夜夜 ... 116
施瓦辛格新州长也在利用 ... 117

第七章 常备军与多民族之力

对常备军的否定思想 ... 121
华盛顿的民主主义DNA ... 123
形骸化的民兵 ... 125
想问一下华盛顿 ... 127
少数民族和女性占40% ... 128
赤裸裸的自我批判 ... 130
"改善措施"是至上命令 ... 132

与埃德蒙德的相识..134
黑人民权运动的残照..136
如何看待松井秀喜和铃木一朗（ICHIRO）..........................139

第八章　分水岭的1968年

约翰逊的悲剧..143
出类拔萃之辈的登场..145
不好对付的胡志明..147
苍白的胜利..149
自由派的自毁长城..150
"肯尼迪的战争"..152
被中国理解了的堪萨斯城演讲..155
战争"越南化"的"出路"..156
"南方战略"的剧本..158
自掘坟墓..160
揭开民主党的伤口..161
追踪"转变中的美国"——李思曼教授访谈录（上下两次连载）..........162
分水岭的证据..169

第九章　新保守主义的真容

"国家建设"的考验..172
重逢"高亢"..175
与"新美国世纪计划"（PNAC）相识..176
"自由帝国"的责任..178
新版"出类拔萃之辈"的集团..180
鲍威尔的监督作用..182
与自由派决裂的集团..184
冷静的欧文·克里斯托..185

"命中注定"的影子..................186

第十章 "反击"与"出路"

"拔河"比赛中的总统..................190
早睡早起的总统..................191
拿"柏林空运"做例子..................193
"自由之鹰"的存在..................195
"逆袭"的深层心理..................196
布特的转变..................199
实用主义的单边主义..................201
实用主义的经历..................202
被抛弃的南越政权..................204
与新保守主义对立的国防部长..................206
窥视"出路"战略..................207
里根的安定感..................209
瓦蓝瓦蓝的眼睛..................211
与切尼、拉姆斯菲尔德的相识..................212
"不要瞧不起里根"..................214

尾章 可以实现"德累斯顿的和解"吗?

54个国家参加..................216
访问史克罗比..................217
没有第二修正案的英国..................219
再一次回到赫尔佐克的演说..................222
与德国的不同..................225
仍然是"历史问题"..................226
没有提及广岛和长崎的死者..................228
知觉的震撼..................230

后　　记	233
文库版后记	236
中文版追加章	242
美国历任总统	264
美国的发展历程与日本、世界	267
解　　说	285

序言　与"敌人"的相遇

见到杜立特的轰炸机

我与美国的关系开始于太平洋战争。不过即使这么说也并不是在战场上交过手，而是作为一名非战斗人员，受到飞到日本本土的美国军用飞机攻击的威胁、疲于逃命，最后又遭遇了美国使用燃烧弹的无差别轰炸，非常侥幸地遇到了没有爆炸的炸弹才捡回一命。

在为这个因武力干涉伊拉克而打开了"潘多拉之盒"，日本也不应对此放任不管的美国提笔而书之际，我怎么也必须先从这段亲身体验写起。而令人意外的是，对这段经历的写作可谓一气呵成。

我是昭和8年、也就是1933年出生的。1941年12月日美开战时我是8岁的国民学校二年级学生。1945年8月战败时则是12岁的六年级学生，属于在"鬼畜美英"口号下，认真接受唱着"尼米兹、麦克阿瑟滚出来"之军国主义教育的"少年国民"一代。

"为什么日本兵比美国兵厉害？这是因为美国的厕所都是座式的，没办法锻炼腰""我们从南洋（东南亚——译者）运来了数不胜数的橡胶，日本的道路最终都会用橡胶铺装"，上课时我认真地听这样的授课内容。教室里坐在我旁边的是一位从蒙古来的优秀青年，他作为旨在培养"大东亚共荣圈"未来领导人的日语研修计划的一环来到日本，还亲切地教我算数。我也曾在图画课上因在美国和日本地图上画了两国小孩儿进行拔河比赛而获过奖。也是由于父亲和祖父都是陆军职业军人，那时候我每天想的只是考上陆军幼年学校。

第一次看见美国人的脸正是这个时候，也是和杜立特编队的初次见面。杜立特编队之所以名垂青史，是因为其对以东京为中心的日本本土的奇袭动摇了日本军部的军心，也诱发了日本在中途岛海战的失败。

在日本仍沉浸于奇袭珍珠港后胜利气氛中的1942年4月18日正午过后,刚上三年级的我上完周六的课,走出现仍位于新大久保站附近的山手线内侧的户山国民学校(现在的户山小学校)校园,正徒步经过我家附近,也就是离山手线另一侧宽阔的户山原演习场不远,现在是东京一大外国人聚居区的百人町。

突然,从东边保善商业、海城学园方向的空中传来了巨大的发动机轰鸣声,随后出现了从未见过的两个垂尾、两个发动机的大型飞机,一眨眼的工夫就消失在西边的新宿方向,也就是在我眼睛的斜上方从左飞向右方。

飞机真的是贴着地面,就好像擦着两层高的学校楼顶飞过去一样。不过,也因为这样,我才看清了戴着防风眼镜、坐在操纵席前侧也就是沿飞行方向右侧的白人飞行员的脸。飞行员穿着深茶色的皮质飞行服,白色的脸庞和高耸的鼻梁,至今仍记忆尤深。飞机是土黄色的,机体上标着蓝色的星星。

直到东边天空出现应是高射炮发射的黑色弹幕、接着四处响起防空警报声之后,才知道是美国飞机来了。这个时候还没有"敌机来袭"的恐怖感,现在想来更多的是第一次见到这么大的飞机后的兴奋。回家后告诉了母亲这件事,母亲一脸惊恐并再三叮嘱"在外边什么也别乱说",这时候才真正感到害怕了。那天晚上几度梦魇,现在想起仍仿佛是昨日之事。

我看见的这架飞机正是第一次空袭东京的杜立特机群一号机,幸运的是还有证明这一点的资料。作家吉村昭在2001年7月出版的《东京的战争》(筑摩书房版)中写道,当天几乎在同一时刻,吉村正在日暮里自家房顶晒衣台上放风筝时看见两个发动机的飞机在眼前飞过,飞行高度之低"好像就要与风筝缠在一起,不禁慌乱地收紧了风筝线"。根据吉村的回忆,这是杜立特机群中的一架B-25轰炸机,两名飞行员都系着橘黄色的围脖。战记作家半藤一利除日方资料外还利用美方资料进行了详细的论证,并将其研究成果发表在了月刊《文艺春秋》2002年5月号的《4·18东京空袭中的轰炸机——"东京的战争"

战史侦探调查报告书》一文之中，这篇文章也证实了吉村的证言。

根据半藤一利的研究，从"大黄蜂"号航母上抱着誓死决心起飞的杜立特机群共16架B–25轰炸机中，包括杜立特驾驶的飞机在内共6架飞到了东京上空。将每架飞机的航线与地图相参照后，半藤认定从吉村家横飞而过的正是杜立特驾驶的那架飞机。杜立特的驾机从日暮里吉村家飞向中野方向，我所在的户山国民学校附近毫无疑问就在这条航线上。半藤的精心调查还显示，我看见的高鼻梁白人飞行员是坐在机舱右侧副驾驶席上的副驾驶理查德·E.科尔中尉。也就是说，很遗憾我没能看见坐在正驾驶席上的机群队长杜立特中校。不过，我却没有他们戴着橘黄色围脖的印象。

"缺陷面包篮"救我一命

现在想来，遇到轰炸机的时候还是比较从容的。

进入四年级后，从被疏散到故乡福井市前后开始，军国少年的意气风发就消失了踪影。天天都在"勤劳服务"，要么在田地里拾麦穗，要么用汽油桶蒸蚂蚱在校园里晒干碾碎后制成辅食。上课也被抛开不管，为了分辨美军飞机发动机声音进行的音阶考试和为了成为少年兵而进行的器械体操成了每天的必修课。

到了五年级第三学期，我在父亲工作的香川县善通寺迎来了战败的1945年新年，从那时起每天都会受到美国航母上飞来的格鲁曼F6F"地狱猫"战斗机扫射的威胁。默默地将被打着绑腿的中学生为采集松根油而伐倒的红松从山上运出来的我们这些"少年国民"、也就是说还没有打绑腿的非战斗人员的队伍也被"地狱猫"毫不留情地追着扫射。

3月份后，为了备战，美军登陆日本本土，父亲转调到了高知县。我们一家到金比罗宫参拜，在琴平停泊一晚并完成了与楠木正成、正行父子"樱井之别"类似的仪式后的第二天，母亲带着我和弟弟再次返回福井。当我们走到高松时，因为"地狱猫"战斗机的反复攻击，宇高联络船已经无法开通定期航班了。在高松港的栈桥等待一昼夜后，终于回到了本州，火车经过的神户、大阪仅仅在四个月之间就已经成了一片废墟。

在投降27天前的1945年7月19日的夜晚，福井市也终于遭到了127架B-29轰炸机的夜间轰炸。根据1978年福井市民团体以福井市政府战灾史编纂室资料为中心编写的《福井空袭史》，从7月19日深夜10时55分左右开始的约两个小时的空袭中，一共有两种凝固燃烧弹9466发、高爆弹5发被倾泻到了拥有99940人、南北4.8公里、东西3.2公里的福井市。空袭受害者比率高达93.2%，房屋的烧毁率达到96%，死者1784人，重伤、轻伤者6039人，也就是说，一座城市消失了。

我所住的福井市东部的手寄上町55番地也没逃过此劫。家的周围随着爆炸声亮如白昼，母亲带着弟弟、妹妹、侄子等12个人越过家门前横跨荒川河的桥梁，向着越前平原东部吉野岳的水田地区逃去。此时，桥的栏杆和道路两侧的人家已经燃起了熊熊大火。在橘黄色的烈焰中，北陆地区特有的涂成紫红色的房屋被映照得格外鲜艳，这一光景至今仍然历历在目。

刚在田间小道走到尽头的红薯地伏下身来，随着一声从天而降的巨响，防空头巾上一下子溅满了暴雨般的农田泥水。这是捡回一条命的瞬间。现在都记得母亲把我的右手紧紧攥得生疼。这枚装着38发凝固汽油弹（napalm）的M-69集束炸弹碰巧出现了故障，没有按照设定在离地面300米处打开，而径直掉落到我们眼前的水田中，只是掀起了巨大的泥柱而没有爆炸。

不知何故那个时候在东京这种炸弹被称为"莫洛托夫面包篮"。此后在和美国人提起正是托了这个"缺陷面包篮"的福才得以活到今天时，一半的人会笑起来，另一半的人则露出认真的表情。B-29真的很执着，毫不在乎地露着银白色的机体一圈一圈地在头顶上盘旋。现在想来，这种四个发动机的庞然大物看起来就像硕大的鲨鱼。

发动机的声音消失后，夜色褪去黎明到来之际，返回市区的我第一次看到了人的尸体。沿着农业用路排列的肥料堆可能因在上空看像是碉堡而遭到了机枪扫射，旁边横躺着肢体受损的尸体。进入市区后，马路上和烧焦的房屋门口横卧着多具漆黑的尸体，还有的尸体右手向上好像要抓住天空。市中心福井城遗址护城河的水面上则飘满了男女死者的尸体。

正呆立在只剩下两个门柱而其他已荡然无存的家门口时，一架B-29慢悠悠地从低空飞了过来。谁都看得出来这是在侦查和确认战果。没有一个人想着要逃跑，只是往上看着，因为每个人都明白，已经没有任何值得轰炸的东西了。

第二天，我们在离岐阜县很近的大野市深山中的曹洞宗第二道场荐福山宝庆寺落下了脚。这是因为追随曹洞宗开山道元禅师从中国远渡而来的寂圆禅师在道远去世后于1229年建立的这座古刹的住持也兼任我家菩提寺的住持，在这里真是过着一无所有不吃不喝的生活。

即便这样，为了让我上中学和参加陆军幼年学校的考试，母亲还是没让我住在山里面，而命令我上大野市内的国民学校，并住在市内的尼姑庵和菩提寺中。在高知"护士"部队的父亲给我寄来了明信片，告诫我要"抱着突破空袭的自信奋发努力考上中学"。于是我就继续过着周末走上单程12公里山路回到母亲身边的生活，直到8月15日的到来。

为什么和美国开战

一瞬之间军国少年的世界就消失了。在学校，以前一直挂在教室正面白墙上的日章旗的镜框里换成了圣母玛利亚。我还记得当问老师"为什么啊"之后老师困惑的表情。11月我回到了福井市，1946年3月，在郊外被烧得只剩残垣断壁的寺庙本堂里举行完毕业典礼后进入县立中学前夕，在复员回家的父亲的强烈意志下，全家迁往了东京。从此我也被卷入了美军占领下的战后社会的漩涡之中。

2003年4月，在电视里看到占领巴格达并拉倒萨达姆铜像的美军士兵和群众的映像时，我的心里又泛起了涟漪，联想到的是当时"被解放"一侧的复杂心情。

幸运的是，我的梦想实现了。1956年我进入共同通信社工作，在大阪担任了4年社会部记者后，1960年5月我被调到了总社外信部，并在肯尼迪与尼克松进行历史上首次电视讨论的总统竞选报道组工作，让我收听当时实时消息唯一来源的美国之音（VOA）的广播，第一个任务就是在洛杉矶民主党全国大会肯尼迪和约翰逊竞争总统候选指名时拼命统计和记录这二位在各州的得票数。此后40余年，我始终对美国进行着追踪观察。

对于我而言，在太平洋战争中与"敌人"美国的相遇，特别是遭受B-29空袭后的冲击至今依旧无法忘怀。"美国是一个什么样的国家？""为什么会进行战争？""为什么输掉了战争？"——与军国少年诀别后每天都强烈意识到的这些疑问始终在脑海里萦绕。特别是由于希望将来成为一名新闻工作者，所以就一直梦想着"成为驻美新闻特派员，努力尝试解答这些疑问"。

1964年12月，我作为驻纽约特派员第一次踏上了美国的土地。尽管东京刚刚成功举办了奥运会，新干线也开始运营，但即便如此，与美国的生活差距仍然巨大。到美国不久后，为了采访马尔科姆·艾克斯（马尔科姆·X）暗杀事件，我来到纽约哈莱姆，发现每个家庭都有热水，这让我着实吃了一惊。这也是1美元兑换360日元的时代。

但是，1965年2月肯尼迪总统遇刺后的继任约翰逊及其民主党政府在成功推动"伟大社会"政策的同时却也点燃了扩大军事干涉越南的导火索并深陷战争之中。这时的美国，反战游行与黑人运动、反体制运动都如火如荼。在总统选举年的1968年里，马丁·路德·金和罗伯特·肯尼迪相继遭到暗杀，芝加哥民主党全国大会全场乱斗等，持续不断的骚乱状态席卷美国社会。

这也是以嬉皮士出现为开端的反文化运动达到顶峰的一年。这期间，继承肯尼迪、约翰逊的民主党自由派政治可谓自取灭亡，只是一味强调恢复"法与秩序"的尼克松入主白宫。两年前调到华盛顿工作的我对这一系列戏剧般的事件进行了采访，直到今天我仍在仔细品味所拥有的这份幸运。

这一年的5月，在前往巴黎采访约翰逊总算接受的与北越（越南民主共和国）的和平谈判时，巴黎开始了"五月风暴"，在因罢工地铁停运的巴黎市内，我靠着双腿四处采访。有名的奥德翁剧院风波就发生在眼前。还有一天，在当时法国共产党党报《人道报》总部前学生与警察发生冲突，现场的我受到法国警察催泪弹的影响而用手帕捂住眼睛时，才意识到发射了催泪弹。

与一个月前在华盛顿因抗议马丁·路德·金律师被暗杀而引发的黑人暴乱中奉命出动的国民警卫队发射的让眼球似乎都要爆裂的强力催泪弹相比，巴黎的催泪弹实在温柔。这时才深切体会到只不过是白人间争斗的巴黎冲突根本无法和美国白人与黑人之间的激烈对立相比较，想到这里心情也随之黯淡了很多。这种感触至今仍十分鲜明。

1972年后，美国投入了超过50万的大军，并付出了5万多名士兵生命却仍败走麦城的越南战争进入了尾声，我也前往印度支那亲身采访，直到1975年4月西贡沦陷。到了20世纪80年代前期，我再次作为驻华盛顿特派员回到美国，目睹和采访了以"强大美国"为口号、将苏联叱为"邪恶帝国"的里根如何以减税和扩军为中心构筑取得东西方冷战胜利和美国一家独大局面之基础的过程。从1984年末到2002年的18年间，我作为经营者从事着与美国信息产业的商业合作，也借此观察了华尔街的真容，没有一年不访问美国。从1945年12岁时开始的与作为"敌人"并遭受其空袭洗礼的美国的接触，现在也是生活的一部分。

"似近实远之邦"

对于日本而言，"美国这个国家是不是一个看似已了解很多但实则仍不了解的国家？""是不是一个似近实远的国家？"作为一名新闻特派员，带着对自己工作的自省，我每天都在自问自答。

今天的世界各国中，恐怕没有一个国家像美国离我们这么近。而松井秀喜、铃木一朗的奋斗和成功，使美国职业棒球大联盟成为日本茶余饭后的话题之一。

政治、经济、军事、社会、文化乃至体育，无论在哪个领域都可以看到和美国的关系。不管日本人是不是意识到这一点，美国的影响渗透到了日本日常生活的各个角落，并还在进一步扩大。与美国东部时间存在14个小时时差（夏时制时13个小时）的远隔万里的距离、历史和文化也大相径庭的两个国家，却维持着如此紧密和浓厚的关系，恐怕在世界历史上也属首次吧。

但是，这与日本人正确了解美国这个国家似乎还是两回事。在表面上十分亲密的背后，日本与美国的关系在深层也不断积累着甚至可称为"擦肩而过"的状况。

因美国军舰而被迫开国却抓住了现代化契机的明治时代，日本几乎没有向美国学习。昭和时代经历了发动与美国的战争、失败和被美国占领，随后，本来通过麦克阿瑟的占领政策和和平宪法等参与日本战后成功实现经济立国的美国，却不知为何在平成时代强烈要求日本进行"改革"，这一系列的"擦肩而过"，或许才是昨天和今天真实的日美关系吧。而双方必须在那场太平洋战争中兵戎相见本身恐怕就是最有力的证明。为此，我们很有必要再一次从了解"美国"这一起点出发。

2004年也是美国东印度舰队司令佩里率领舰队到达浦贺151周年，江户幕府在佩里舰队压力下被迫开放下田、箱馆两个港口，并签署日美亲和条约150周年，也是日本进行了3年8个月战争失败投降59周年。今天，作为"盟国"，日本政府正竭尽全力对在美国占领下诞生的宪法进行解释以不断向伊拉克派遣自卫队。难道现在最重要的不是再次认真地对美国进行了解吗？

2002年5月，我又一次重操旧业，再次走上新闻工作者的道路，正是因为我想再次寻找这个问题的答案。

从这个意义上，本书是最后一代了解曾与美国发生过战争的我对自己这段经历的执着，和与这种执着所进行的没有终点的搏斗记录。

第一章 授予李梅将军的勋章

与"李梅空袭"的相遇

这个话题还得从福井空袭说起。我办公桌上放着一份那天从蒂尼安岛西方机场起飞对福井进行空袭的美国第20陆军航空队第21轰炸机联队第58轰炸机团的空袭记录报告。2003年1月,我在华盛顿近郊的马里兰大学学院公园的美国国家档案馆拿到了这份报告的复印件。

读了报告可以很清楚地发现,这场让我们死命狂奔的空袭在美国方面眼里只是一次简单且绰绰有余的作战行动。这份报告指出,那一天成为燃烧弹攻击目标的福井、日立、铫子、冈崎四座城市是根据"夜间燃烧弹空袭标准"选定的,制定这个标准的目的是为了摧毁日本的战争意志,在大城市之外还将陆续空袭日本全国180个中小工业城市。选定福井是因为在福井市的人口密集地区有生产飞机零件、电气零件、马达、各种金属制品、纤维产品等95家工业设施,而空袭的意义则在于"如果空袭成功,其产业将被破坏,铁路网将被切断,并因此削弱日本战斗力的恢复能力"。

的确,大野市的同学曾证实在福井市周边的主要产业纺织工厂中的一部分设施当时曾在生产军用飞机的零件,并用马车穿过岐阜县送往名古屋方面。

但是,作为当时生活在这一"人口密集地区"的我来说,就算只是12岁的国民学校六年级学生,也很清楚这个空袭的军事意义有多么夸张。老百姓的生活不仅有严重的粮食困难,停电也如家常便饭,远远谈不上有"产业活动"。在这里战斗机甚至高射炮部队的数量是零,连正规部队也没有。报告也记载着根据空袭前航空照片的侦查结果,福井市的防空能力为零的内容。报告对前往空袭和返回途经的敦贺、武生、立石岬、各务原、多治见五处的防空火力也只给了"贫弱""不确定""训练度不足"和"中等规模"等的评估。顺带要说的是，根据报告，美国方面的损失是参加空袭的127架B-29（其中11架是先导机）中只有1架"轻微"损伤，1513名军人中也只有1名负伤。

总之，这是一次杀鸡用牛刀般的空袭，也是美国完全掌握制空权之下对100%的非军事城市的无差别轰炸，而且还是夜间的焦土作战。这次轰炸没有战斗机护航，轰炸结束后127架轰炸机也没有编队飞行而是自行返回。轰炸共投下了953.4吨炸弹，对战果的评估只有"正常"一个词。

这份报告的最后是批准这次作战的责任者签名——第21轰炸机联队司令柯蒂斯·李梅。而我始终难忘的正是这个签名。

柯蒂斯·李梅，这位将军的名字恐怕早已被人们遗忘了。但对我而言，在布什政府以"先发制人"为支柱的新军事战略下发动伊拉克战争的今天，李梅是一个必须再次予以思考和探讨的人物。

这是因为我认为58年前李梅将军计划并实施的日本焦土作战正是"布什主义"的始祖。当然，时代、状况和人物均完全不同，对这些都必须进行冷静的分析。但是，两者却可能"本是同根生"。作为在李梅指挥的B-29夜间无差别燃烧弹轰炸下侥幸捡回一命的我，这是无法回避的工作。在我看来，我在福井的空袭经历才是与真正的"美国"的相逢。

步步高升

柯蒂斯·李梅生于1906年，1990年去世，享年84岁。出生于俄亥俄州哥伦布市的李梅是美国独立后移民美国的法裔父亲和英裔母亲的长子。父亲曾做过木匠、铁路工人，并因为工作从俄亥俄州移居蒙大拿、加利福尼亚、宾夕法尼亚，最后又回到俄亥俄，一家也随着父亲四处奔波。尽管贫困，但家庭十分团结，"做什么事都要坚持到底，绝不要偷懒！"的父训成为李梅一生的座右铭。

无论到哪里，刚烈直率的李梅都是以不打不相识的方法交到朋友的。哥伦布市是莱特兄弟飞机的发祥地，李梅很早就梦想成为一名飞行员。据说此后成为李梅上司并经常提拔李梅的亨利·阿诺德陆军航空队司令在这个时候就曾在少年李梅的头顶上飞过。[1]

一边长期在模具工厂打工一边学习的李梅在从俄亥俄州立大学土木工程专业毕业后，经过ROTC（后备军官训练队）的培训成为第二次世界大战后升为独立军种空军的前身——陆军航空军的战斗机飞行员。但是，李梅认为在现代战争中轰炸机将是更重要的战力，因此志愿转为轰炸机飞行员。恰巧此时李梅作为第一种四发大型轰炸机B-17的驾驶员发挥了其在天文导航飞行中的才能，驾驶B-17从本土起飞实现了与约1300公里外大西洋上的豪华游轮的会合，在第二次世界大战前便已是人气飞行员。

大战爆发后，由于欧洲战场上组成整齐编队从高空进行的瞄准轰炸[2]效果不佳，李梅发明了以松散的编队飞行进行轰炸的战略，这就是空战史上有名的箱形轰炸机编队（combat box）战术，通过错开高度的编队飞行一方面有效集中了防御火力，一方面因长时间沿同一方向飞行使轰炸精度得以飞跃式的提升。而李梅以毫不惧怕德国高射炮的弹幕和战斗机的攻击勇敢指挥轰炸而一举成名。

1944年8月，李梅被调至太平洋战区参加对日作战并出任第20轰炸机联队司令。第20轰炸机联队以中国成都为基地，配备了刚投入实战的B-29战略轰炸机以正式对被日本占领的中国地区和日本本土进行轰炸，而李梅出任司令是陆军航空队司令阿诺德将军亲手提拔的。同年6月，第20轰炸机联队第一次轰炸日本北九州的八幡制铁所，并以此为开端，陆续轰炸了印度尼西亚的巨港炼油厂和中国东北的昭和制铁所等，但却一直没有取得显赫的战果。特别是在8月对八幡制铁所的第二次轰炸中，参加空袭的62架轰炸机被日本战斗机击落了14架。对此强烈不满的阿诺德连续更迭了两名司令，随后作为"撒手锏"启用的就是李梅。被提升为少将的李梅此时才38岁，1940年时他才只是一名中尉，仅仅指挥过飞行中队的人在短短4年内就晋升为指挥轰炸机联队的将军，这样的发迹即使在战争期间也可谓特例中的特例。

李梅担任司令后不久，就亲自操纵飞机指挥对日军占领地区的轰炸行动，12月首次对日军占领的中国汉口进行燃烧弹的轰炸，三天内汉口就被火灾一扫而尽。这一期间李梅再次受到了提拔。此前，从1944年11月起为轰炸日本本土而新成立、以关岛为司令部的第21轰炸机联队战绩低迷，为此阿诺德司令再次发威，于1945年1月任命李梅为该联队司令，并且将第20轰炸机联队中的B–29也划归第21轰炸机联队，将B–29轰炸日本本土的指挥权统一交到了李梅的手中。

在此应该介绍一下阿诺德司令。1907年从西点军校毕业后，本可走精英路线的亨利·阿诺德却志愿从事同年从莱特兄弟那里买下一架飞机开始起步的陆军航空队的工作，并接受了莱特兄弟的直接培训，可谓名正言顺的飞行员开拓者。

1938年阿诺德出任陆军航空队司令，并竭力说服罗斯福总统和产业界制定了建设当时落后于欧洲各国的美国航空军力的一大国家工程。第二次世界大战后，空军成为独立军种，阿诺德则被誉为"美国空军之父"。在阿诺德的强力主导下，1940年9月，也就是日本奇袭珍珠港一年多之前，空军与波音公司签订了开发名垂航空史的杰作——B–29的合同。

1945年1月，阿诺德头脑中想的是如何建功立业，即充分发挥生产未赶上欧洲战场的B–29强大的轰炸能力，全面破坏日本的社会经济基础，通过与伊拉克战争同样的"震撼与恐惧"效果，消灭日本国民的战争意志，从而不必将战局拖至登陆日本进行决战的阶段就迫使日本投降。他也期待在这个战果的基础上，将空军从陆军中独立出来。

阿诺德司令是位处理关系的能手，他默不作声地尝试将航空部队之珍品的B–29从只把航空部队视为陆军支援部队的麦克阿瑟元帅手中剥离出来。他说服了与麦克阿瑟元帅难以合拍的老友马歇尔陆军参谋长，成功地将第20航空队直接划归当时形式上由罗斯福总统担任主席的联合参谋部管辖。在日本败局基本已定的情况下，包括8月后在广岛、长崎投掷原子弹在内，美国军方内部展开了色彩浓厚的政治博弈。[3]

"夜间无差别燃烧弹轰炸"

李梅将军百分之百地没有辜负阿诺德司令的期待，他发明了在夜间使用燃烧弹轰炸包括非战斗人员、即普通市民居住区在内的整座城市的"夜间无差别燃烧弹轰炸"战术。这个新战术在以下四个方面颠覆了以往的常识。

① 由于日本本土上空强烈的偏西风所造成的机体晃动，白天从高空（6000—9000米）编队飞行使用诺顿光学瞄准具的瞄准轰炸效果欠佳。根据这一判断，轰炸改为各机从1500—2700米低空单独行动的方式。轰炸机在投弹结束后自行返回基地，这是由于不进行编队飞行可以节约燃料，延长续航距离。

② 拆除飞机上的防御武器并不设置机炮手。节省出来的重量可以装载更多的炸弹。由于木造房屋众多这一日本的特殊性而大量使用燃烧弹，最大可以装载6吨炸弹。

③ 进行夜间轰炸。在夜间缺乏雷达设备的日本战斗机和高射炮等防空武器无法充分迎击，消防系统也难以发挥作用。夜间轰炸后返回基地时正逢黎明，也便于对紧急着陆的飞机和机组人员进行救助。

④ 除东京等大城市外，还制定了人口在2—4万以上的180个中小城市的名单，并逐一实施焦土化轰炸，消灭日本国民的战斗意志。同时在日本全国的主要港口布设鱼雷，使日本处于被封锁状态。

简而言之，这一"夜间无差别燃烧弹轰炸"新战术从制定之日起就明确地将非战斗人员的普通市民定为攻击目标，从而告别了李梅司令的前任们所坚持的传统战略轰炸，即尽管结果上普通市民也受到伤害，但首要空袭目标被限定在军队设施和军需工厂等军事目标的"高空昼间瞄准轰炸"方式。

李梅将军改变战术的原因众说纷纭，有的说来自于李梅在成都时使用燃烧弹轰炸汉口的成功经验，有的说是受到了1945年2月13日夜晚指挥轰炸德国古都德累斯顿、被称为"英国李梅"的英国空军轰炸机部队司令哈里斯发动的无差别全面破坏轰炸的影响。还有的研究将原因归结于作战勇猛指挥果敢、并经常叼着烟卷桀骜不驯的李梅将军"狂暴的性格"。

但是我认为，李梅制定的"夜间无差别燃烧弹轰炸"战术应被理解为是美国对日战争战略的产物。

1943年10月，罗斯福总统1940年成立的国家防务研究委员会（National Defense Research Committee NDRC）下属部门在犹他州盐湖试验场对刚研制成功的M69燃烧弹进行了实验。这个实验相当精密，使用与当时东京和柏林普通市民住宅的布局、建材、家具、涂料、生活用品等所有实物完全相同的材料，分别搭起了16栋住宅。现在还保留着这些住宅在M69投弹前、投弹后10分钟、15分钟、20分钟燃烧情况的照片。根据燃烧的结果，一份结论为M69对日本住宅具有极为优越燃烧性能的《燃烧弹报告》被呈递到了阿诺德司令的手中。

M69是由以国家防务研究委员会得力成员的标准石油公司副总裁、化学专家拉塞尔（Richard P. Russell）为中心开发研制的。其特征是最早使用了强力凝固汽油（napalm），载有上下两层，每层由19枚重量轻、尺寸小（长约50.8厘米、直径7.62厘米、重约2.8千克）的正六角形燃烧筒、共计38枚组成的集束燃烧弹。燃烧弹会在距离地面300米处爆裂，凝固汽油被弹筒着地的冲击点燃并开始燃烧后，在半径30米的方圆内形成1300摄氏度（华氏2400度）左右的火焰，火焰可以吞噬这个范围内所有的可燃物并使之完全燃烧。即使火焰散落到了地上，强大的火势也可形成缺氧状态可置人于死命。此外，当时的消防技术很难灭火，而即使被溅上少许飞出的凝固汽油泡沫，也会导致无法治愈的烧伤。

所以，那天晚上在福井市的我真的是九死一生。

此外，与国家防务研究委员会合作的还有一家二战前曾有在日本营业经验的美国民营火灾保险公司，这家公司向委员会提供了说明"日本的街道在火焰攻击下异常脆弱"的数据，并强烈说服政府和军方使用燃烧弹进攻将有利于结束战争。美国历史学家罗纳尔多·谢弗（Ronald Schaffer）的著作详细记录了这一段游说工作，在罗纳尔多·谢弗[4]看来，美国对日本的这种进攻是在正义名义下进行的"缺乏道德的无差别杀戮"。而早在1939年春,陆军航空队战术学校的教员C.托马斯就在授课时指出1923年关东大地震的惨状证明了燃烧弹将对日本的城市造成难以想象的破坏。

超级大烟花

在举国一致合作的浪潮下,递交给阿诺德司令的《燃烧弹报告》建议对日本实施焦土作战。这一建议的逻辑是,日本约90%的建筑是木造结构,军事设施和军工厂与城市普通居民的居住地相邻,而军工厂的零部件承包工厂也和普通住宅混杂在一起。鉴于这一日本的特殊性,首先向普通市区街道投掷强力燃烧弹烧毁城市,并可通过火势的蔓延破坏军事设施和军需产业,从而消灭日本国民的战斗意志。

此时的美国在正式场合宣称不对城市进行无差别轰炸。罗斯福总统本人在1939年11月苏联轰炸芬兰后就发表了谴责苏联"对非武装的市民进行轰炸和扫射极为卑劣"的声明。赫尔国务卿也谴责日军在中国各地使用燃烧弹。同年2月英国空军对德累斯顿大轰炸后,尽管美军的276架B–17和B–24也参加了第三波空袭,但陆军部长史汀生仍发表声明,表示"我们不认为,即便是敌国的市民也应陷入空袭的恐怖"。在3月东京大空袭之前不久,阿诺德司令也正式声明:"我国陆军航空队将对军事目标的瞄准轰炸视为己任,对城市地区使用燃烧弹进攻违背只限于对军事目标进行轰炸的传统国家理念。"

但是,这一立场最后只停留在表面上。对于为确保战争结束后空军可独立且继续发挥影响的阿诺德及其下属陆军航空队的干部而言,在与夺回了菲律宾并积极准备登陆冲绳岛的麦克阿瑟元帅指挥下的陆军、海军陆战队相继攻克帕劳群岛的佩莱利乌岛、硫磺岛等屡建战功的尼米兹海军五星上将指挥下的海军争夺迫使日本投降的主导权争夺中,必须获胜是至上命令。而在这个时候出现的"登陆日本本土死伤百万美军"的数字面前,"对非武装市民的卑劣进攻"的慎重在华盛顿已销声匿迹。

1944年2月阿诺德司令批准了李梅的新战术,并将如何实施的"裁量"大权全部交给了作为现场指挥官的李梅将军。李梅司令则对此没有一丝的踌躇。

1945年3月10日，载着约2000吨燃烧弹的325架B–29发动了东京大空袭，这也是焦土作战的起点。出任在关岛的李梅司令部新闻报道官一职、战后成为《纽约客》（The New Yorker）记者的克莱尔·麦克尔威（Clair McKelway）记录了出发前李梅对机组成员的训话："各位，现在你们将要给日本人送去他们从没见过的大烟花！"

在有些焦躁地等待轰炸机轰炸后返回基地期间，李梅还曾说道："在战争中，经常需要比对手至少早一步出拳。战争是非常残酷的工作。战争首先必须要杀人，杀够了人之后敌人就会举手投降。如果不干掉对手就会被对手干掉。今天我们不断地出拳应毫无疑问超出了对手的预测。"

的确超出了日本方面的预测。东京约26.9平方公里的老市区持续燃烧了6个小时，被批评为缩水的警视厅公布的数字为死亡83793人，其中半数以上是缺氧窒息死亡。受伤者为40918人，这是一场名为"夜间无差别燃烧弹轰炸"的屠杀，一场连美国战略轰炸调查团也承认"人类历史上未曾有过先例的如此众多因火身亡者"的"烟花"。

我的叔叔、婶婶和刚出生的堂妹也未能逃过此劫。根据参加轰炸的B–29机组的报告，在打开弹仓投掷燃烧弹时，尸体的臭味随之飘进了机舱[5]。一夜之间，东京的260771栋房屋化为乌有，18%的产业能力丧失殆尽。每一架轰炸机搭载1520发由38枚燃烧筒组成的M69燃烧弹，按照150米的间隔投到了地面，可谓彻底的焦土作战。B–29被日本的高射炮击落了14架，42架受伤，但被战斗机击落击伤者为零。

麦克纳马拉的告白

李梅将军随后收到了阿诺德将军"本次作战证明阁下的机组无所不能"的贺电，算是对屠杀的认可。李梅将军在日后回答美国空军学院（United States Air Force Academy）学生"这次空袭是否曾考虑过道德因素"的提问时，很直率地说："如果我们输了，我会被作为战争罪犯受到制裁。幸运的是，我属于胜利的一方。"

2003年，还有一位人物进行了同样的发言。这位人物就是曾在肯尼迪和约翰逊两届政府中出任国防部长、美国军事干涉越南失败的责任者之一的罗伯特·麦克纳马拉。我是在开始执笔本书后才知道这件事的。

2003年5月第56届戛纳电影节和同年10月纽约电影节上公开放映了埃洛·莫里斯（Errol Morris）制作的纪录片《战争迷雾》(The Fog of War: Eleven Lessons from the Life of Robert S. McNamara)，在纪录片中，时年87岁的麦克纳马拉对着镜头进行了独白。

根据麦克纳马拉的叙述，第二次世界大战末期他就在关岛李梅司令部从事对日本67个城市进行的燃烧弹轰炸效果的数学计算工作。在说出"如果美国在战争中失败了，我和李梅将军都会成为战争罪犯"和李梅一样的话之后，还表示"在城市人口的50%—90%都被燃烧弹杀伤的情况下，扔下原子弹实属多余"。[6]

戴维·哈尔伯斯坦（David Halberstam）在其《出类拔萃之辈》一书中提到了麦克纳马拉在太平洋战场中的轶事，当时作为陆军中校的他完成了一项重要工作，他通过程序分析和作战分析使正在批量生产的B–29与机组的培训进度完全一致，从而使B–29马上形成战斗力并投入到轰炸日本本土的作战中。[7]珍珠港被偷袭前一年的1940年，在阿诺德司令的大力游说下，哈佛大学商学院新设了军需品生产供应的专门课程，麦克纳马拉作为这门课的副教授，在运用统计学开发管理系统的工作上初露锋芒。部队服役则是对麦克纳马拉头脑的战时动员。

在纪录片播出之前，已有的记录表明麦克纳马拉曾在阿诺德司令直接管辖的第20航空队服役过。但是，他曾在第20航空队下的实战部队第21轰炸机联队李梅将军的麾下直接参与了对日本的焦土作战，这一事实麦克纳马拉从未提起过，这次是第一次。在1995年出版的回忆录中，麦克纳马拉曾进行了"越南战争是场错误"的自我批判，并引发了热评，在随后访问河内时，也不断通过和当时越南领导人的对话、发言等表示忏悔。

这次莫里斯的纪录片据说也是想通过长时间的采访来探求麦克纳

马拉"回心转意"的真意。但是，采访刚一开始麦克纳马拉就突然充满感情地主动提起了自己曾参与对日燃烧弹轰炸的往事，这让莫里斯十分震惊。我在1983年麦克纳马拉辞去世界银行总裁后曾采访过他，那时的他只谈到了越南战争政策的分歧，对参加过对日战争则完全缄口不提。

珍珠港遇袭一年后，陆军航空队从1940年的295名飞行员迅速发展到拥有9.6万名飞行员的一大战斗集团，麦克纳马拉因其在陆军航空队强大"经营能力"中充当过重要角色而被称为"神童"，战后与其他伙伴一同参与了振兴福特汽车的工作，44岁担任总裁后不久就出任了肯尼迪政府的国防部长。

总之，李梅将军的"夜间无差别燃烧弹轰炸"和提交给阿诺德司令的《燃烧弹报告》一样，都是当时美国最强头脑者们集全力之大成。

正如麦克纳马拉所坦承的，3月10日后，这个"夜间无差别燃烧弹轰炸"相继攻击了东京、名古屋、大阪、神户、横滨、川崎六大城市后，以6月17日轰炸鹿儿岛、大牟田、浜松、四日市等四座城市为起点，直到日本投降前一天8月14日轰炸熊谷、伊势崎，又先后轰炸了61座中小城市。我所在的福井市是第十次轰炸的四座城市之一。这些城市遭受B-29轰炸的经历与记忆日渐风化，为了下一代，在此将这些遭受过轰炸的中小城市的日期和名字列举如下。

6月17日　鹿儿岛、大牟田、浜松、四日市

同月19日　丰桥、福冈、静冈

同月28日　冈山、佐世保、门司、延冈

7月1日　吴、熊本、宇部、下关

同月3日　高松、高知、姬路、德岛

同月6日　千叶、明石、清水、甲府

同月9日　仙台、堺、和歌山、岐阜

同月12日　宇都宫、一宫、敦贺、宇和岛

同月16日　沼津、大分、桑名、平塚

同月19日　福井、日立、铫子、冈崎

同月26日　松山、德山、大牟田

同月28日　津、青森、一宫、宇治山田、大垣、宇和岛

8月1日　八王子、富山、长冈、水户

同月5日　佐贺、前桥、西宫、御影（现神户市东滩区）、今治

同月8日　八幡、福山

同月14日　熊谷、伊势崎

关岛的两个基地、提尼安岛的两个基地、塞班的一个基地、8月后再加上冲绳基地，对日本的空袭最终共组织了1056架B–29，出动32612架次，对日本67座城市投下了14.7万吨炸弹，其中包括9.4万吨燃烧弹和5.3万吨常规炸弹，还在日本的港湾地区投下了1.2万吨水雷。

还有一个衍生效果就是受到"李梅轰炸"赫赫战果的刺激，也为了在战后维持海军航空兵的影响力，海军也加强了以长野市等城市为对象的利用航空母舰舰载机进行的"无差别"轰炸。

轰炸机比原子弹更管用

在"李梅轰炸"的目标中，令人毛骨悚然地遗漏了一组城市的名字，这就是广岛、长崎、小仓、新潟和京都。1945年4月去世的罗斯福总统前一年9月19日在海德公园他的寓所和英国首相丘吉尔会谈时已经决定要在试验成功后将原子弹作为武器投入战争。而上述5座城市则是投掷原子弹的候选目标。

选定目标的工作在史汀生陆军部长、马歇尔陆军参谋长、阿诺德陆军航空队司令以及曼哈顿计划司令格罗夫斯少将等组成的与白宫直接联系的秘密小组内进行。以其地形可让原子弹发挥最佳性能为由，格罗夫斯少将始终强烈坚持将京都作为首选目标。对此已经开始考虑到要树立战胜之后美国在日本老百姓中形象的史汀生陆军部长则拒绝这一建议，甚至最后游说了杜鲁门总统。[8]

李梅将军被排斥在这一系列运作之外。但是，组织上隶属李梅指挥的特设"509小组"在后来担任埃诺拉·盖伊号机长而闻名于世的蒂贝斯中校的指挥下，不断进行"投放大型炸弹"的特别训练，并在提尼安岛基地建了特殊设施，因此可以认为，李梅得到过一些信息。据

说6月阿诺德司令向李梅进行了直白的说明，李梅从而知晓了新炸弹的威力，特别是正在开发使用原子能的炸弹的消息。

撰写曼哈顿计划司令格罗夫斯生平传记的核问题专家罗伯特·诺里斯（Robert S. Norris）指出，在李梅将军的眼里，战争中杀死敌人的方法无论是使用常规武器还是核武器，这两者之间的差别根本就不是问题，所以对曼哈顿计划采取了旁观的态度。[9] 8月1日，李梅升任新设立的第21轰炸机联队上级机关的陆军航空队战略空军司令部参谋长，而埃诺拉·盖伊号蒂贝斯机长接受直接指挥并报告已向广岛投放原子弹的则是李梅的后任内森·特文宁司令。

李梅将军退役后，在普利策新闻奖得主、作家马金莱·肯托（Mackinlay Kantor）帮助下出版的自传中，如此叙述了对原子弹的冷淡态度："原子弹带来了以往人类从未经历过的奇妙的恐惧的扩散，这种完全没有减轻的恐惧既没有正当性，也没有根据。对于死亡而言没有任何新意，对于因军事而带来的死亡而言也没有任何新意。我们从3月9日到10日夜晚在东京烤焦、煮熟和烧死了比广岛、长崎更多的平民。"[10] 我想这就是李梅的真心话吧。

日本投降后不久，为了证明战后维持空军力量的必要性，李梅将军亲自驾驶B-29从日本直飞美国本土（北海道—芝加哥—华盛顿），在随后的记者会见时李梅不断用激进的语气强调："原子弹这一新武器对我们而言是最坏的事情。即使没有原子弹和苏联参战，日本也会在两个星期内投降。"

据说此时在李梅将军的脑海里只有一件事，就是将72个航空联队组织起来从陆军和海军中独立，并在全世界建立空军基地网，将空军战力作为世界安全的核心。比起原子弹，李梅更重视的是轰炸机。[11]

近乎"造反"的行动

但讽刺的是，战后担任指挥过柏林空运的驻欧美空军司令、战略空军（SAC）司令、空军参谋长等职步步高升的李梅将军，却成为了最新武器原子弹和随后出现的氢弹、即核武器的积极使用派，并为此制定了作战计划，而他制定"夜间无差别燃烧弹轰炸"的真意则更加明确。

在我看来，李梅将军的生涯轨迹可以反映当今以绝对优势军力为后盾、不惜行使武力的美国的基因。反而言之，我认为有必要应从二战时期开始思索现在的美国。

日本投降三个月后的1945年11月，李梅将军在纽约的俄亥俄协会发表演说，表示"下一场战争将是火箭、雷达、喷气式发动机、电视制导导弹、超音速飞机和原子弹等超乎想象的新武器之间战斗的空中战争。我们必须不加限制地加强空军的战斗力"，并进而声称："这场战争一旦开始就不可能停止。因此，我们必须将空军处于受到进攻可立即进行报复的状态，不让对手发动进攻。"在这一阶段，李梅已经提到了随后被称为"威慑力"的概念。

但是在4年后的1949年苏联已经明确拥有核武器时，一年前就任战略空军司令的李梅将军更加鲜明地表明了在力保对苏联核优势的同时，为了不使战略空军拥有的核战力成为"没用的资产"，美国应毫不犹豫地首先进攻、即先发制人这一立场。

这个立场是对东西方冷战结束前约半个世纪间成为国际局势坐标轴的通过核战力"相互威慑"维持和平共存这一规则的挑战。他也开始出现对杜鲁门、艾森豪威尔、肯尼迪、约翰逊四代总统所持权限的近乎"造反"的举动，尝试再次取得在轰炸日本时作为现场指挥官"定夺"实施焦土作战的战绩。

最初的举动是在1949年。李梅制定了将当时美国拥有的133颗原子弹全部用于进攻苏联的70座城市，三个月间给苏联造成死亡270万人、致伤400万人的损失，实际上就是"杀死苏联"的计划，但被杜鲁门总统否决了。1953年春，我亲眼看到的首次空袭东京的英雄杜立特空军中将在退役后出任委员长的一个对苏战略委员会上提出政策建议，力主美国应要求苏联在两年期限内废除核武器，如不接受，则应对苏联进行先发制人的核打击。这是得到李梅将军授意之举。

但是，艾森豪威尔总统没有采纳这个建议，还在第二年以《基本国家安全政策》的名义发表了轰动一时的"美国及其盟国拒绝有意使用预防战争之概念和发动战争之挑衅行为"的特别声明。

即便如此,李梅将军仍没有罢手,他让侦察机在苏联领空内飞行成为常态,不断向苏联挑衅。我手头有一份标明日期为1954年3月15日的战略空军司令部吹风会出席者的记录,在会上,李梅司令洋洋自得地披露了对苏联进行先发制人核攻击的构想,苏联投放150枚原子弹需要准备一个月的时间,在这期间,美国可一口气使用750枚原子弹,在几个小时内将苏联逼到濒临毁灭的状态,即所谓的"周日出拳"计划。[12]

1957年前,原子弹的保管被从原子能委员会转交到战略空军手中,李梅将军实质上掌握着使用"核按钮"的权限。进一步而言,是否要行使这个权限全有赖于对总统的忠诚程度。李梅曾经这么说过总统:"如果侦查到苏联进入了核攻击的准备阶段,我将在他们出发前收拾他们。让总统可以改变他的政策是我的工作。"

在这一期间爆发的朝鲜战争(1950年)中,身为战略空军司令的李梅将军对北朝鲜(朝鲜民主主义人民共和国)的城市、农业水坝和农村地区等进行了无差别轰炸,造成了相当于全部人口20%的200万人的死亡,远远超出了针对日本的焦土作战造成的50万死亡人数。而这段历史基本上鲜为人知[13]。

李梅还曾建议如果朝鲜停战遭到破坏,就应立即向中国东部和苏联东南部投掷原子弹。李梅的逻辑是,无论在朝鲜战争还是越南战争中,美国都没有充分提高扑克牌游戏中的赌注,也就是说,如果早日结束战争需要原子弹,那就应该使用原子弹。

在越南战争中,李梅反对约翰逊、麦克纳马拉制定的有限轰炸战术,主张对港口和水坝等进行全面轰炸:"停止一个个打苍蝇般的轰炸,而应该消灭粪池本身。应该进行把那些家伙打回石器时代的轰炸。"根据《出类拔萃之辈》一书的记述,李梅在这个时期曾表示:"我们正处于力量的顶峰,是世界上最强大的国家。可就是这样,美国却害怕使用力量,这是因为我们缺乏意志"。

核战争的边缘

李梅在自传中对战争末期日本对美军广播中攻击其为"嗜血狂人""杀人魔王"耿耿于怀的同时,也表示:"我认为,并不是在必要之上行使武力,而是在必要之下行使武力才是更不道德的。只行使少量武力从长远看反而会杀死更多的人。这是因为过少动用武力只会延长战斗。我们在朝鲜和越南都不断重复着同样的事情。"

真可谓赤裸裸的行使强权的主张。

但是,李梅在肯尼迪政府期间升任空军参谋长后,在1962年10月的古巴导弹危机中与白宫发生正面冲突,并导致其最终被抛弃。苏联在古巴部署导弹,肯尼迪总统通过与苏联部长会议主席赫鲁晓夫的对峙迫使后者从古巴撤回导弹,在这场被称为古巴导弹危机的较量中,李梅将军和他的心腹爱将、并接任其出任战略空军司令的托马斯·鲍尔将军强烈建议肯尼迪总统立即实施对古巴军事设施的轰炸。鲍尔司令是1945年3月10日东京大空袭时部队指挥官中的一员。他是比李梅将军更加激进的好战主义者,在美国空军内部也被称为"施虐狂"。

对于李梅的建议,肯尼迪总统的弟弟司法部长罗伯特·肯尼迪在其著作《13日》中有过这样的记述:"总统问:苏联会怎么出手,李梅将军回答道:估计苏联什么都不会做。但是,总统对此表示怀疑,苏联人不可能纹丝不动,即使在古巴什么都不做,也一定会在柏林有所行动,因而拒绝了这个建议。"肯尼迪总统执政后不久,就从负责国家安全问题的特别助理麦克乔治·邦迪(McGeorge Bundy)那里简单了解到了职业军人们有发动核战争的危险性。

总统采用的取代李梅建议的封锁行动取得了成功。当时的国防部长麦克纳马拉在1987年曾回忆道,当危机过后,肯尼迪总统邀请三军首脑前来白宫表示慰问时,只有空军参谋长李梅一个人当场表示:"我们输掉了战争,应该对他们发动攻击,消灭他们。"说完后即离席而去。

实际上,李梅空军参谋长和鲍尔司令当时试图利用总统对军队下达的命令。根据总统令，美军全军的戒备状态（DefCon）从平时的5提高到3，战略空军则根据参谋长联席会议的判断提升到2，离进入战争状态的1仅一步之遥。

李梅考虑的是借此命令形成B–52和B–47共672架、配合381架空中加油机在空中待机以及24小时随时出击的态势。在美军历史上唯一一次进入戒备状态2的情况下，很明显李梅是多么渴望利用这次可能导致与苏联爆发全面核战争的机会。

此时在空中待机的B–52飞行员中的一人曾作证，当时他接到命令，让飞机有意比平常更靠近苏联领空以向苏联挑衅，一旦开战则立即进攻列宁格勒（现在的圣彼得堡）。B–52最多可搭载4枚原子弹，因此从数字上看，当时处于最大可将1627枚原子弹投入实战的状态。[14]

白宫内肯尼迪总统和李梅等人冲突的情况除了在罗伯特·肯尼迪《13日》中有所涉及，2000年罗杰·唐纳森执导、凯文·科斯特纳主演的电影《惊爆十三天》（Thirteen Days）也巧妙地再现了这一幕。

世界在这一时刻真的走到了核战争的边缘。

李梅"想打的战争"

我之所以花了大量篇幅介绍已成为故人的李梅将军，是因为他信奉的彻底使用武力主义和先发制人主义仍存在着现实性。在我看来，对于伊拉克发动先发制人军事行动的布什主义而言，李梅将军可谓是其基本精神的始作俑者，是换了一种形式继续进行着的李梅未曾实现的挑战。

这也是从杜鲁门到约翰逊四位总统必须对"李梅的战争"说"不"的东西方冷战权力结构被取代的结果。只有正视这一事实才可以开始观察美国。

也就是说，核战力具备的"相互威慑"，进而是"相互确保摧毁"功能之上所形成的"恐怖均衡"，在其之下的和平共存的游戏规则今天已经不复存在了。因为作为美国冷战胜利的结果，这个游戏规则已然消失。1992年3月4日，莫斯科上空飞过了两架B–52，这是李梅将军同时，这也是李梅将军始终追求的，"先发制人"亦成为可能的美国一家独大时代的到来。重要的是应超越支持或反对的立场来认真观察这一现实。

美国处于一极独霸的顶点，使用了东西方冷战时代的"禁手"——先发制人战略消灭了萨达姆。美国试图发挥其作为"自由帝国"的责任，从伊拉克的民主化开始改变全部中东，并进而建立后冷战时代的世界新秩序，从而打开了潘多拉魔盒。我认为，对于我们遭受过其"夜间无差别燃烧弹轰炸"的日本人来说，可以最直观地理解美国的方法就是记住李梅将军。曾在福井成为过李梅将军进攻目标的我对李梅逻辑的连续性感同身受。

在发动伊拉克战争两天前的演说中，布什总统如此说道："20世纪存在着进行屠杀和发动世界大战的残忍独裁者和搞绥靖的人。但是在这个新的世纪，绥靖政策将会带给地球前所未有的破坏。对此我们无法容忍。"而在发动伊拉克战争时，与影响布什政府的新保守主义者或被称为新帝国主义者集团关系紧密的副总统切尼在开战两天前接受电视采访时也表示："如果仅仅用20世纪的标准来处理9·11的悲剧，我们将会遭到来自伊拉克的明确无误的进攻。"

这些发言仿佛就是在模仿李梅将军的思路，与李梅在越南战争中"打苍蝇发言"也是同样的逻辑，毫无疑问的"同根生"关系。

2002年9月，布什总统提交给国会的《国家安全战略》正式提出了以前李梅将军多次寻机力促的"先发制人"的必要性。

"美国对世界拥有以往任何国家从未有过的无人可敌的权力和影响力。同时，为了维护自由各原则和对自由社会价值观的忠诚，我们的立场拥有了以往未曾有过的责任、义务和机会"。

"我们认为，最佳防御就是好的进攻。为了阻止和威慑进攻，我们正在加强美国的本土防御。现任政府将自杜鲁门政府建立国家安全委员会和国防部以来，首次施行包括建立新的国土安全部在内的综合计划"。

"美国将继续努力得到国际社会的支持，为了防止恐怖主义分子危害国民和国土，我们将对其采取先发制人的行动，如果必要，将毫不犹豫地单独行使自卫权"。

"如果考虑到流氓国家和恐怖主义分子的目的，美国不能只依赖以往那种被动态势，我们不能允许敌人首先发动进攻"。

"旨在保卫本国而采取先发制人行动的必要性将会增加。为了在我们敌人的这种敌对行为中占据先机并加以预防，如有必要美国将采取先发制人的行动"。

可以说，发动伊拉克战争就是基于布什主义的新版"李梅的战争"。

我只有一次近距离观察过李梅将军。那是在1968年10月，当时以最歧视黑人出名的前亚拉巴马州州长乔治·华莱士代表美国独立党参加总统竞选，并选择李梅作为副总统候选人。当时李梅来到华盛顿近郊的亚历山德里亚（Alexandria）举行竞选演说，我想要做一次采访，是因为这次被后人称为美国政治分水岭的共和党尼克松和民主党休伯特·汉弗莱的总统竞选中，最后阶段传来的消息表明双方差距甚微，出现了华莱士和李梅组队参选的第三党获得的州数将总统竞选拖入由众议院决定的可能性。

这时的李梅将军因在古巴导弹危机中的强硬立场出名而被华莱士邀请参选。1964年以李梅为原型、由著名导演斯坦利·库布里克执导的电影《奇爱博士（Dr. Strangelove or: How I Learned to Stop Worrying and Love the Bomb）》也曾轰动一时，一个总是叼着烟卷的臃肿恶男已经成为人们对李梅的一般印象了。

的确，"越南战争之所以无法取胜是因为没有百分之百使用美国的军事能力"，对约翰逊总统和反战游行双方都进行批判的演说内容与大家的定评一样过激。但是我至今依然记得除了颇具特征的大眼睛之外，李梅更是一位身材不高、脸色青白，看上去有点令人扫兴的"普通人"。

与德累斯顿的差距

话题跨越到了1995年2月13日早上的华盛顿。当时我负责共同通信社与美国信息产业的商业合作，并因工作到华盛顿出差。

这天早上我在华盛顿饭店的房间里看到了一条至今难忘的电视新闻，报道了前一天晚上在德国东部德累斯顿举行的遭受无差别轰炸50周年追悼仪式。

1945年2月，苏军已经攻入德国，为了给纳粹德国"致命一击"，在外号"轰炸专家"，也被称为"英国李梅"的英国皇家空军轰炸机司令哈里斯的强烈建议下，盟军制定了破坏非军事城市的作战计划。第一个被选中的是以美丽的巴洛克建筑闻名的德累斯顿，尽管很多逃避战火的难民涌入了这座城市。

13日和14日两天里，第一波英国皇家空军轰炸机部队兰开斯特式轰炸机244架、第二波兰开斯特轰炸机529架、第三波美国陆军航空队第八中队的B-17和B-24轰战机276架，英美两军共计1069架飞机在德累斯顿投下了7049吨高爆弹和燃烧弹。根据前民主德国时期的德累斯顿市政府公布的数字，在轰炸中共有3.5万人死亡。[15]

电视里播的就是纪念这次空袭50周年的追悼弥撒，其规格之高让我吃了一惊。德国方面出席者包括赫尔佐克总统、科尔总理、克劳斯·瑙曼（Klaus Naumann）联邦国防军总监察长，英国方面出席者包括伊丽莎白女王的代表肯特公爵、彼得·安东尼·英奇时任国防参谋长，美国方面出席者为参谋长联席会议主席约翰·沙利卡什维利。新闻还介绍了对当时参加轰炸的美国空军飞行员的采访，采访中这位前飞行员表示"那场轰炸过分了"。

当时我就想到，如果在3月10日东京大空袭50周年纪念日，日美两国有可能以这样的出席者阵容一同举行祭奠亡者和宣示和解的仪式吗？第二天美国各大报纸都刊登了这次"德累斯顿和解"的新闻和照片，华尔街时报还特意在意见栏的头条转载了西蒙·詹金斯（Simon Jenkins）给伦敦泰晤士报的投稿《德累斯顿——到我们说对不起的时候了》。

德累斯顿大轰炸在德国国内被视为"德国的广岛"，存在着各种说法，比如说认为这是英国空军对二战初期德国空军空袭英国城市的感情性报复，还有的认为这是考虑到战后问题而牵制苏联的行动。战后德国和英美两国围绕这次轰炸的正当性问题进行了长期的争论。而当时的首相丘吉尔也曾对此有过批判性的发言。

1992年，英国伊丽莎白女王在伦敦的英国国防部前为哈里斯司令官铜像举行了揭幕仪式。当时的德国总理科尔和各界人士相继表示了抗议。或许这才需要如此隆重的仪式吧。

但是，作为"李梅轰炸"对象的我却很难将德累斯顿与仅仅三周后发生的包括我亲戚在内死者更多的东京大空袭分开来思考。并且日本还有广岛和长崎。

回国后迎来了3月10日东京大空袭的纪念日，这一天在东京都主办的纪念仪式上，美国驻日大使蒙代尔第一次参加并表明了"sorry"的遗憾之意。但是，我始终在想，这终归不能算是对东京大空袭有了交代吧？德累斯顿已成过去，但东京是否仍未结束？日本和美国的关系比起如"德累斯顿和解"所体现的美德间的稳定关系还有相当距离吧？

还有一点是我很在意的，就是《华盛顿邮报》刊登的赫尔佐克总统在德累斯顿纪念仪式演说中的一段话："当想起那天发生的事情时，首先必须明确的是，对于今天所有聚集在这里的人，我们不是要去指责谁，或希望谁表达自责和后悔的心情。也就是说，我们不会拿德累斯顿空袭来抵销纳粹德国时期德国人的恶行。我们在这里首要表达的是对死者的悲痛和哀悼之情。"

至今想起仍心情沉重的是，日本在与美国的关系中，这一"不承认抵销"的逻辑并没有用在东京大空袭、广岛和长崎悼念死者的"仪式"上，而赫尔佐克总统这个发言本身可能就没有被介绍到日本。

几乎与此同时，华盛顿史密森学会策划的在美国国家航空航天博物馆展出埃诺拉·盖伊号的计划遭遇了挫折。正确而言，并不是展出本身，而是提及原子弹导致广岛14万人和长崎7万人死亡的展览说明引起了退伍军人协会和空军协会等组织的强烈反对而被取消，并导致了时任航空航天博物馆馆长被迫辞职。当时我在华盛顿再次与曾出任过里根政府高级官员的朋友见面时，他表示："本来是一个可根本性解决日美间有关投放原子弹这个难题的绝好机会，实在是遗憾。史密森学会如果处理得再慎重一些就好了。"

广岛、长崎对于美国人而言也并未成为过去。同时，和德国与美英两国不同，日本和美国之间对"李梅的轰炸"也同样没有任何象征解决的"仪式"。自从我产生这种想法以来，时间又过去了8年。

我经常想，作为一家独大的美国的"盟国"、并将向伊拉克派遣自卫队视为国家利益的日本，现在首先必须做的是认识到日本与德累斯顿"仪式"之间的差距。我从李梅轰炸中幸存并以此作为动力开始挑战揭开美国这个国家的面纱，就是一种这样的努力。与德累斯顿的差距将在本书的终章中再次提及。

最后，再向读者介绍一个事实。1964年12月4日，日本政府内阁会议决定授予来日的美国空军参谋长李梅将军勋一等旭日大绶章。同月6日，当时的浦茂航空幕僚长访问驻日美军入间基地向李梅授予了勋章。授勋的理由是李梅为航空自卫队的发展作出了贡献。

注释

1. Thomas M. Coffey, *Iron Eagle: The Turbulent Life of General Curtis Lemay*, Crown Publishers, Inc., 1988.

2. 英语为 Precision bombing, 直译就是精确轰炸。但是，当时实际上美军使用拥有强大放大镜头的诺顿型瞄准仪从高空进行昼间轰炸，因此本书译为"瞄准轰炸"。也是为了避免与这次伊拉克战争大量使用的通过GPS（全球定位系统）进行精确轰炸之间发生混淆。但是，与夜间无差别燃烧弹轰炸不同，在以只针对军事目标为大前提这个意义上，两者在"精确"上或有相同之处。

3. 有关李梅和阿诺德司令，除了美国方面的资料，还参考了防卫大学校教授源田孝一一佐发表在航空自卫队研究杂志《鹏友》上的论文。源田孝一保留了大量第二次世界大战中美国陆军航空队和二战后美国空军战略研究方面的珍贵资料。

4. 罗纳尔多·谢弗:《美国空袭日本存在道德吗？》，草思社，1996年。

5. Albert Atkins, *Air Marshall Sir Arthur Harris and General Curtis E. Lemay: A Comparative Analytical Biography*, Writers Club Press, 2000.

6. 2003年5月22日《华盛顿邮报》、同月23日《洛杉矶时报》以及2003年9月29日《纽约观察家报》。电影《战争之雾》预定于2004年2月在全美公映。

7. David Halberstan, *The Best and the Brightest*, Randon House, 1969. 日文版参见浅野辅译，《出类拔萃之辈》，SIMUL出版会，1976年。

8. 同志社大学教授奥提斯·凯里（Otis Cary）在其著作《免于空袭的京都——历史证言》〈日本原子弹爆炸计划秘闻〉（1987年版，同志社大学AMHERST馆）中曾写道，史汀生部长夫妇1926年10月曾下榻30日元一晚的京都的都饭店，并对古都景观印象至深。Leon V. Sigal, *Fighting to a Finish: the Politics of War Termination in the United States and Japan*, 1945, Cornell University Press, 1988，也提到了京都的问题。该书对从占领冲绳前后开始直到投放原子弹、日本投降这一期间日美双方政府、军队内部的争执和暗斗进行了详细分析。Sigal毕业于耶鲁大学，在担任维思大学（Wesleyan University）教授后，现任纽约的社会科学调查评议会东北亚共同安全项目部长。

9. Robert S. Norris, *Racing for the Bomb: General Leslie R. Groves, The Manhatan Project's Indispensable Man*, Steerforth Press, 2002.

10. 李梅对广岛和长崎死亡人数的发言与事实不符，李梅说的可能是原子弹爆炸后立即死亡的人数。根据NHK2003年8月播出的纪录片"生活在核时代的人的记录"，1945年12月底之前死于原子弹爆炸的人数广岛约14万人，长崎约为7万人。

11. General Curtis E. Lemay with Mackinlay Kantor, *Mission with Lemay: My Story*, Doubleday, 1965.

12. Richard Rhodes, *Annals of the Cold War-the general and world war III*, New Yorker, 1995 June 19th issue. 本文对李梅将军的行动有十分细致的描述。

13. 同注11。

14. 同注12。

15. 有关这一数字，艾尔伯特·艾特肯斯（Albert Atkins）在其著作中推定为13.5万人。秦郁彦所著《第二次世界大战航空史话（上）》

（中公文库1996年）中介绍的英国作家戴维·欧文（David Irving）的调查结果也是13.5万人，而将死者人数定为3.5万人的德累斯顿市政府则"指责这是为了将来可以更为容易地发动核战争的阴谋"。秦认为德累斯顿市政府的主张也是政治性的，并认为1982年亚历山大·麦奇所著《德累斯顿1945年》推算的7万人以上较为妥当。 60

第二章　行使武力的基因

"宪法第二修正案"的大旗

当意识到李梅将军对行使武力永无止境的信念与"布什主义"之间的连续性后，也曾成为攻击目标的我就会发现，美国在世界上值得自豪、现仍被世界所接受的自由平等的民主主义理念里内嵌着行使武力的基因。事实上，在民主主义光芒的背后，美国还有一张行使武力的令人生厌的面孔。

必须直面这样的现实。这不是批评美国，而是指应公正地将这个现实理解为美国民主主义的原型。要做到这一点，则必须追溯到美国诞生和建国时期。

让我们从一篇演说提纲开始对历史进行回顾吧。

"我们经常被称为恶棍。但是我们在美国社会发挥的作用可决不如此。我们的使命是认真尊崇宪法第二修正案的引导。不能因为悲剧，就让这个历史上最为珍稀且历经磨难才终于获得的权利白白浪费"。

"所谓国家，就是不能通过放弃自由来确保安全。这一事实比我国的历史还要悠久。本杰明·富兰克林曾说过：'为了得到一时性的小小的自由而放弃基本自由的人，既不会得到自由也不会得到安全。'"

"如果爱言论和信仰自由，就应该随身带着宪法第二修正案这个保镖。拥有武器这一个人权利就像是自由的保险证。不仅是为了我们的孩子，为了今后的千秋万世，这也是必要的"。

"只要宪法第二修正案存在，邪恶就不可能征服我们。无论什么形式的专制也不可能在我们的社会立足。只要有建国之父们在建国时如上帝般制定的宪法第二修正案的保证，无论什么样的专制政治、军队的反叛、罪犯横行、法与秩序的崩溃、无政治状态、国内外的罪恶、犯罪和镇压，都决不可能夺走我们美国主义特色的自由。"

这是美国反对枪支管制最强大的院外利益集团美国全国步枪协会（NRA，1871年创立）前会长、著名演员查尔登·海斯顿1999年5月在科罗拉多州丹佛召开的全国步枪协会年会上演讲中的一节。

这里提到的"悲剧"是指仅仅10天前在大会会场附近的科罗拉多州杰佛逊郡科伦拜中学（Columbine High School）发生的两名在校学生校园枪击事件，这次事件中12名学生和1名教师死亡，23人身负重轻伤。事件发生后两名罪犯当场自杀。

当时，在这一震动全国的事件余波未平之中，这段充分证明枪支管制反对派之顽固的发言引起了轩然大波，因为这等于是将宪法第二修正案称赞为"建国之父们在建国时如上帝般制定"的权利，并厚颜无耻地将其祭为反对枪支管制运动之大旗的宣言。

后来我还幸运地看到了原本只阅读过文字的这个演说的视频。迈克尔·摩尔导演在自编自导的以科伦拜中学校园枪击事件为主题的纪录片《科伦拜的保龄》（Bowling for Columbine）中，尖锐地指出美国社会中枪支实际处于放任状态，其片头就是这段查尔登·海斯顿演说的视频。这部纪录片获得了2003年度奥斯卡最佳纪录片奖，也在日本公开上映过。

在电影馆幕布上播放着因在《十诫》中扮演摩西而出名的查尔登·海斯顿声色并茂的演讲画面："丹佛市长让我别来了。但是，全国步枪协会自1871年创建以来就是美国的主流派。我们有权去这个国家的任何地方。"

海斯顿在2002年8月发表了被医生告知出现阿兹海默症征兆的声明，2003年4月在美国步枪协会正式辞去了会长职务。接任海斯顿的是已担任5年副会长、始终支持海斯顿的俄亥俄州前警察干部并担任共和党俄亥俄州委员长的凯恩·罗宾逊。罗宾逊担任会长后第一件事就是宣言继续保卫宪法第二修正案并继承海斯顿的路线。

历经210余年从未修改

宪法第二修正案究竟为何物？美利坚合众国宪法生效3年后的

1791年，追加了包括10项内容的权利法案，其中，著名的第一条规定了就日本国宪法而言属于基本人权保障的保证宗教、言论、出版自由及集会、请愿权利等内容，随后就是被称为第二修正案的第二条。

根据已故高木八尺的翻译，第二修正案全文内容如下：

"纪律优良之民兵（Militia）乃自由国家安宁所必须，故人民之保存武器、进行武装之权利不受侵害。"

斋藤真的口译语则为："纪律良好的民兵对自由国家的安全十分必要，因此人民拥有及携带武器的权利不可侵犯。"

今天，枪支管制支持派与反对派在对宪法第二修正案的解释问题上尖锐对立，也可以说在这个问题上美国舆论形成了泾渭分明的两派。这也是日本人很难理解的现实。

枪支管制支持派主张这一条保证了各州的以下权利，即只有成为当时的民兵、现在的国民警卫队一员的公民才可被承认拥有武器的权利，即枪支管制不是宪法问题而是保障公共安全的问题。而反对派则认为第二修正案是为了监视联邦中央政府的专制化，保障公民自由不可或缺的个人权利，是美国民主主义的生命线。这一州权说和人权说的对立至今仍原封不动地反映在了美国各个政治、社会活动之中。

总体而言，现在后者、即枪支管制反对派仍占据优势。在科伦拜中学校园枪击事件发生后，克林顿和民主党提出的加强限制购枪法案虽然在参议院获得了通过，但在共和党占多数席位的众议院被轻易否决，没有公之于世。美国全国步枪协会支持的小布什执政后，控枪的动向就完全销声匿迹了。在这个问题上还存在着更根本的原因。

到目前为止美国宪法一共修改了27次。根据宪法第五条的规定，参众两院议员达到三分之二多数时可提出宪法修正案，而现有各州三分之二的州议会提出请求时，国会可召集修宪大会。在美国民主主义的发展进程中，这一条发挥着适应时代变化之安全阀、或曰"试错（trial and error）"试验场的作用。最易于理解这一作用的案例是1919年第十八条修正案、即有名的禁酒法案在1933年经过第二十一条修正案被废除。

我认为美国独霸世界的资本——多种族力量也只有通过这一修宪

过程的推动方可形成。

1788年制定的美国宪法第一句就是"我们美利坚合众国的人民"，不过当时"我们美利坚合众国的人民"中可并不包含黑人和原住民印第安人。这是冷酷的事实。但同时还要认识到另一个事实，就是这一根本性的种族歧视经过漫长岁月但终于得到改正，这也体现了美国宪法第五条的力量所在。

在南北战争中，作为北方对南方的"撒手锏"，在林肯总统1863年果断宣布《解放黑人奴隶宣言》后，1865年美国通过了废除奴隶制的第十三条修正案，1868年又通过了承认所有移民及服从美国管辖权的人们为"公民"的第十四条修正案，1870年通过了"不应以人种、肤色为由拒绝及限制"公民投票权的第十五条修正案，而在1964年的第二十四条修正案中进一步规定，在总统选举等各种选举中不得以没有缴纳人头税等税金为由拒绝和限制投票者的投票权。一系列的步骤逐步完善了宪法。

1974年第一位黑人女性众议院议员（得克萨斯州）芭芭拉·乔丹（Barbara Jordan）曾经发表了非常有名的演说，其中说道："我相信美利坚合众国宪法的一切。这种信任是绝对的和全面的。1787年9月17日美利坚合众国宪法起草完成之时，我没有被包括在'我们美利坚合众国的人民'之中。但是，通过随后的修宪、解释以及法院裁定的过程，我终于成为了'我们美利坚合众国的人民'。"

但是，印第安人则还远没有做到这一步。多种族之力将在第七章详细叙述。

那么现在的问题是，第二修正案却没有经过乔丹女士所说的"修宪、解释以及法院裁定的过程"，一直原封不动地保留到了今天。因此有必要理解为何会出现这种可谓异常的情况。

如果枪支管制派的势力强大并在舆论和议会占据多数，那么仅以会成为枪支犯罪温床这一条理由就可废除第二修正案也并非不可思议。而第二修正案未经一丝修改延续了210余年，这本身就证明枪支管制反对派在历史上占据的优势地位。因此，追寻第二修正案的真相也就是去探求美国喜好行使武力的基因。

不知道甘地的美国人

再次回到《科伦拜的保龄》这部纪录片。我觉得有些难以接受的是，现在作为作家也已出名的摩尔导演，在其作品中不知为何总是流露出白人知识分子的种族优越感。

但是，纪录片还是有值得尊敬的地方。1995年4月，在对造成168人死亡的俄克拉何马市联邦大楼爆炸案中被捕但随后不予起诉的嫌犯之一詹姆斯·尼科尔斯的采访中，面对摩尔"你怎么看待甘地的非暴力不合作运动"的问题，尼科尔斯露出了惊讶的表情摇头说"不知道""没听说过"。詹姆斯·尼科尔斯是已经被执行死刑的蒂莫西·麦克维的共犯、被判处无期徒刑的特地·尼科尔斯的哥哥。

詹姆斯·尼科尔斯这么回答后，对摩尔导演说在密歇根州农民家庭出身的他和弟弟特地·尼科尔斯从小就伴随着枪成长，并且以在自己家里制造炸药和凝固汽油弹作为游戏。与海斯顿一样，他也坚持"拥有枪支是美国人不可或缺的权利"，现在每天晚上还带着44型口径马格南手枪睡觉。纪录片还播出了尼科尔斯带摩尔导演参观他的卧室并看他的手枪的画面。

不知道印度独立之父、推动非暴力不合作运动的莫罕达斯·卡拉姆昌德·甘地，但却相信持枪就是美国民主主义权利的美国人——全美步枪协会扩大了这些人的队伍，淋漓尽致地反映了在今天的美国，海斯顿的发言仍拥有相当影响力的真实一面。

不仅如此，纪录片的这个场景还提出了一个更为本质的问题，即在俄克拉何马市联邦大楼爆炸案主谋麦克维和尼科尔斯背后存在着遍布于支持第二修正案的主要地区西部、中西部各州、并持续开展活动的带有邪教性质的武装组织以及美国全国步枪协会的影子。

麦克维出生于纽约州，高中毕业后加入陆军，参加了海湾战争并升为中士。但是23岁退役后不断对联邦政府进行敌对性发言，还穿着印有拉丁语"随时向独裁开战"字样的T恤。大约在此时他结识了同样以右翼言行出名的尼科尔斯兄弟，并一起居住在尼科尔斯兄弟的农

第二章　行使武力的基因

场，制作小型炸弹，与有名的私人武装组织"密歇根民兵"有过接触。

1993年4月，联邦调查局（FBI）使用催泪弹乃至坦克强行突入位于得克萨斯州韦科的邪教组织"大卫教"总部，并导致了包括24名儿童在内的80名信徒被"烧死"。他们对这一事件反应强烈，并决定在韦科惨案两周年纪念日使用自制炸弹进行恐怖活动。就是说"不知道甘地的美国人"也是恐怖主义的预备队。韦科惨案发生后，全国步枪协会伙同共和党议会保守派强烈谴责了指挥对大卫教采取武力行动的克林顿政府司法部长珍妮特·雷诺、美国烟酒枪炮及爆裂物管理局（ATF）和FBI。[1]

2001年9月11日后，作为将与伊斯兰极端主义进行斗争视为国家大事、为了本土防御而推翻伊拉克萨达姆政权的美国而言，这是至今也不愿提起的白人自己的恐怖主义的旧伤。同时，从"保证任何独裁政治也无法剥夺自由的拥有和携带武装之权利"这一凸显海斯顿流的第二修正案解释的间接影响力这个意义上，也是新痛。据说过去与三K党保持渠道的武装组织在俄克拉何马市联邦大楼爆炸案后由于当局加强了取缔而急剧减少，但决没有消失。

追寻行使武力这一美国基因的我觉得，映像这一媒体的一帧画面就可以传递很多信息，当走出电影院时，既久违地感受到了映像的力量，同时也好似接触到了令人心痛的美国。

打开购买的电影简介，社会学学者宫台真司在解说中写道："相信很多人会从这部作品的黑色幽默联想到斯坦利·库布里克的《奇爱博士》。"这也让我吃了一惊。因为在第一章刚刚提到过据说是以李梅将军为原型的这部电影。

《奇爱博士》中模仿李梅将军、随时叼着雪茄的瑞朋基地司令命令其基地载有1400万吨当量原子弹的B–52编队轰炸苏联，并切断了和白宫、五角大楼的联系，不知出于什么原因开始在自己的办公室里对调到基地的英军军官进行了"根绝共产主义乃美国之义务"的长篇说教。或许在戏剧化这一点上，这个说教场景和摩西风格的海斯顿演说、播出"不知道甘地的美国人"的《科伦拜的保龄》之间的确存在着连续性。

就在我写作这本书之际，传来了以科伦拜中学校园枪击事件为题材的电影播出的新闻。2003年5月第56届戛纳电影节上，以该事件为原型、由格斯·范·桑特（Gus Van Sant）指导的影片《大象》（Elephant）与事前预测不同，一举夺得了戛纳电影节最高奖——金棕榈奖和最佳导演奖两项大奖。

或许聚集在戛纳的"世界"已经开始从根源上思考"什么是美国"的问题了。

教材也无可奈何的解释

但是，在第二修正案的问题上，美国国内的状况戏剧化成分越多，就越不是一件轻而易举的事情。举一个例子就可以说明在这个问题上表面与内心是如何盘根错节在一起的。

"在何为宪法第二修正案真正含义的问题上，美国国民从建国后不久就展开了讨论。一部分专家相信修正案保证了每一位国民都有持有和携带武器的基本权利。另一方面，还有一部分意见则主张这只是保证了各州可拥有民兵的权利。枪支管制问题是当今美国面临的最为复杂且讨论最多的宪法遗留问题"。

这是美国高中生使用的美国史代表性教材《美国史》（The American Nation, Pearson Prentice Hall, 2003年版）有关宪法第二修正案的描述。这段描述也真是实话实说，表明教材在这个问题的对立和混乱面前也无可奈何。

最大的问题是，联邦最高法院在第二修正案的解释对立上无法发挥作用。日本对宪法第二修正案的真正研究甚少，《共和主义、民兵、控枪——解读合众国宪法第二修正案》（昭和堂2002年2月）可谓佳作，根据作者、大东文化大学国际关系学部副教授富井幸雄在本书中的研究，联邦法院有关宪法第二修正案解释的判例本身就非常少。

最终上诉到联邦最高法院并成为主要判例的案件只有1876年"美国诉克鲁克香克案"、1894年的"普雷瑟诉伊利诺伊州案"（似应为1886年——译者）以及第二次世界大战前夕的1939年"美国诉米勒案"。这三个事件的特点就是判决内容的模棱两可，总体上支持州权说，但同时又不完全否定人权说。

离今天最近并仍具有相当影响力的当属"美国诉米勒案"的判决。在此之前的两个案件基本上都采用了同样的逻辑。

米勒案的大致情况如下，被告米勒携带未经注册的12倍口径短枪从俄克拉荷马州到阿肯色州，并以违反作为禁酒法时代确保税收之一环的1934年制定的《全国枪械法》为由遭到逮捕，被告以该法本身即违反宪法第二修正案为由提出上诉。[2]由于在一审中遭到驳回，因此进而上诉到联邦最高法院，由最高法院进行直接裁决。

但结果却是并没有明确解决州权说与人权说之间对立的"模糊"判决。[3]认为黑人在第二修正案解释中被忽视而知名的乔治·华盛顿大学罗伯特·卡特罗尔教授将这一判决称为"枪支管制支持派和反对派都可以将自己主张予以正当化的判决"。判决没有对第二修正案进行整体判断，而是将其定位于对基本承认联邦议会召集和编制民兵之权利的美利坚合众国宪法第一条第八款第15、16两项内容的补充，即各州拥有民兵制度的权利不可侵犯，这一含混的判决内容反过来看也很难说明确不承认每个公民持有武器的权利。

一般均认为这个判决的本意是只有在组成州民兵、即现在的国民警卫队范围内的公民方有武装的权利。但是，以全国步枪协会为首的枪支管制反对派却抓住了该判决没有提到没有成为州兵的公民是否有武装权利这一点。就是说，全国步枪协会等院外集团千辛万苦地打造出了第二修正案可成为反对枪支管制"大旗"的状态。

胆小怕事的最高法院

实际上，1939年内容极为暧昧的米勒判决之后，美国联邦最高法院再也没有出过新的判例（截至2004年——译者），没有尝试对第二修正案的解释进行黑白分明的判决。时而还会出现如1999年3月得克萨斯州北区联邦地区法院对"合众国诉艾默生案"中，以第二修正案为由承认公民拥有持有及携带武器权利这样带有浓厚全国步枪协会等枪支管制反对派色彩的判决。但是，在第五巡回联邦上诉法院申请将这一案件"裁量上诉"后，联邦法院于2002年6月10日驳回了上诉。这已经是米勒案后联邦法院第7次做出"拒之门外"的决定了。

由此，米勒案判决仍然被作为"定论"。1967年，约翰逊民主党政府末期建立的"总统执法与司法行政委员会"（委员长为肯尼迪的亲信尼古拉斯·卡岑巴赫司法部长）也为此明确表示："根据最高法院及其下级联邦法院的一贯解释，宪法第二修正案规定了联邦政府对州民兵制度的不可侵犯性，但并不保障持有和携带武器的个人权利。"

联邦最高法院这种胆小怕事的态度实际上还有一个无法拿到桌面上的理由，就是与黑人问题的关系。正如富井幸雄所指出的，1861至1865年的南北战争后，直到实现解放黑奴为止，在美国国内并没有过将作为公民权利的枪支管制问题与第二修正案相关联进行的讨论。

联邦最高法院第一个对第二修正案的判决是1876年将其目的解释为防止联邦议会侵犯州权、支持州权说的"美国诉克鲁克香克案"。这是在林肯总统公布《解放黑人奴隶宣言》后，根据宪法第十三修正案、第十四修正案和第十五修正案，黑人被承认拥有公民平等权利不久后发生的事件。面对这一急速发展的废除对黑人种族歧视的动向，白人中出现了某种恐慌状态。其结果就是以1865年奴隶制废除后不久成立的三K党为代表开始的针对黑人的武力恐怖活动。

据说，这样的解决还有一个动机，就是通过用州权说而不是人权说解释第二修正案，在结果上将黑人排除在作为公民所拥有的武装权利之外。"美国诉克鲁克香克案"就是对因三K党在路易斯安那杀害了一百余名黑人的事件而遭到逮捕的白人，以第二修正案为由认为逮捕不公正而提出的上诉所进行的判决。而其后包括米勒判决在内的两个案件也都与黑人有关。1892年，在黑人得到解放后的南部公共汽车和学校等场所开始出现被称为"吉姆·克劳法"（Jim Graw laws）的针对黑人的新种族歧视政策。因此必须看到一个事实，在联邦最高法院里，表面上州权说成为定论的背后也暗藏着人种问题。

黑人也似乎终于意识到了第二修正案。我在美国直接从事采访工作的20世纪60年代末期正是白人与黑人关系最为紧张的时期，马尔科姆·X就曾表明过与现在全国步枪协会同样的立场："只要宪法第二修正案承认持有和携带武器的权利,所有的黑人就有权为了自卫而进行武装。"在他思想影响下诞生的黑人权力运动(black power)中最具战斗性的组织"黑豹党"(black panther party)在鼎盛时期的1967年,曾组织携带手枪、冲锋枪、步枪等全副武装的队伍到正在审议枪支管制法案的加利福尼亚州议会游行,党首牛顿声称:"无论通过什么样的枪支管制法案,黑人也会继续武装。任何尝试解除我们武装的企图必将遭到失败。"

在当时的加利福尼亚等州,只要"没有非法隐藏武器",这样的武装游行就是合法的,警察当局也不能出手,异样的示威行动才能大行其道。同时,正如前会长海斯顿也常发出支持已故马丁·路德·金的声明一样,全国步枪协会与反黑人、反少数族群的人种主义划清着界限,这是因为要考虑到民主党枪支管制推进派组织对黑人的拉拢。白人、黑人双方都将第二修正案作为武装权利主张的依据,也体现了这个问题是如何的根深蒂固。

总之,正如其成为俄克拉何马市联邦大楼爆炸案理论温床所表明的那样,现在针对宪法第二修正案的解释将美国社会各种对立和隐秘之处错综复杂地交织在了一起,这也是联邦最高法院在是否进行明确判决问题上踌躇不前的大背景。可以说,第二修正案就像是用咒语对美国建国的一种束缚。

支持全国步枪协会的布什政府

但现实却是,在1939年以来联邦最高法院可谓政治性地维持不予判断的状态下,凭借今天拥有超过300万以上会员的全国步枪协会的雄厚资金,米勒案判决中勉强保住大旗不倒的枪支管制反对派的力量正在增强。

特别是布什的共和党政府开始执政后,美国全国的购枪量猛增。"9·11"事件后,克林顿时期活跃的枪支管制派完全陷入了沉默。对抗全国步枪协会的枪支管制派院外集团"防止枪支暴力联盟(Coalition to Stop Gun Violence)"发言人在2003年6月曾表示:"民主党正在放弃勉勉强强地将枪支管制问题视为己任的说法，2002年中期选举后，民主党没有搬出以往始终主张的推动枪支管制的口号。因为很明显这不会拉到选票。主张推动枪支管制政策的人们被党组织疏远了。"

2004年总统选举中，表明出马参加民主党总统候选人提名竞争的主要候选人中，没有一位提出支持枪支管制的主张，唯一反对伊拉克战争并将此作为"卖点"、通过网络筹措竞选资金的候选人霍华德·迪恩（前佛蒙特州州长）在有关枪械问题的发言中也与全国步枪协会的立场相近。

而司法部长约翰·戴维·阿什克罗夫特则理所当然般地反对禁枪，并表明100%支持全国步枪协会的立场。2001年11月，阿什克罗夫特通知所有联邦检察官，第二修正案承认不属于州兵的公民也拥有持枪权利将是司法部的"正式见解"。从密苏里州州长时代起就以不仅反对禁枪、还反对人工流产、支持死刑和保守路线而被誉为"三冠王"的阿什克罗夫特出任司法部长本身就说明了全国步枪协会的压倒性优势。提到全国步枪协会，老布什因为对全国步枪协会在俄克拉何马市联邦大楼爆炸案后的态度不满而退出了协会，但他的儿子、现任总统小布什仍然是协会的会员。

在克林顿时代，芝加哥、亚特兰大、新奥尔良等枪支管制派占据市议会多数席位的近30座大城市和全国有色人种协进会（NAACP）利用以"过剩生产助长犯罪"为由控诉烟草公司同样的方式，对制造枪支的公司提起了要求补偿的诉讼。但是2003年4月，众议院通过了禁止对枪支制造和销售商提出诉讼的法案，与众议院同样是共和党占多数的参议院也非常有可能以多数票赞成通过这项法案。一旦这个法案得以通过，正在进行诉讼的案件也将成为免责对象。

特别值得一提的是，全国步枪协会为首的枪支管制反对派来势凶猛。克林顿政府期间于1993年11月制定，以1981年刺杀里根总统未遂事件时身负重伤的白宫新闻秘书布雷迪命名，有义务检查有意购枪者犯罪履历的管理法，以及第二年制定的管理AK47自动步枪等重火力杀伤性武器的1994年犯罪对策法等，对美国国内新的枪支管理至少在联邦层面上完全停止了。[4]到了阿什克罗夫特时期，这位司法部长甚至表示应该将布雷迪法的核心部分、即全国即时犯罪背景检查系统（NICS——也可译为全国立即罪案稽查系统）的数据保管时间由90天缩短到24小时。

联邦政府所在地，也是1976年以后美国各地方政府中实施最为严厉的枪支管制措施的首都华盛顿，即哥伦比亚特区向全国步枪协会靠拢的动向也十分明显。2003年7月，参议院司法委员会委员长（共和党）奥林·哈奇向参议院提交了因"华盛顿枪支管制不仅违反宪法，也没有提高防止犯罪效果"而应允许在家庭和工作单位拥有枪支的《DC个人保护法案》。尽管民主党控制的华盛顿市领导层反应强烈，但人们都认为这是十多年间全国步枪协会及其下属组织开始发起真正的攻势了。

"枪支越多犯罪越少"

这一系列有声有势活动的背景则是"很难断定允许公民持有和携带枪支将导致犯罪增加，实际上反而可能导致下降"这一说法已经深入到了美国舆论内部。耶鲁大学法学院高级调查研究员约翰·洛特（John R. Lott）1998年由芝加哥大学出版社出版、2000年再版的《枪支越多、犯罪越少》（More guns, Less crime）[5]颇具代表性。约翰·洛特是经济学家，通过详细的统计数据和对罪犯的采访，他得出以下结论：①与入室盗窃将近占全部犯罪半数的英国和加拿大相比，通过让普通公民持有枪械，美国针对一般家庭的入室盗窃犯减少了13%；②将携带枪支"不可外露"合法化的结果也令人意外，城市中犯罪多发地区的犯罪反而急剧下降；③特别是女性"不可外露"携带枪支的结果表明，女性成为枪支犯罪牺牲者的比例比男性减少了3—4倍。

与全国步枪协会作为民主主义权利而反对枪支管制的政治立场无关，在美国全国充斥着超过2.3亿支的各种枪支（其中三分之一是手枪），并且每年仍增加300—400万支，为了应对这一现实，比起强行管制，不如让普通公民堂堂正正地拥有枪支，教育公民"正确使用"方可维护治安，持这种想法的人越来越多。

代表这种观点的是卡托研究所（Cato Institute）分析员大卫·科佩

尔（David B. Kopel），他的著作《武士、加拿大皇家骑警与牛仔：美国是否应采取其他民主主义国家的枪支管制措施》，[6]对全国步枪协会持中立立场的作者对包括日本在内的世界各国枪支管制现状进行了分析。在书中，科佩尔认为，充实根据法律正确地拥有和携带枪支并只将其用于必要最小限度之自卫的"教育进程"，缔造成熟负责地拥有枪支的文化才是美国唯一现实的选择。科佩尔发现，在以往美国西部大开发、也就是西进运动的前期，曾实践过"负责任持枪"的牛仔们构筑了秩序，"简单而言，现在美国大城市的一部分与以往西进运动处于同样的状况"。

全国步枪协会对加强充实这种"教育进程"持100%支持的态度，也支持布雷迪法的全国即时犯罪背景检查系统（NICS）。直到最近为止，由国防部免费提供演习场、弹药和运送参加者的全国步枪协会枪支讲习会颁布的毕业证一直是事实上的正式持枪执照。从1987年佛罗里达州开始，洛特大力主张的允许"不可外露"携带枪支的制度到今天已经在美国半数以上的州得到了普及，因为毕业证是批准持枪的条件。也就是说，全国步枪协会事实上发挥了官方机构的作用。[7]

根据联邦调查局（FBI）每年公布一次的《统一犯罪报告》2000年版的数据，杀人案件的数量及作案时使用凶器为枪支的案件的确在减少（参见下表）。

美国杀人案件中枪支的使用情况

	1996	1997	1998	1999	2000
杀人案件总数	16967	15837	14726	13011	12943
枪支涉案总数	11453	10729	9257	8480	8493
手枪	9266	8441	7430	6658	6686
步枪	561	638	548	400	396
冲锋枪	685	643	633	531	468
其他	20	35	16	92	51

美国社会中人与枪的"同居"状态在"9·11"事件后无论何处满

目都是星条旗的今天更加深刻。

有关这一点，介绍一件趣事。2003年7月，在我为了写作本书第四次赴美取材旅行之际，正好看到了一条电视新闻，密苏里州首府杰佛逊市的彩票"强力球（powerball）"出现了一名1.306亿美元的中奖者。这是一对以5美元投资中上大奖的夫妇，丈夫是53岁的公司主管，妻子是52岁的代课教员，看上去十分正直。当这对夫妇按照美国惯例被拉到记者发布会上说明"这笔钱打算怎么用"时，丈夫说打算将20世纪50年代生产的拖拉机换掉，妻子则打算换一台"尼克松总统时"就开始用上的放在厨房的冰箱。在两人都说完后，丈夫加了一句："想买一把新枪。"

看到这儿我完全理解了，要在参众两院发起"修正"第二修正案的动议根本没有可能。

劳伦斯·H. 却伯的"变节"

更为全国步枪协会增势壮威的是代表性宪法学学者对第二修正案的解释也出现了变化，从以往只支持米勒判决中确定的州权说转向对全国步枪协会御用的人权说也表示出了一定的理解。

这位学者就是被称为"哈佛大学第二代拉尔夫·S. 泰勒（Ralph S. Tyler）宪法教授"的劳伦斯·H. 却伯（Laurence H.Tribe）。作为在哈佛大学法学院教授宪法的现任教授，他的主要著作《美国宪法》（American Constitutional Law）不仅是哈佛大学，更是全美法学院的传统教材，联邦最高法院的判决中被引用了50次以上。他还是讨论宪法问题的电视节目的常客，其主张多具自由主义色彩。

就是这样一位教授，在2000年发行的第三版《美国宪法》、也就是最新版中，对宪法第二修正案进行了与1978年第一版和1988年第二版不同的解释。

我是通过1999年8月27日《今日美国》报上《一位学者的见解激怒了自由主义派》的报道得知这件事的。这篇报道说却伯教授主张承认所有美国公民均有持有和携带武器之权利的"人权说"，从而使许多他的同僚感到了困惑。在全国步枪协会如获至宝般的这场骚动中，偏向于全国步枪协会的记者理查德·波（Richard Poe）在其2001年出版的题为《枪支管制之七个神话》的书中，以颇带有获胜口吻的文笔写道："恐怕当今仍活跃于学术界的美国宪法学者中最具影响力的却伯教授出现的稳健变化，将那些自由主义派的同僚带入了愤怒和混乱的漩涡。但是，问题的关键在于，却伯教授做出这个结论居然花费了20年的时间。"[8]

我买了一本2000年版的《美国宪法》与第一版和第二版进行了对比。发现与《今日美国》报和全国步枪协会系出版物的喧嚣还是有很大不同的。教授不仅仅是被认为的"稳健"，在描述上也极为委婉迂回。但即便如此，解释发生了变化这一点却是千真万确的。[9]

给我的感觉是，却伯教授正在努力适应充满苦涩的时代，也是他作为一名学者对我从李梅将军那里开始追索的行使武力这一美国建国基因所采取的负责行为。具体而言，2000年版和1978年版《美国宪法》对宪法第二修正案的记述分别如下。

在1978年第一版中，却伯教授只在注释部分涉及了第二修正案，但却明确地采纳了州权说："起草宪法第二修正案的人们只关心一点，就是避免发生联邦介入各州民兵事务、允许创设常备军，从而在结果上破坏地方自治的事态。因此，第二修正案并不适用于纯粹的私人性行为。"在解说米勒案判决时也认为："第二修正案只是对宪法尊重各州主权的其他保证条款的补充"，"它的态度是只拥有狭窄且限定性的目标。"

1988年的第二版也只在注释中解释了宪法第二修正案，而内容与第一版基本相同。

但是，2000年的第三版却发生了明显变化。序言中就特意提及宪法第二修正案，在提到科伦拜中学校园枪击事件后，教授用慎重且充满讽刺的语气委婉地总结了他对第二修正案的态度变化。

1. 科伦拜中学校园枪击事件从结果上为社会舆论在管制枪支的方向上注入了活力，我个人对此表示欢迎。

2. 围绕第二修正案的法律环境与1988年相比并没有发生变化。但是，由于包括本人未曾发表的研究在内，围绕这一问题已经拥有了很多学术性研究成果。就我而言，有必要再次审视拥有"纪律良好的民兵对自由国家的安全十分必要"这一特殊前文的第二修正案的意义。

3. 目前，我首先表明我对这一问题的结论。

（1）如果将这一问题的讨论框架设定为宪法第二修正案仅仅是为了维护民兵与州之权利的人们与认为该修正案仅仅是为了维护持有和携带武器等个人权利并由此推定任何形式的枪支管制均为违宪的人们之间的冲突，那是非常危险的错误。

（2）第二修正案正是为了同时维护个人权利与集体权利。但是，正因为如此，本修正案不应成为任何形式的枪支管制的重大障碍。当然，这里提到的枪支管制并不包括有意图地排除所有私人持有枪支的联邦层面的非武装运动。

（3）有关第二修正案研究最大的问题就在于在充满政治和感情性空气的氛围中，必须与困难的解释问题进行搏斗。

在随后的正文中，却伯教授以"第二修正案与州主权"为题，用了10页的篇幅连带注释对第二修正案进行了论述。其主要内容如下。

一、第二修正案存在着限制各种形式枪支管制的可能性，比起法律界，这一观点在学术界和普通意义上更加受到关注。同时，有必要采取比现行枪支管制更为正规的管制的意见也很多。枪支管制推动派与反对派围绕第二修正案之解释的对立和紧张不断升温。因此，现在的第二修正案耕耘了联邦主义的土壤，为挖掘个人权利与集体权利之间的关系提供了一片沃土，也为追寻宪法解释的轨迹提供了丰富的机会。在这些方面，第二修正案是绝无仅有的。

二、现在有关宪法第二修正案的法律体系基本上处于尚未开发的阶段。这是因为主要存在着两点错误的解释：第一，所有的枪支管制均为违宪、第二修正案乃赋予个人之权利的解释；第二，如果解释为完全没有被赋予上述权利，那么第二修正案在宪法上的问题则完全不复存在。

三、如果第二修正案与尊重某种个人权利同样，也发挥着在一定程度上尊重州权的作用，那么这种作用则必须在对宪法的条约、构成及翻阅历史进行慎重探讨的基础之上予以定义。

总之，却伯教授在进行了某种自我批判的同时，非常明确地主张应再次探讨宪法第二修正案。由于却伯教授的影响力，他对历史的解读工作就显得十分重要，甚至或为联邦最高法院的"躲避"态度打上休止符。2004年后，联邦最高法院将因高龄退休而进行大法官的人事变动，这将被提到美国政治的重大日程之上。布什能否连任总统将毫无疑问地左右新的大法官人选。在关注却伯教授"变节"方向的同时，还必须观察2004年总统选举的动向。

我现在能做的就是完成却伯教授所说的"翻阅历史"的工作。

对于在各方各面与美国的接触都在不断增加的日本而言，正确认识今天在美国社会根深蒂固的对枪支的容忍态度必不可缺，因此我必须继续这项工作。比如，1992年10月7日，在路易斯安那州巴吞鲁日留学的日本留学生服部刚丈（当时16岁）仅仅因为认错了举办复活节派对的地址，就在门口被从屋里射出的子弹击中身亡，而开枪者则被法院宣判无罪。[10]对服部再次表示哀悼的同时，我也在想，正确理解这一悲剧所体现出的真实美国日益重要。

注释

1. 有关这一恐怖袭击事件的背景以及武装集团的实际状况，拓殖大学海外事情研究所岛村力教授在该研究所发行的《海外事情》1995年7、8月号及10月号进行了详细介绍。对本书也颇多参考价值。

2. 引自富井幸雄《共和主义、民兵、控枪——解读合众国宪法第二修正案》，昭和堂，2002年第三章。富井极富综合性的研究对笔者多有启示。

3. 1934年的《国家枪械法案》广义上是美国历史上第一部管制枪支的法律。不过，这部法律是基于在买卖枪支时应收税的想法而作为国家岁入相关法律的一部分制定的，尽管据说增加了在那个禁酒时代对付暴力团的效果，但却离我们日本人所认为的管制枪支有相当的距离。这项法律最初由美国财政部的国内收入署（IRS）负责执行，但1972年被移交由同样隶属美国财政部的美国烟酒枪炮及爆裂物管理局

（ATF）负责。枪支管制与烟酒等政府专卖事业同等对待，这很有意思。经过里根政府以来对联邦政府职员的历次削减，ATF 经常处于人手不足的状态，只是在发生这次校园枪击案后它的衰退才被视为问题。保护总统等政府要人的有名的特勤局也属于 ATF 管辖。此后有关枪支管制的法律包括在 1963 年肯尼迪总统遇刺、1968 年马丁·路德·金律师遇刺后制定的从年龄、犯罪记录等方面对持枪进行管制，跨州枪械管理采用联邦政府执照制度的 1968 年《枪械管理法案》；1976 年制定的《武器出口控制法》和 1993 年制定的，以在里根总统遇刺案中身负重伤的白宫新闻秘书布雷迪命名的《布雷迪手枪暴力防制法》。该法的特点是建立了在销售前必须有 5 天时间进行购枪者是否有犯罪记录核查的全国即时犯罪背景检查系统（NICS），由联邦调查局负责。1994 年《暴力犯罪控制与法律执行法》中加强了对拥有以往手枪无法比拟的 AK47 等大杀伤力攻击性武器的新管制措施。

4. 有关与日本百分之百不同的美国持枪社会的实际情况，可参考 2003 年 2 月《警察学论集》第 56 卷第 2 号刊登辻义之的论文《美国的枪支管理政策》，论文对这一问题进行了综合且有意义的梳理，作者从 2001 年起作为哈佛大学客座研究员，用了两年时间，从日本警察的视角学习和观察美国枪支管制的现状与局限性，对美国 50 个州各自不同的枪支管制也进行了详细的介绍。

5. John R. Lott, Jr. More Guns, *Less Crime: Understanding Crime and Gun-Control Laws*, University of Chicago Press, 1998, 2000.

6. David B. Kopel, *The Samurai, the Mountie, and the Cowboy: Should America Adopt the Gun Controls of Other Democracies*? Prometheus Books, 1992.

7. 法政大学田中开教授对美国枪支犯罪和管制法规之间的关系进行了长期综合性的跟踪研究，我也得到了田中教授的指教。本书参考了田中教授发表在《法律广场》和《法学家》（Jurist）上的论文以及公共政策调查会编的《各国枪支管制调查研究》（1998 年）上的论文。此外，本书使用的"枪支"一词为一般性含义，联邦调查局的《统一犯罪报告》将枪支分类为手枪、步枪、冲锋枪和其他枪支四类，手枪在全部枪支中约占近60%。

8. Richard Poe, *The Seven Myths of Gun Control: Reclaiming the Truth About Guns, Crime and the Second Amendment*, Random House, 2001.

9. Laurence H. Tribe, *American Constitutional Law: Volume one*, Third Edition, Foundation Press, 2000.

10. 平义克己、提姆·塔利（Tim Talley）著:《别动！——皮埃斯为何向服部开枪？》，集英社，1993年。

第三章 从"无秩序"中诞生

妥协之大成

从逻辑上看，考察宪法第二修正案必须向前追溯到由1787年费城制宪会议上被批准、次年生效之后直到2004年已存在216年，从而成为世界上最悠久之成文宪法的美利坚合众国宪法，以及三年后追加的十条修正案，即权利法案所组成的美国的根基和它的诞生时期。

从1776年独立宣言12年后才最终生效的事实足以说明，这一宪法根基不仅是第一任总统华盛顿，也是约翰·亚当斯、托马斯·杰斐逊、詹姆斯·麦迪逊、亚历山大·汉密尔顿等当时的领导人等这些被后人称为"建国之父"的精英们所体现出的旨在缔造欧洲所没有的原创民主主义的气概与自豪，是指将美国独自的民主主义体系纳入了宪法制定之中，体现了挑战只有在"新世界"美国才可制定与英国和法国民主化不同的原创民主主义的热情。

具体而言，宪法是事实上的独立国家，即13个英国殖民地，也就是现在的州联合创建新国家的妥协产物，是州权对联邦政府、大州对小州、东部对南部、商业对农业、城市对地方、常备军对民兵等当时各种利益冲突调整的结果。

因此，制定的合众国宪法的基本原则就是：①首先将殖民地设为州，在以尊重州权为先的基础上，采用联邦制的国家形态；②设立国家外交关系和经济运行所必不可少的小的联邦中央政府，以作为必要之恶；③在国家中心设立国家元首总统以及在总统左右的联邦议会和最高法院，通过三权分立形成的制衡原则（check and balance）确立人民主权。这部宪法既标志着百分之百原创美国型民主主义的诞生，也可被称为是各种对立调整后的"妥协之大成"。

最后"总装"、即最终妥协的结果就是追加权利法案的过程，第二修正案即为其中之一。这也是生动反映历经210余年的这个国家真实面容的一幕。

1787年5月，在费城召开的制宪会议的讨论中，分成了联邦主义派和反联邦主义派两个阵营。前者主张在通过制定宪法承认州权的基础之上成立联邦制和"小的联邦中央政府"，尽快实现新的统一国家体制以取代在对外关系和经济体系中逐渐无法发挥作用的现有体制，可谓积极派。对此，慎重派尽管认可成立作为必要恶的联邦中央政府，但同时主张最大限度确保13个州各自的主体性、也就是州权。

1787年5月25日，制宪会议推选大陆军总司令乔治·华盛顿为议长，除罗德岛之外的12个州55名代表出席并开始了秘密会议。会议以被后人称为"美国宪法之父"的来自弗吉尼亚州的詹姆斯·麦迪逊提交的弗吉尼亚州草案为基础展开讨论。那是一个闷热高温的夏天，除了已81岁高龄的本杰明·富兰克林等在独立宣言上签字的8名建国元勋外，36岁的麦迪逊等30余岁的年轻建国精英们占了与会者的半数。

最大的问题在于如何对1781年签署的事实上承认13州为独立共和国的《邦联和永久联合条例》进行修改，以缔造可发挥联邦功能的中央权力。特别是主张建立按照人口比例决定议席数量的两院制的弗吉尼亚州方案和坚持各州平等、一州一票的一院制的新泽西州方案严重对立。最终众议院根据人口比例确定议席数量、参议员不论各州大小一律平等给予两个议席的康涅狄格州方案以微弱多数得以通过，被誉为"伟大的妥协"。

在随后的讨论中，尽管没有承认给予黑奴投票权，但要求将黑奴计入各州人口总数中（可影响众议院的议席数量）的南方各州与对此持反对态度的北方各州之间的对立也以各州黑奴人数的3/5计入人口而实现了"五分之三的妥协"。进而主张完全废除奴隶贸易的北方各州做出让步，同意至少在20年内不会在议会发出完全废除奴隶贸易的动议之后，总算在9月形成了大体一致的草案。

既成事实化的第二修正案

这时，弗吉尼亚州代表乔治·梅森提案将明确言论出版自由、信仰自由、在审判中采取陪审员制度等保护人权、持有武器的自由等权利的权利法案写入宪法序言。根据美国宪法学大家伦纳德·W. 列维（Leonard W. Levy）的研究，梅森认为提出此提案可以给予普通市民"安心感"，只需几个小时的工作即可起草完成草案，并会毫无疑问地通过。因此，连"大演说"都没有进行。

对于梅森的提案，马萨诸塞州表示赞成。但是，康涅狄格州代表罗杰·谢尔曼（Roger Sherman）提出了反对意见，认为"各州宪法已经制定了这种权利法案，只要新宪法承认各州这一权利的有效性，就没有必要特意包含这些内容"。谢尔曼的这条动议没有经过讨论就得以全票通过，甚至仅仅插入"保障言论自由"内容亦可的建议也遭到了否决。3天后的9月17日，再无进展的制宪会议落下了帷幕。按照列维的说法，这是因为已经筋疲力尽的代表们再也不希望展开新的讨论了。[1]

梅森的判断显然错了，但是他的乐观态度也有相当的根据。在1787年的政治环境中，这样的权利法案正在变成既成事实。这是延续至今的美国政治体系的起点，理解这一点十分重要。

首先，包括梅森所在的弗吉尼亚州在内几乎所有的州都制定了包含权利法案部分的州宪法。当时，各州均为独立共和国，拥有被称为州权的主权，也就是独立国家。虽然随着高度信息化社会的到来，20世纪中期之后这一大框架出现了形骸化的现象，但作为美国民主主义和公民生活的核心部分，直到今天仍然根深蒂固。

1776年独立宣言本身就是宣布作为事实上独立国家的各州的"联合"。独立宣言5年后通过的《邦联和永久联合条例》就是这一"联合"体的规约，并首次将"联合"体称为"美利坚合众国"。同时也有意识地规定"各州拥有主权、自由、独立以及没有明文授权于据本条例集结于邦联议会之合众国的所有权力、权限和权利"。

1776年7月4日独立宣言通过5天前的6月29日，弗吉尼亚州就已经完成了包含权利法案和规定政府组织等内容在内的弗吉尼亚州宪法。州宪法的第一条就高调宣扬了民主主义的基本原则："人生来即平等、自由和独立，并享有一定的与生俱来的各项权利。人民在参与社会时，无论任何契约，其子孙后代的这些权利均不能被剥夺。这些权利是包括获得和拥有财产、追求和获得幸福与安全等手段在内的享受生命与自由之权利。"

紧接着的第二条规定："所有权力属于人民，其结果，当然权力也来自于人民。行政官员为受人民之委托的公仆，在任何时候都应服从于人民"，这很好地体现了在州的层面上保障每一位公民民主权利、并以此为开端的美国式民主主义的特征。弗吉尼亚州宪法是世界上第一部"成文宪法"，也是"美利坚合众国宪法"的原型。[2]

随后，新泽西（1776年7月）、特拉华（同年9月）、宾夕法尼亚（同年9月）、马里兰（同年11月）、北卡罗来纳（同年12月）、佐治亚（1777年2月）、纽约（同年4月）、南卡罗来纳（1778年3月）、马萨诸塞（1780年10月）、新罕布什尔（1784年6月）也相继制定了州宪法和权利法案。[3]可以看到，1788年6月制定的《美利坚合众国宪法》在依据《邦联和永久联合条例》形成的仅仅是州的"联合"体向前迈进了一步，诞生"联邦国家"的联邦中央政府，并具备总统、联邦议会、最高法院的三权分立相互制衡功能的现有国家体制。而在这部宪法诞生之前，很多州就早已经拥有了自己的宪法。

宪法第二修正案的原型在《邦联和永久联合条例》、各州的宪法和权利法案部分中也得到了规定。《邦联和永久联合条例》第6条详细规定："所有的州均应充分武装、建设及拥有指挥及训练良好的民兵，州政府拥有的仓库必须准备适当数量的野战炮、帐篷、武器、弹药及野营用具。"

这一内容被表达得最为清晰的是宾夕法尼亚州宪法第13条："人民拥有为保卫自己及州而进行武装的权利。因其对自由十分危险，故不应在和平时期保留常备军。军队应严格从属于文官的权力，并受其统治。"

而弗吉尼亚州宪法第13条同样规定："由接受过军事训练者组成的

纪律良好的民兵，适合保卫自由州，且是自然和安全的。和平时期的常备军因对自由的危险而必须避免。军队在任何情况下都必须严格服从文官的权力并接受统治。"需要提一句的是，弗吉尼亚州宪法中权利法案的部分正是出自梅森之手。

马里兰州、特拉华州、新罕布什尔州等的州宪法中则表现得更为直接，即为了"自由政府适当且自然地安全防卫"有必要建立良好纪律的民兵。而在宾夕法尼亚州，和平主义的贵格派教徒也拿起武器参加民兵训练。

州权的分量

对英国本土派遣来的正规军抱有敌意的背后是对常备军始终存在的强烈戒心。正如打响美国独立战争第一枪的马萨诸塞州民兵那样，有的州还制定了从普通民兵中进一步选拔组成实际上接近于常备军的特殊民兵制度。

今天，以"良好纪律之民兵"为开端的宪法第二修正案问题将美国社会一分为二，成为枪支管制处于毫无实际效果的状态和连却伯教授都必须考虑对此"再探讨"的源泉。

在费城召开的制宪会议原本并不是正式提出制定宪法、创设联邦国家等"议题"，而只是根据2月邦联议会上通过的决议，"召开以修改《邦联和永久联合条例》为唯一明确目的的特别会议"。这个决议是现实派基于以下判断而巧妙设计的，在现实派看来，即便是为了解决外交关系、关税等对外通商关系、整顿国内经济市场、以镇压前一年马萨诸塞州谢斯起义（Shays' Rebellion）为代表的建立国内秩序等紧要问题，建立更加强大的联邦制和联邦中央政府职能也是必不可少的。⁴ 现实派经过随后的宪法争论被称为联邦主义者。就这样，在州权这一原生体系势力强大的环境中，美国建立了。

州权在任何情况下都是平等和并列的。2000年总统选举就是证明州权威力的一个很好的例子。

众所周知，这次选举在选民得票总数上败给民主党总统候选人戈尔的共和党总统候选人布什，却在根据合众国宪法第二条第一节第三项规定的总统选举人投票中以一票的优势险胜，成为第43任美国总统。总统选举人制度规定，每州的选举人数等于由根据人口变动而变动的众议院议员量加上与人口多少无关、每州均为二人的参议员议员数，因此可以说，国会参议员各州均为二人的州权平等结构决定了这次布什的险胜。

建国之父们都是当时各殖民地精英中的精英。他们对众愚政治十分警惕，就连通过一般性投票决定总统选举人也持反对态度，实现这一点已是杰克逊总统执政的1835年。参议员选举最初规定为在各州议会进行，这一政策转变为由普通选民选举产生已是宪法第十七修正案被批准的1913年之后了。

在日本，人们倾向于认为总统选举人制度决定总统是美国政治体系的危机。但是，加上与联邦最高法院最终裁决佛罗里达州计票问题、从而发挥了制衡原则的功能，这次布什当选总统却正反映了"美利坚合众国宪法"这一体系的生命力。在选举中惜败的前副总统戈尔丝毫没有流露出一丝对这个制度的恼恨，始终强调对美国宪法的忠诚并坚持东山再起的道路，也是因为知道这一制度的分量。改变这一选举人制度的宪法修正案迄今为止已经被尝试过700余次，且总是屡战屡败。

总之，梅森判断通过将这种反映州权优先主义的权利法案加入宪法，可以使人民拥有对合众国宪法的安心感。这一思路认为，殖民地通过民兵游击战取得了对英国派遣的正规军、即常备军的胜利，基于这场美国革命战争的经验和战绩，作为支持"美利坚合众国"这一新国家体制的条件，当时美国人民最希望的是新国家提供可防止再次出现"专制"的安全阀。

为了理解这一点，就必须进一步追溯历史。同时，这也是一场解谜游戏，让我们去探寻为何权利法案10条修正案中只有第二修正案在表示"权利"之主体的主语前，加上了"纪律优良之民兵乃自由国家安宁所必须"的前缀。

第三章 从"无秩序"中诞生

从英国继承

宪法第二修正案原本是美国从前宗主国英国那里继承而来的。

美国权利法案的范本就是英国1689年制定的《权利法案》，这是英国推翻试图天主教复辟的詹姆士二世的无血革命、或曰"光荣革命"的结果。英国《权利法案》第七条规定："凡臣民系新教徒者，为防卫起见，得酌量情形，并在法律许可范围内，置备武器"，而当时英国国民的98%都是新教徒。

自封建贵族将国王统治限制于"法律支配"框架中的《大宪章》（Magna Carta）开始，到1215年《权利法案》提出以"臣民"为名的公民权利，前后历经了4个多世纪的时光。经过1628年迫使詹姆士一世承认《权利请愿书》和1649年克伦威尔发动英国革命处死詹姆士一世这两次重大事件，英国确立了君主立宪制。这是一段充满血腥的历史，特别是拥有武器的权利更是一波三折。

在12、13世纪，国王会要求"臣民"履行保持武器的义务，王室也会定期检查"恰当持有武器的程度"，实际上赋予了每个地区警察权以维持治安和保卫群落。不拥有土地的隶农也是这项政策的对象，可谓民兵的先驱。同时，也反映了作为志在走上海洋国家立国之路的英国将增强海军战力视为重中之重，而陆军则只能处于次要地位的现实。

但是，进入16、17世纪后，随着殖民地的扩大，国王一方出现了同时扩充陆军常备军的趋向，并以武器普及将会扰乱社会秩序为由开始将"臣民"限定于一小部分贵族、大地主和富裕阶层。其结果，在中小地主、自由农民、工商业者、律师、学者等领域广泛的新兴势力之间，作为"自由民"的团结与意识不断深化，并将拥有武器视为与国王专制和压迫进行战斗和对峙的公民权利。随后就发生了被运送到北美大陆的常备军与北美民兵之间的战争。因此，拥有武器被认为不仅是作为"自由民"的自卫权利，也是政治权利，用现在的说法就是民主主义的权利之一。

"良好纪律之民兵"的诞生

于是,"自由民""保卫自由最为切实的方法就是进行武装"。苏格兰启蒙思想家之一、对美国革命思想也产生很大影响的安德鲁·弗莱彻在1698年就曾对此断言:"拥有武器是区分市民与奴隶的证明。只有武器,才是自由唯一的象征。"

弗莱彻还呼吁:"为了取代受到国王统治的民兵,避免在国内采用奴隶制的危险以及抵抗外来侵略,何不考虑可以通过纪律良好的民兵来保卫我们自己呢?"这也是第一次出现"纪律良好的民兵"的说法。也就是说,"纪律良好的民兵"的定位就是处于和以"国王之民兵"形式组织起来的常备军对立位置的"自由民"民兵。这个源头十分重要。

这一"纪律良好之民兵"拥有武器的权利被纳入了英国、苏格兰启蒙主义经过光荣革命建立君主立宪制的《权利法案》之中。光荣革命时期的共和主义思想家、批判英国君主制并鼓舞了美国独立的阿尔杰农·西德尼(Algernon Sidney)说道,"市民的武装正统且虔诚,对此厌恶的只有君主",强调市民的武装权利对于共和主义必不可少。据说西德尼曾对独立宣言起草者杰斐逊产生了很大影响,杰斐逊在从独立宣言到制定宪法这一建国期间的报纸评论中,几乎必定都会像引用洛克、孟德斯鸠一样引用西德尼的主张。

杰斐逊还经常阅读意大利启蒙思想家贝卡里亚(Cesare Bonesana Beccaria)的主张并深受影响,贝卡里亚认为:"通过禁止携带武器而被解除武装者,如果只有和平的且没有犯罪倾向的市民,从结果上看,武器会留在就连最为神圣的社会契约也随意破坏的真正犯罪者的手里。"众所周知,贝卡里亚的著作《论犯罪与刑罚》被誉为刑法学的始祖并影响了法国革命。[5]

由此,在古希腊、罗马的古典共和主义、并公言"即便内乱也强于专制"的尼古拉·马基亚维利等中世纪共和主义同一谱系上诞生,18世纪启蒙主义中最为过激的部分形成了常备军对民兵,或成为决不允许常备军专制的"市民皆武装"的逻辑框架横跨大西洋来到北美,发展得更为激进并在美国这片新大陆扎下了根。

与英国不同,在没有丝毫封建制基础的美国大地上,移民和殖民者都是"自由民","纪律良好之民兵"也确立了下来。1775年4月18日,前往马萨诸塞州莱克星顿和康科德搜剿民兵储藏武器弹药并逮捕其领导人的英国正规军遭到了"纪律良好之民兵"的特别部队、即民兵的阻击,揭开了美国独立战争和革命的序幕。

权利法案的复活

梅森提出将权利法案加入宪法的设想在随后必须9个州以上同意方可生效的各州批准宪法讨论中又复活了。原来,曾激昂宣称"如果宪法就此确定,我就必须考虑剁下右手"以拒绝在最终草案上签字的梅森和其他反联邦主义者,开始了以缺少权利法案为由发起了拒绝批准宪法的运动。

豪言"宪法草案本身就是权利法案"的詹姆斯·麦迪逊、亚历山大·哈密尔顿等联邦主义领导人在得知宾夕法尼亚、马萨诸塞、马里兰等州均正式或非正式将明确插入权利法案内容作为批准宪法之条件后,也改变了态度,为了保卫宪法,保证将在新宪法下召开的第一次议会上发出将权利法案作为宪法修正案的动议。对建国之父们而言,尽快在宪法中加入权利法案的部分成为首要任务。

1788年6月弗吉尼亚州批准宪法会议上,詹姆斯·麦迪逊态度的转变发挥了决定性作用。麦迪逊意识到为了尽快将建设新国家纳入轨道只有接受反联邦主义者的要求。在此不久之前,麦迪逊收到了驻巴黎公使杰斐逊的信件,信中称既然十三个州成为一个国家,"为了防止中央政府滥用权力,应明确加入慎之又慎的权利法案"。老盟友的建议或对麦迪逊产生了强烈的影响。

麦迪逊得出结论,最重要的问题是"收回任何形式的政府侵犯基本人权之力"。并由此建立了以下的逻辑,因为并不是所有州的宪法都明确记载了权利法案,为了在合众国宪法中再次为政府权力的滥用套上紧箍咒,就需要追加新的宪法修正案以为新国家带来"双重安全"

（列维教授）。

在随后于1789年6月根据新宪法召开的联邦议会第一届会议期间，麦迪逊提出了在宪法中追加权利法案部分、也就是对刚刚诞生的宪法进行修正的议案，9月参众两院通过了总共归纳为12条的修正案。在华盛顿总统的要求下，各州为了批准修正案花费了大约两年时间，经过反复不断的讨价还价、抗争和妥协后，随着1791年12月弗吉尼亚州的批准，由10条组成的现行权利法案部分终于成立，成为美利坚合众国宪法的一部分，世界上历史最为悠久的成文宪法"套餐"得以完成。

这时的杰斐逊曾自豪地向独立战争中一同战斗的法国贵族拉法耶特侯爵表白："通过这10条修正案，反联邦主义者失去了他们的支持者，国内反对宪法的声音基本上销声匿迹了。"

但是，马萨诸塞、康涅狄格、佐治亚三州的批准已经是庆祝宪法制定150周年的1939年了。如上所述，今天在世界上引以为荣的美国式民主主义、对日本国宪法基本人权条款也产生影响的权利法案是在难产中降生的。反言之，这是将建国赌于制定合众国宪法的建国之父们的苦心之作，也是对美国式民主主义原创性（original）的自豪和热情促生的作品。

为率领"黑船"来航的佩里撰写传记的已故美国历史学大家萨缪尔·艾略特·莫里森（Samuel Eliot Morison）在其著作《美国历史》中曾如此评价美国的建国之父们："在美国独立革命中值得特书一笔的是，从1774年到1776年推动革命运动的激进派们见证了直到革命最终阶段——即将工作交给比他们年轻的一代，将冠石放在革命这一大厦顶部的1787年——的发展。如果我们回顾近代以来的历史，对于拥有坚定决心的少数派而言，颠覆政府比想象的要简单。但是，颠覆之后，在新的基础之上建立法与秩序并实现重建事业则绝非易事。"[6]

在我看来，这是非常恰当的评价。1791年成立的权利法案正是建国之父们"见证革命最终阶段"的工作，也的确"绝非易事"。

亚当·斯密的先见之明

行使武力的基因变成"良好纪律之民兵"横渡大西洋并在独立战争胜利后作为合众国宪法第二修正案生根发芽,亚当·斯密对这一过程有着颇具深度的观察。

1776年3月,也就是在美国独立宣言4个月前出版的名著《国富论》中,斯密指出:美国的殖民地化是在"无序和不公正"(disorder and injustice)中开始的,在斯密看来,美国这片土地上的殖民地是在没有英帝国正式政策的情况下擅自建立起来的。

亚当·斯密在《国富论》中批判了依靠海外掠夺的重商主义,将通过"无形之手"支撑的"自由放任主义(laissez-faire)"经济予以理论化,被尊为资本主义经济学的鼻祖。力行市场经济至今3个世纪的美国经济既是斯密理论的实践之所,同时也是不断摸索与斯密理论之反题的历史。

在伊拉克战争中,因对布什总统的影响而受到关注的新保守主义集团的创始人欧文·克里斯托(Irving Kristol)曾说过,将《国富论》誉为"新政治科学"的麦迪逊等建国之父们读了概要之后,就对建设作为"美国生活方式(American way of life)"的"资本主义型民主主义社会"充满了信心。[7]

的确,斯密在1776年3月对即将诞生的美国做出了正确的分析,这毫无疑问极大地鼓舞了"读完概要"后的建国之父们。

斯密不仅是经济学家,也是与对美国独立运动影响重大的洛克、休谟等齐名的18世纪英国、苏格兰启蒙思想家之一,其深厚的造诣不言而喻。

现将《国富论》第四编第七章"论殖民地"中有关论述美国的部分摘要如下。

"在美洲殖民地最初的建立,仅就内政方面而言,及随后的繁荣中,欧洲的政策几乎没有什么值得夸耀的地方。愚蠢的行为和不义支配着殖民地初期的建设计划。即探求金银矿山的愚蠢行为和试图占有一个由未曾加害且亲切款待欧洲最初冒险家的善良土人居住的国家，足见其不义。"

"在几乎所有的各种情况中，在美洲进行殖民并从事耕作的并非欧洲各国政府的英明政策，而是无秩序和不义。"

"美洲的领导人物与其他所有国家的领导人一样，希望保持自己的社会地位。他们将自己的殖民地议会称为议会，并希望他们与大英帝国的议会拥有同等的权威。为此，他们感觉或想象，如果他们仅仅称为大英帝国议会的谦卑的代理人和行政官员。他们自己的大部分社会地位也将丧失。因此，他们拒绝议会派征赋税的建议，像其他野心勃勃、意气昂扬的人一样，为了保护他们自己的社会地位，宁愿选择拔剑相迎。"

"他们从商店店主、商人、律师成为政治家和立法者，从事为一个广大帝国制定新政体的事业。他们对这个帝国将成为世界上自古以来最伟大且强大的帝国之一充满自负，事实上这种可能性的确很大。"

"那些自大地认为仅依靠武力就可以轻易殖民地的人们极其愚蠢。"

"美洲远离政治中心的日子或不会持续很久。"

"那里在财富、人口和改良上进步神速，也许不到一个世纪，美洲的征税额将可能超过不列颠的征税额。到了那时，帝国的中心自然会迁移到帝国中最有利于全帝国的一般性防御和维持的地方。"

"发现美洲及发现绕好望角到东印度的航路，是人类历史上最大而又最重要的两件事。但是，它们今后给人类带来恩惠还是不幸，凭借人类的智慧是无法预见的。"[8]

尽管已经过了278年，但即使在2004年的今天，斯密的分析仍然充满新鲜感、极为敏锐且颇富启示。《国富论》在最后以承认美洲独立的建议作为结束语："英国的统治者百余年来以在大西洋西岸拥有一个巨大帝国的想象来取悦人民。然而这一帝国只存在于想象之中。也就是说，这是一个尽管看来不会获得任何利润，却正在消耗巨额费用，且今后仍将继续投入的计划。最好应思考摆脱那些承受沉重负担的计划。"

而在英国被斯密称为"极其愚蠢"的人们，即国王乔治三世、首相诺斯勋爵等镇压"纪律良好之民兵"的游击战失败后，美国诞生了。

注释

1. Leonard W. Levy, *Origins of the Bill of Rights*, Yale University Press, 1999.

2. 斋藤真、五十岚武士译:《美国革命》(美国古典文库16)，研究社1978年。各州宪法日译文均参照此书。

3. *The Origin of the Second Amendment: A Documentary History of the Bill of Rights 1787-1792*, Edited by David E. Young, Golden Oak Books, 1991.

4. 1786年，因独立战争后农产品生产过剩而负债累累的马萨诸塞州西部农民发动起义，遭到了州民兵的镇压。这成为联邦主义者主张有必要建立联邦中央政府的根据。

5. 明石纪雄:《托马斯·杰斐逊与"自由帝国"的理念》，MINERVA书房，1999年。

6. 萨缪尔·艾略特·莫里森:《美国历史》，西川正身翻译、监修，集英社文库，1997年。

7. Irving Kristol, *Neoconservatism: The Autobiography of an Idea/Selected Essays 1949-1995*, The New Press, 1995.

8. Adam Smith, *An Inquiry into the Nature and Causes of the Wealth of Nations*, 1776. 本书日译文主要引用岩波文库、水田洋监译、杉山忠平译。

第四章 原点的"五月花"号

"没有范本之国"的民主主义

当然,在北美大陆作为英国王制下的殖民地并非没有"秩序"。进入18世纪后,国王直接任命的总督统治着各殖民地。在1775年莱克星顿和康科德发生武装冲突的阶段,13个殖民地总计300万人口中独立革命推动派只占1/3,反对独立的王党派也约占1/3,其他的则是漠不关心的中间派。

以弗吉尼亚为中心的南部大地上汇集了寻梦的探险者,普利茅斯、波士顿和新英格兰等地则生活着追求宗教新天地的人们,还有从荷兰殖民地变成英国殖民地的纽约人。尽管背景各不相同,但将对英国国王的从属和忠诚视为殖民地自身利益的"美洲殖民地人"也并不少。

这是因为,只要在如亚当·斯密所指出的缺乏"智慧与政策"且"比较宽松管理下"[1]的英国统治仍然持续,远隔大西洋的新大陆只要接受对国王的忠诚,就可以维持经济、宗教和社会的自由。

以欧洲和美国民主主义比较研究知名的历史学家,耶鲁大学的R. 帕尔默教授对革命前13个殖民地的状态进行了精辟的分析,他一针见血地指出:"与法国不同,既没有封建制度,也没有领主制、庄园制和佃农。不存在领主、贵族,也不存在英国教会般的豪华且拥有特权的教会。远方的国王和他的总督们长期以来受到尊敬,但他们的存在即使被理解为不存在君主制也不为过。"[2]

帕尔默认为,在开始与英国本国对立之前,殖民地人们的生活与课税、官署、军队、外交没有关系。没有行会那样的中世纪经济的遗物,没有银行、会社、贸易公司等欧洲各国发达的资本主义,因此也就没有巨富和极端贫困,没有伦敦、巴黎那样的大都市和道路网。除了哈佛等少数例外，也没有学院和大学。

出版产业也没有，进口书籍是从英国进口贸易的重要部分。实际上，知识阶层也不存在，本杰明·富兰克林、托马斯·杰斐逊、约翰·亚当斯等通读欧洲书籍、学识见解丰富的"建国之父"们，只是少数殖民地成功者二代和南方奴隶主子弟，可谓例外中的例外。

在帕尔默看来，1776年的美国是一个在人种、宗教、语言和政治上都没有遗产的"新兴国家"，无论往东西南北哪个方向都是以"没有范本的国家"身份起步的。

令人讽刺的是，英帝国随后试图改变这种松散的统治方式，通过砂糖法、印花税法、茶法、波士顿封锁法等一系列加强税制和收掠措施以强化缔造将北美纳入帝国一部分之"秩序"，这引起了殖民地的强烈抵抗，并成为美国独立革命的导火索。形成这一局面的起因就是1755年到1763年英国和法国之间的七年战争。

在美国国内，七年战争直到今天也被称为"法国印第安人战争（French and Indian war）"。战争将印第安人也卷入进来，在阿帕拉契亚山山脉以西的俄亥俄河、田纳西河流域的平原地带，英国与从加拿大南下的法军展开了激战。

这场战争也是英、法两个帝国在欧洲本土以及印度同时开战的世界性殖民地争夺战的一部分。继奥格斯堡同盟战争一环的威廉王之战（1689—1697年）、西班牙王位继承战争波及北美的安妮女王之战（1702—1713年）、奥地利王位继承战争北美战场的乔治王之战（1744—1748年）之后，这场战争可谓最终决战。

战争以英国正规军和一同被动员的殖民地民军的胜利宣告结束。在印度普拉西战役中，1757年英国东印度公司军击败了孟加拉总督率领的法军，对英国掌握在印度次大陆的主动权产生了重大影响。

但是，这场战争消耗了9000万英镑的巨额军费，使英国陷入了严重的财政困难。向北美殖民地强征课税也是为了填补财政亏空的无奈之举。殖民地方面不仅针对国王，对无视殖民地方面长年以来"无代表不纳税"的要求并强行步步推进殖民地立法的英国议会也产生了绝望感，美国革命的爆发点日益临近，并形成了这样的对峙构图：面对英国本国的强行"专制",殖民地方面的"纪律良好之民兵"发动起义进行反抗。

在"纪律良好之民兵"的胜利之中,诞生了高举自由平等民主主义大旗的美国的秩序,也就是在帕尔默所说的"没有范本的国家"中开始了原生性民主主义的征程。行使武力的基因就是其一部分,并支撑着美国民主主义,而在美利坚合众国宪法的权利法案、按照日本国宪法即基本人权条款中,第二修正案牢牢地占据着自己的位置。

全国步枪协会等拥枪派院外集团竭力宣扬第二修正案是建国之父们"如神般创造"的权利;肯尼迪兄弟、马丁·路德·金律师相继遭遇政治暗杀,但枪支管制派依然处于守势;联邦最高法院极力回避做出明确判决,所有这些都包含着这个国家独具特色的武力行使基因。

这是因为,并不是单纯的军事政变和武装起义,而是被称为革命战争的武力行使在实现了独立的同时,也孕育诞生了美国原创的民主主义。因此,决不允许"专制"成为以"纪律良好之民兵"之名的公民义务,行使武力的基因也作为其一部分被内嵌在美国民主主义理念之中。

靠烟草幸存下来的弗吉尼亚

那么,美国民主主义的"秩序"是如何诞生的呢?

为了对此进行说明,必须立即回到1620年,说说在这一年11月180吨的"五月花"号载满乘客从英国横渡大西洋,历经65天艰难险阻后终于抵达现波士顿以南约50公里处鳕鱼角的102名移民的故事。

但还是先向读者介绍第一个在北美大陆建立英国殖民地的移民集团吧。他们就是在"五月花"号13年之前的1607年5月,被英国国王敕令成立的殖民地发展公司"弗吉尼亚公司"送到现在弗吉尼亚州詹姆斯敦(Jamstown)的105名移民,按照现在流行的说法,这是风险投资企业(venture business)或风险企业职工组成的一队人马。

17世纪初接受弗吉尼亚公司委托经常来新大陆东海岸探险并出版标有地名的地图等出版物的约翰·史密斯船长偶然与这些探险者相遇,

在日记中留下了这些探险者的风貌。

根据船长的日记,这是一支由只关心"挖金子、炼金子、攒金子"、梦想一获千金的人组成的队伍,当他们知道没有金子后,马上就陷入了混乱。一年后约一半的人已经死亡,队伍面临着生死存亡的危机。由于史密斯船长用枪威胁附近的波瓦坦(Powhatan)印第安酋长,要求酋长提供玉米,而酋长的女儿波卡·洪塔斯(Pocahontas)也善意相待探险者并与其中一人结婚等原因,这支队伍才侥幸避免了灭亡。

史密斯船长的日记还写道,在被印第安人告知烟草是获利商品之前,这些移民们处于"狗、猫、蛇、毒蘑菇"无所不吃的忍饥挨饿状态。而弗吉尼亚公司派来的总督按照军队前线基地的风格管理殖民地,每天早上移民都要在听到铁桶敲击声后起床参加劳动,即使偷了一株玉米也会被处以死刑,宛如处于被流放的状态。[3]

但是1612年以后,从印第安人那里学来的烟草栽培获得成功,接着棉花也种植成功。亚当·斯密所说的"土地产生之剩余产品"的恩惠难以斗量。1619年,第一批20余名黑奴经由荷兰商人到达这里,黑奴劳动力使作为风险投资企业的殖民地运营步入了正轨。同年到任的新总督接收到殖民地运营之重要事项需与当地移民共同协商的训令,并与其部下一同设立了旨在制定法律的殖民地议会。议员逐步变为由选举产生,从年代上看,诞生了美国历史上的第一个议会。

而其政治基础和雄厚的财力产生了与波士顿并肩的精英。不仅是英格兰和苏格兰的思想,他们还如饥似渴地学习法国、意大利等欧洲大陆的启蒙思想。因此,弗吉尼亚州的政治在150年后美国独立和建立合众国之际人才辈出,涌现了华盛顿、杰斐逊、麦迪逊、梅森等一批建国元勋。

一件轶事或可反映当时这些精英的富裕程度。杰斐逊也是一名藏书家,1773年他就拥有1200册藏书,独立后在出任驻法国公使期间又增加了两千册。那是一个只能买到昂贵的进口图书的时代。1815年,部分是出于财务危机的原因,晚年杰斐逊以2.3万美元的价格将总计4500本共6700册的书籍卖给了联邦政府,并得到了议会的批准,这些书成为今天美国国会图书馆的基础。[4]

根据列维教授的研究，杰斐逊也是步枪和手枪的收藏家，还曾开发研制过可以交换的零件。据说他的格言是经常持枪而行有助于精神的自立、积极性和勇敢。正如一人即可代表启蒙思想和枪械两手硬的美国革命一样，这才是真实的杰斐逊。

充满讽刺的弗吉尼亚故事意味深长且百读不厌，我也必须进一步加强学习。

在《"五月花"号公约》上签名

话题再回到"五月花"号上。

12月21日，在史密斯船长探险时予以命名的普利茅斯海岸，102人登上了海岸，但他们并不仅仅是移民，在很多方面与前面提到的第一队移民不同。

组成这支被后世圣人化为朝圣先贤的队伍的核心是清教徒分离主义派。他们来自于伦敦以北240公里、邻接直通苏格兰爱丁堡的大北路（great northern road）马车驿站小镇史克罗比。

当时国教改革派、即清教主张"由自由民自主运作教会"以反抗英国国教的权威主义和腐败，而在清教最边缘、主张纯粹信仰的就是分离主义派。这些分离主义派不断遭受迫害，先逃亡到荷兰的阿姆斯特丹，后又流落莱顿，历经13年的艰辛后憧憬到新大陆开拓自己的天地。

当然，不仅仅是这些清教徒，还有参与弗吉尼亚公司新移民计划的人们，他们是资助这次航行的伦敦"风险（adventures）"风险投资基金组织的被称为"陌路人（stranger）"的团队。此外还有契约奴、从水桶工匠到雇工等男男女女共四类移民。

普利茅斯并不是本来的目的点。原来应在纽约哈德逊河附近登陆的"五月花"号航行到科德角时无法继续前行而不得不登陆，比弗吉尼亚公司规定的在北纬41度以南登陆的条件往北偏移了1度。

1620年11月11日，这些移民在那里签署了被后世称为《"五月花"号公约》、也是美国式民主主义原点的历史性文件。当时，船上分离派清教徒和"陌路人"之间的摩擦已接近临界点，在即将登陆严寒中的荒野前，仓促地制定了这份"紧急避难性"的文件。但是，其内容却划时代地明确提出了民主主义原则。其全文如下：

> "奉上帝之名，阿门。作为吾等统治者国王以及上帝庇护之大不列颠、法国及爱尔兰之王、拥护信仰者詹姆士国王的忠诚臣民，为了上帝的荣耀，为了增加基督教的信仰，为了提高我们国王和国家的荣耀，我们飘洋过海，在弗吉尼亚北部开发第一个殖民地。我们这些签署人在上帝面前共同庄严立誓签约，自愿结为政治体（covenant and combine ourselves together into a civil body politic），因此将保护、推动共同体的秩序与安全，并实现上述目的。将来依此而被认为对于殖民地人民幸福最为适宜而随时颁布正义公平之法律、法规，制定宪法，组织公职等，我们都保证完全予以服从。"[5]

这是一份为了即将到来的共同生活，通过相互契约确认创造被称为"政治体"的权力的誓约书。四类移民中41名成人男子全部在公约上签了名。签名者的构成参见下表。其中包括17名自称为"朝圣者"（亦称"朝圣先贤"）的分离派清教徒、17名被称为"陌路人"的与宗教信仰无关而由出资者招募的移民开拓者、4名契约奴和3名雇工。[6]

可以看出，"陌路人"和雇工加起来的总数要比分离派清教徒多。公约中还特地将普利茅斯写成"弗吉尼亚北部"，"擅自"维持了与国王颁给他们的特许状的整合性。从这个意义上，朝圣者们的启程正是亚当·斯密所说的"无秩序"殖民地运营之一。同时，也鲜明地体现了在不同性质且多元化的价值观之间进行调整，即现实性的妥协与对理想的追求并存、现实主义与理想主义共处——这一美国及其民主主义的发展选择。

"五月花"号移民构成表

	朝圣者（saints）	陌路人（strangers）	契约奴（servants）	雇工（hired hands）	合计
男性	17（17）	17（17）	11（4）	3（3）	48（41）
女性	14	9	1	0	24
未成年	10	14	6	0	30
合计	41	40	18	3	102

（ ）内是在《"五月花"号公约》上签名的人数。

特别令人吃惊的是《"五月花"号公约》的时间。在美国独立宣言（1776年）、合众国宪法（1789年）以及追加的权利法案部分（1791年）的建国基础"套餐"150年之前，其原型就已经形成了。

在《"五月花"号公约》上签名后，乘坐"五月花"号的朝圣者们于1620年12月21日开始在普利茅斯登陆。此时可以说"民主主义"在这片土地上基本上还不存在。最多只有1215年英国本土贵族和终于开始崛起的城市商人联手迫使国王承认"法律支配"，并导致议会制度诞生的《大宪章》。英国议会迫使詹姆士一世承认《权利请愿书》已是登陆普利茅斯8年以后。英国资产阶级革命胜利后，临时成立了共和制，而1649年确定君主立宪制发展道路则又经过了21年。

3名领头人的紧密团结

让我们先来了解一下这些朝圣先贤（Pilgrim Fathers）们的领头人。

最重要的人物是史克罗比邮局局长、国王和大主教都曾居住过并在亨利八世时代还召开过枢密院会议的庄园别墅（manor house）主管之子、在剑桥大学学习过的威廉·布鲁斯特（William Brewster）。威廉·布鲁斯特始终作为长老级人物培养和支持着这些移民们，直到1644年84岁时在普利茅斯去世。

1584年剑桥大学毕业后，威廉·布鲁斯特成为了外交官，并作为伊丽莎白一世派往荷兰出任大使的威廉·戴维森（William Davison）的助理赴荷兰工作了3年。当时处于天主教帝国西班牙重压之下的荷兰是试图通过与英国结盟寻求活路的新教国家。随后率领朝圣先贤们移民美洲的威廉·布鲁斯特与清教徒的戴维森大使住在一起,并在访问莱顿等荷兰各地时深深感受到了宗教自由的空气。[7]

但是,一桩事件彻底改变了威廉·布鲁斯特的人生,使他成为朝圣先贤们的发起人,并走上了开创美国的波澜万丈的人生道路。

事件始于戴维森大使回国后出任伊丽莎白一世的代理国务大臣。1587年,苏格兰前女王玛丽·斯图尔特以叛逆罪被处以死刑。此后,伊丽莎白一世担心国内的反对而想回避责任,声称受了戴维森的蒙骗才签署了死刑命令,并将成为替罪羊的戴维森关进了伦敦塔。城门失火殃及池鱼,威廉·布鲁斯特也因上司的失势而回到故乡史克罗比,并在父亲去世后接替了父亲的公职。

此时起他开始了宗教活动。在荷兰接触的宗教自由的经历复苏,原本在剑桥大学彼得学院上学时,他就受到了在学校活动中活跃的清教徒甚至还有清教徒分离主义派的影响。特别是由于和1593年为分离主义派殉教而死的约翰·格林伍德曾在一个校园学习,最终使他走上了清教徒分离主义派的道路。1606年,他在自己管理的庄园别墅内举行秘密集会。如果没有社会地位高、具备在宫廷就职经验并财力雄厚的威廉·布鲁斯特的"回心转意",恐怕就不会有以后的清教徒前辈移民。

经常出现在史克罗比庄园别墅集会上并跟着威廉·布鲁斯特学习了希腊语和拉丁语的威廉·布莱德福德(William Bradford)当年16岁,是近郊自耕农家庭的孤儿。他成为了威廉·布鲁斯特的嫡传弟子,并担任普利茅斯第二任总督长达33年。不但与印第安人建立了友好关系,还与伦敦贪婪的风险基金公司举行谈判,在海狸贸易中与商人们讨价还价——布莱德福德不仅在殖民地的发展中大显身手,还为后人留下了极为详尽的记录,使我们了解了他们的生活,可谓居功至伟的人物。

同样出身于史克罗比近郊、曾在剑桥大学学习神学并持有牧师资格的约翰·罗宾森(John Robinson)的存在也不容忽视。他在剑桥大学圣体学院（Corpus Christi Collage）获得硕士学位，并留在大学担任研究员。但受到了在大学处于全盛期的清教徒运动的影响，被赶出大学，成为诺福克（Norfolk）教堂的牧师。但是在这里，出于对反对詹姆士一世宣教和教义内容的严厉取缔、特别是对严酷禁止秘密礼拜和集会的措施的抵触，他又被开除了职务。随后约翰·罗宾森转变为彻底的分离主义者，并成为史克罗比庄园别墅教堂的牧师。

在史克罗比这个秘密信教之地相识的威廉·布鲁斯特、约翰·罗宾森和威廉·布莱德福德三人之间形成了牢不可破的团结并维系终生。

史克罗比的秘密集会最终自然还是没有逃过政府侦探的眼目，在当局以"不服从宗教"为由命令威廉·布鲁斯特到法庭接受调查后，1607年，他们三人和约60名志同道合者决定流亡荷兰，并给他们自己起名为朝圣者（pilgrim）。当时，威廉·布鲁斯特40岁，约翰·罗宾森32岁，而威廉·布莱德福德只有17岁。谁也不会想过，他们会在13年后敲开北美大陆的大门。

在经历了一次因船长出卖全员被捕之后，他们终于从英国东部的波士顿港出海成功逃亡。在阿姆斯特丹，他们与先到那里的其他清教徒组织意见不合，结果只能在一年后移居莱顿。尽管随后在莱顿待了12年，却依然无法适应荷兰的世俗生活。比起"以简单、朴素、节约、节欲、纯洁、内省、忍耐等为道德标准"[8]的普通清教徒，他们更追求更加严格的纪律。因此对于在史克罗比周围农村出身众多的朝圣者们而言，大学城莱顿的生活可谓痛苦。

对下一代教育问题的担忧，再考虑到西班牙与荷兰之间为期13年的和约即将到期，在卷土重来的天主教帝国西班牙的巨大阴影中，加上新加入的共约一百余人判断，他们只有开启将北美大陆新天地作为最后寄宿之所的旅途了。

以罗宾森牧师为中心在与伦敦的风险投资商人进行谈判后，"五月花"号和"速进"号（speedwell）两艘帆船驶向了大西洋彼岸。但"速进"号马上因故障弃航，只剩下"五月花"号孤帆前行，这些清教徒从逃离史克罗比后开始的13年苦难剧情本书暂且一笔带过。

总之，只有在优秀的领导人带领下、始终保持着强烈信仰纽带和异教徒立场的坚定不屈的意志，才有可能实现"五月花"号的远航。

罗宾森告诫的意义

但有一件事是必须提到的，就是罗宾森牧师在"五月花"号出发时给妹妹凯瑟琳的丈夫、也是后来普利茅斯第一任总督约翰·卡弗（John Carver）和全体成员的两封信。

在威廉·布莱德福德为后人留下的珍贵历史记录《普利茅斯垦殖记（1620—1647）》[9]中的第二封信里，罗宾森牧师不断地对与"陌路人"混居时的人际关系提出忠告并呼吁在共同生活中注意"兄弟般的忍耐"，并继续写道："由于有必要在你们自己之间建立公民政府（civic government），你们成为一个政体（body politic）。无论你们当中的谁被选为政府组织（office of government）中的一员，都不意味着就处于比其他人更高的地位。"

如果按照现代流行的概念将1620年时使用的"civic government"翻成"公民政府"，就会感受到罗宾森牧师想法的革命性，被普通信众推举为牧师的他充分体现了分离派清教徒的激进，也可以充分理解在下定"宁死于美洲大陆未开化野蛮人之手，也不成为天主教西班牙牢狱的囚徒"[10]这种决心背后所体现的绝不向国王和国教屈服的强烈反国教思想，以及在这一思想深层孕育的反专制思想。

罗宾森牧师在处理继续滞留在莱顿的教徒们的善后工作时去世，最终未能踏上普利茅斯的土地，享年50岁。

《"五月花"号公约》就是以罗宾森牧师的告诫为基础的。在严寒中，朝圣先贤一行无法到达从弗吉尼亚公司拿到的国王特许状中指定他们登陆的哈德逊河河口，在失去开垦殖民地之正统性的状况下，除了通过包括不满情绪高涨的"陌路人"在内的全体成员签订契约以创造出权力、即集体决策之外，没有其他的生存之道。

哪怕仅就这一点而言，刚刚提出"公民政府"、即民主主义概念的罗宾森这两封信的存在为必须采取"紧急避难"性措施的《"五月花"号公约》提供了合适的范本。

根据布莱德福德的记录，在普利茅斯登陆后，召开了全体人员都参加的殖民地大会，制定了每年选举一次总督及其助手、在没有牧师的教会普通信徒进行宣教以及创立由迈尔斯·斯坦迪什为队长、在战争时成为军队的民兵制度，践行了罗宾森"成为一个政体"的告诫。

"恰如其分的武装集团"

当踏上美洲土地的朝圣先贤们签署《"五月花"号公约》、从而确立了美国民主主义原点的同时，他们也是"恰如其分的武装集团"[11]。我所追寻的武力行使基因也毫无疑问地随着他们在普利茅斯登陆，并使美国民主主义和武力行使形成表里一体关系直至今日。

根据布莱德福德的记录，在"五月花"号抵达科德角附近后，从为确定登陆地点而派出双桅帆船前往探险时起，36岁的职业军人斯坦迪什表现就十分活跃。斯坦迪什是"陌路人"的一员，曾经从军参加过荷兰独立战争，在莱顿与清教徒们结识并成为朋友。

布莱德福德写道，"第一天，在斯坦迪什的指挥下，全副武装的16个人带着狗与五六名印第安人遭遇，印第安人逃进了树林"，"在宿营时，深夜听到了可怕的叫声，用毛瑟枪开了几枪后，这种声音消失了"。从第一步开始，就是行使武力的历史。

在这片幅员辽阔的大地上，他们开始了这样一种生活，在与各种气候、风土进行斗争的同时，还要接触和面对原住民印第安人的排斥，与西班牙、法国等已经开始出入新大陆的老牌殖民地大国势力发生冲突，还要应付英国本国移民内部的宗教、政治对立和争斗，通过狩猎确保粮食和皮毛等，在各个生活空间中行使武力成为其支柱，也就是说，这是最终通过武力解决问题这一方式的起点。

斯坦迪什在第二年的殖民地大会上正式被任命为"队长"（captain）。在他的权威和领导力下，大会最终通过决议，"殖民地成员将服从总督、参议规定的旨在武器训练及军事训练的军事纪律"。美国版民兵从此诞生。

每个殖民地下级行政组织的镇（town）均成立民兵中队，在发挥各镇警察职能的同时，战争爆发时则成为殖民地军事组织的一部分，并按分摊额为殖民地提供兵力。随之而来的是在掌握殖民地权力的"政体"下设立"军事委员会"，也是现在仍维持着的"文官统治"（civilian control）的原型。

2002年9月末，我访问了复原当时生活场景的"五月花"二号、普利茅斯朝圣者纪念公园和据记载是登陆第一步的普利茅斯岩。在碧海晴空之间，到处都是星条旗和观光客。普利茅斯岩被置于一座类似于罗马帝国时期神殿般的建筑中央。在复原后的"五月花"二号上，《"五月花"号公约》全文被自豪地称为"美利坚合众国宪法的先驱"。

朝圣者纪念公园还展示了原住民印第安万帕诺亚格部落的村庄，在进入公园后马上就被带到的综合介绍室的视频中，将朝圣先贤介绍为"新人类"，还介绍了他们到来之前白人的掠夺情况，使人感觉到了对日渐稳固的多民族权力（multi-ethnic power）的考虑，可谓克林顿政府之后的变化。

登上位于纪念公园中心的联排建筑的二层，摆放着六门大炮，炮口分别指向东南西北四个方向，显而易见，"新人类"也是精锐的武装集团。

我问公关部的人"'五月花'号带来了什么武器？"在一阵迷惑后，对方表示无法立即回答，需要调查。其后在我邮件的催促下，公园给出了回答："尽管无法100%确定，但毫无疑问携带了毛瑟枪（滑膛枪）、剑和三种火炮。而minion炮、seker炮和base炮这三种火炮唯一的区别是大小不同。"

邮件还建议哈罗德·彼得森（Harlod L. Peterson）的相关研究可能会有助于回答我的问题。在和普斯茅斯的朝圣者协会联系后，我得到了这本书。书的题目开门见山：《朝圣者的武器与盔甲1620—1692》[12]。

哈罗德·彼得森在这本书中详细介绍了朝圣先贤们的军事能力。根据他的研究，殖民地成年男子都在各自所在镇军事领导的命令下拥有武器，通常是盔甲、剑和火枪三种武器。在参加正式集会和离开自己家1.6千米以上时，成年男子有义务佩戴枪支。对印第安人的弓箭拥有压倒性火力优势的火枪除了普通的火绳枪外，"五月花"号还运来了二三十支当时最先进的燧发枪。

不仅如此,"五月花"号还带来了大炮。由于布莱德福德曾写道:1621年2月21日,就在"五月花"号启程返回英国之前,船员将minion炮运上了海滩,因此可能"五月花"号的大炮被留了下来。1627年的旅行者曾看到有六门大炮和四门小炮。最大的是minion炮(口径7.36厘米,射程约1.5公里,重约544千克),seker炮略小(口径6.86厘米、射程约1.5公里),小型的base炮可以放在木台上并改变发射方向。

书中还提到了一个冷酷的现实,刚到的时候武器不足,但过了第一个冬天后,由于102人中约半数已经死亡,每个人终于都可以分到武器了。彼得森还介绍,通过在"五月花"号之后从英国本国来的船只,移民们还陆续不断地进口了纸质定装弹药等当时连欧洲都尚未普及的最新式武器。

与印第安人的和平友好条约

朝圣先贤们的武器最初并没有被用于对付原住民的印第安人。这是因为在登陆后的第一个春天,也就是1621年3月,他们与在登陆地点附近的印第安万帕诺亚格部落酋长马萨索伊特签订了互不侵犯和平友好条约。这个条约一直维持到布莱德福德总督去世的1657年前后。对普利茅斯殖民地的另一份记录《摩特记录》(Mourt's Relation: A Journal of the Pilgrims at Plymouth)[13]进行注释和编辑的杜威特·希思认为,这是美国历史上第一个安全互助条约,也是第一个军事同盟和贸易协定。

由于条约的签订,伦敦方面一直在等待的海狸皮等皮毛类的收集等也步入正轨。朝圣先贤们认定,要想生存就只有与印第安人妥协,共存必不可少。希思的研究指出,布莱德福德也与其他的印第安人部落签订了这样的贸易和军事协定。现在马萨索伊特的铜像仍然矗立在普利茅斯镇的中心。

这种现实主义既是朝圣先贤一行和《"五月花"号公约》的特色,也是持续至今的美国的一个侧面。这一点也必须牢记。

现在普利茅斯朝圣纪念公园的正式导游手册将签署这个条约的功劳归于印第安人斯宽托（Squanto）。在朝圣先贤登陆6年前的1614年，斯宽托被在同一地点探险的英国船长亨特抓获，并作为"展品"带到伦敦，两年后他又乘坐别的船逃了回来。在朋友马萨索伊特的介绍下与移民们接触，并充当了移民与酋长之间的中介人。

布莱德福德将会说英语的斯宽托的出现称为"上帝赏赐的工具"。斯宽托率先向这些移民们传授了如何区别可以吃与不能吃的食物、播种玉米种子的技术、鲱鱼的捕捞方法、捕捉鳗鱼和鸟禽的方法等。对于在第一个冬天就有半数死于蔬菜不足的移民们而言，在严酷环境中学习生存之道可谓弥足珍贵，幸运之至。

在登陆前不久，德罗西夫人因落入海中溺水而亡，遭遇这一不幸的布莱德福德仍用平稳淡雅的文笔叙述这一系列事实，十分令人感动，也反映了他对没有行使武力即解决了问题的感谢之情。

这一年的秋天，在登陆后第一个收获的季节，朝圣先贤们邀请了马萨索伊特酋长等90名印第安人参加庆祝大会。第二年、也就是登陆第三年的1622年11月29日周四，正式将这个集会命名为"感谢日"，并将这一活动作为与印第安人友好往来的固定节日。这也是当今美国国民作为家族团圆最为重视的假日感恩节的原型。

1637年，在康涅狄格中部地区爆发英国殖民者第一次有组织排斥印第安人的"皮阔特之战"时，朝圣先贤们也只是准备了50名民兵和一艘帆船，并没有直接参与战斗。

波士顿的崛起

但是从这时起，以波士顿为中心的马萨诸塞湾殖民地的势力日渐扩大。1630年，在"五月花"号抵达北美10年后，由伦敦法律家、比贵族低一级的绅士阶层出身、剑桥大学毕业的约翰·温斯洛普（John Winthrop）率领的非分离主义派清教徒1000余人移民到了马萨诸塞湾，开始了建立殖民地的进程。

这支队伍的领袖温斯洛普因曾在驶往新大陆的船上引用《马太福

音》第5章第14节耶稣在山上所语"我们的城造在山上，是不能隐藏的"而垂名青史。这一代表性的事例可以看出，美国建国期的宗教使命感，即以"上地赐福之建国"的所谓选民意识（被上帝选中之子民）开启了殖民地时代。

实际上，即使同样是清教徒，与分离主义派不同，这批殖民者并没有断绝与英国国教的关系，有着普利茅斯所无法比拟的体制正统性。马萨诸塞地区的人口迅速增加，1640年已达到2万人。这里成了逃避查尔斯一世迫害的绝好避难所。弗吉尼亚殖民地在英国国教的影响下，而从纽约到哈德逊河流域则是荷兰人的天下。

与此相比，马萨诸塞湾殖民地的情况却大不相同，部分是由于朝圣先贤们已经证明人们在临近马萨诸塞湾的普利茅斯"除了岩石荒无一物的海滩"[14]上也可以生活，不断有新的移民来到这里。1636年，旨在培养以牧师为中心的下一代领导人的哈佛大学在此成立。

马萨诸塞湾的军事实力也十分强大。根据在1944—1945年版《美国历史评论》上发表了题为《初期新英格兰防御体系中的领导层与民主主义》论文的莫里森·夏普的研究，在马萨诸塞湾殖民地，不仅仅是最初的波士顿，整个新英格兰地区都有意识地将维持充分武装且训练有素的民兵组织作为重点目标，神职人员也积极参与了这方面的领导。[15]

殖民地还从各地和各军阶的民兵部队抽调出专门用于战斗的成员，在专门任命的指挥官的指挥下组成"特别战斗部队"，民兵部队还进行军事演习。民兵最高指挥官、上校军衔的温斯洛普总督留下了约1200名民兵进行正规军事演习的记录。从这里也可以看出，"纪律良好之民兵"与从英国本国派遣而至的正规军之间的决战这一美国革命战争构图在这个时候就已经初现端倪了。

根据夏普的分析，神职人员在战斗中也一马当先，以自信满满的马萨诸塞民兵为中心的新英格兰整体军力要远超弗吉尼亚和纽约。特别是在宗教管理上，也不惜使用武力来处理。1655年，因遭受迫害从英国逃亡到波士顿的4名贵格会会员（教友派）被处以了绞刑。

佩克特人战争就像验证马萨诸塞湾军事能力的试金石。这是一场马萨诸塞湾试图将其版图扩展到佩克特人部落统治地区而爆发的战争。其结果，马萨诸塞民兵部队将困在河中营寨的400余名佩克特人全部杀害，消灭了这个部落。这是一场名副其实的屠杀，制定这场胜利作战计划的是一名叫做斯通的随军牧师。

毫无疑问，造一座"山巅之城"，与这一宗教使命感形影不离的就是行使武力的基因。

普利茅斯最后的日子

1643年，普利茅斯殖民地与马萨诸塞湾、纽黑文和康涅狄格一同结成了针对印第安人的安全同盟新英格兰。

在所有英国移民超过4.5万名的1675年，新英格兰与曾和普利茅斯签署和平友好条约的万帕诺亚格部落为中心的印第安人爆发了全面战争，即"菲利普王战争"。这次，普利茅斯担任了战争的主角。在与布莱德福德建立了信赖关系的马萨索伊特酋长去世后的第15年，继任酋长的次子梅塔科麦特（英文名菲利普王）因其对白人殖民者获取土地的扩张和基督教对印第安人宣教的抵抗而成为这次起义的核心。

战争的起因是在哈佛大学学习的印第安人基督教徒遭到暗杀，在大约一年的时间里，从缅因到罗德岛的广大地区发生了多场战斗。普利茅斯100名民兵和马萨诸塞的300名民兵参加了战争。在这次战争中担任指挥并积极筹措军费的也是神职人员。印第安人在战争中有1000人死亡，而另一种说法是有1000人被作为奴隶卖到了西印度群岛。

白人殖民者的12个镇也被摧毁，并有600人死亡。最后，菲利普王被一名投靠白人的印第安人射杀，他的头颅被长期挂在普利茅斯街头。实际上，这是在新英格兰地区最后一次驱赶印第安人的武力行动。

讽刺的是，登陆后不久利用印第安人的知识顺利发展了农业、渔业，并通过向只有50千米远的波士顿和新英格兰全部殖民地提供粮食获得繁荣，获益良多的普利茅斯却在1691年被马萨诸塞湾殖民地合并了。

这也反映了自1642年英国资产阶级革命以后，从克伦威尔共和制、王政复辟、光荣革命直到最终确立君主立宪制，历经坎坷后，英国对美洲新大陆殖民地创造出的财富的关心终于高涨了起来。在来自本国一年比一年强的控制中，布莱德福德总督为满足"陌路人"背后的伦敦风险基金商们的期待而成功开发了海狸贸易而总算获得的自治专利权却仍最终被本国剥夺，普利茅斯最后的时刻到来了。

大觉醒运动也助了一臂之力

在合并普利茅斯的马萨诸塞湾殖民地，持有国王特许状的殖民公司发挥着殖民地自治政府的作用。这是由于温斯洛普总督及以剑桥大学毕业生为核心的清教徒精英们抓住了国王特许状中没有明确记载股东大会开会地点的漏洞，而将马萨诸塞湾公司的管理机关和特许状都带到了波士顿。为此，一个时期内，在清教徒的独裁宗教统治下，殖民地也施行着诸如魔女狩猎等与本国一样的恐怖政治。处死贵格会会员就是恐怖政治的一环。

但是，自由主义者罗杰·威廉斯（Roger Williams）对罗德岛殖民地和托马斯·胡克（Thomas Hooker）对建设康涅狄格建设等的反叛从未停止过。最后，与民兵组织一体化的镇议会方式（town meeting）民主主义生根发芽，1644年确立了拥有两院制议会、与现在的州政府相似的制度。英国的《权利法案》也被原封不动地照抄了下来。

《"五月花"号公约》和它的精神以及武力行使的基因都被马萨诸塞湾殖民地、进而被新英格兰整个地区的民主主义所接纳。斯坦迪什队长精心打造的"恰如其分的武装集团"也成为新英格兰强大的"纪律良好之民兵"的一部分。

以这样的实力作为后盾，马萨诸塞湾议会马上通过决议，向查理二世表明："英国的普通法还没有在美洲普及。只要陛下在本地的臣民没有向国会派出代表，我们认为，我们的贸易就不应受到英国国会限制。"愤怒的国王取消了特许状，并将马萨诸塞湾变由国王直辖，亲自任命总督。至此，半世纪后到来的美国革命战争的舞台已经搭建好了。

与距离远、吃水浅的普利茅斯不同，在利用深水良港的优势将波士顿发展成大型海运、商业、工业城市的这一地区,财富发挥了与弗吉尼亚同样巨大的威力。特别是创设哈佛大学等对教育制度的投资孕育了优秀的知识分子阶层,不仅是波士顿,新英格兰各地的自治精神和共和主义运动都在兴起。

必须注意到,宗教运动也在其中充当了重要角色。18世纪20年代起,被称为大觉醒运动(Great Awakening)的信仰复兴运动波及了新英格兰及更南部的乔治亚。在这场运动中,牧师和普通信徒无视教派、教区、教会等既成宗教的权威,巡游各地并经常在野外直接向移民宣教。建国之父中的一人富兰克林就曾听过这样的宣教并甚为感动,特别是注意到了在听过宣教后民众意识的重大变化。斋藤真认为这场运动导致了"一方面作为个人的觉醒、另一方面作为美国人的觉醒",并培育了在民众层面迎接即将到来的美国革命的基础。[16]

实际上,18世纪60年代以后,在英国本土因制定印花税法等引发的包括女性在内的抗议运动迅速组织化的背景中,也存在着宗教意识改革的因素。获得独立的美国在进入19世纪并开始向西部扩张后,大觉醒运动又出现了第二次、第三次,至今依然发挥着提升"美国人"之意识的作用。

启蒙思想、共和主义思想不仅在精英阶层,在普通移民之间也扎下根的大环境中,被称为美国革命的从英帝国独立的大戏拉开了帷幕。

"形色各异的人们"

从普利茅斯、合并普利茅斯的马萨诸塞湾以及南部弗吉尼亚等各殖民地的发展中可以发现,亚当·斯密对从"无秩序"中起步的美国的认识颇具远见。各种背景的移民者团队对距离欧洲大陆4800千米、当时需坐船两个月跨越大西洋方可抵达的新大陆的巨大空间进行分割,并各自按照自己的意愿成立州且顽强地生存下来,这就是美国建国祖先们的足迹。

而这种"无秩序"的多元性不只存在于英国殖民地内部。依靠1492年哥伦布成功发现美洲新大陆的西班牙在1565年将先期到达的法国人赶出了佛罗里达并取而代之。法国也于1533年进入了魁北克地区并进而挺进路易斯安那。1626年，荷兰就像填补"五月花"号转往普利茅斯后的空白一样，建立了以新阿姆斯特丹（现在的纽约）为中心、沿哈德逊河流域布局的三个殖民地。[17]这些发展都应验了斯密定理。

斯密在《国富论》中也写道："西班牙无敌舰队败北后，通过17世纪，英格兰人、法国人、荷兰人、丹麦人、瑞典人等，所有拥有大西洋一侧港口的大国的国民都尝试在这个新世界建立定居地。"随后，德国人也马上以年度契约移民的方式来到了这里。简而言之，按照普利茅斯朝圣者纪念公园观光展厅录像的说法，从"形色各异的人"聚集于此起，美国的建国就开始了。

成为殖民浪潮中心的英国殖民者中，尽管在宗教、经济、政治以及理由与动机等方面各不相同，但有一点却是相通的，他们都是以从当时由国王、贵族和大地主等一小部分特权阶级及英国国教统治下的英国国家体制中"逃脱"作为动力的"自由民"。在这个意义上，对新大陆的分割原本就与"秩序"无缘。

形式上，这些殖民地由拥有国王敕令的殖民公司根据特许令进行管理，也有作为国王代理的总督职位，而殖民地经营一旦步入正轨后几乎全部变为本国直辖。但实际上，普利茅斯的发展雄辩地证明，移民们可以擅自决定登陆地点，也可以擅自达成一致决定建立"政体"的权力。可以认为，从代表始于"无秩序"的多元化建国的意义上说，《"五月花"号公约》正是这一进程的原点，也是美国建国的基础。

在我看来，之所以与今天的新保守主义美国难以相处，其原因就在于美国对从"无秩序"中诞生的"秩序"的执着、自豪与骄傲。这一点将在随后进行分析。

注释

1. 松本重治：《美国民主主义思想的原型》（"世界名著33"，中央公论社，1970年）。

2.《美国史的新观点——比较研究史之探索》（上卷），监修今津晃、斋藤真，万·伍得沃德（C. Van Woodword）编、大下尚一、麻田贞雄等译，*The Comparative Approach to American History*, Edited by C. Van Woodword, 第四章《革命》，R. PALMER，大下尚一译。

3. 萨缪尔·艾略特·莫里森:《美国历史》，西川正身翻译、监修，集英社文库，1997年。

4. 明石纪雄:《托马斯·杰斐逊与"自由帝国"的理念》，MINERVA 书房，1999年。

5. 斋藤真:《美国革命史研究：自由与一体化》（东京大学出版会，2001年）。《原典美国史》第一卷（美国学会编译，岩波书店）中也收录了高木八尺的译文。

6. 斋藤真:《理解美国社会的历史原点：普利茅斯殖民地的形成》，[国际基督教大学学报《社会科学期刊》第二十九号（3）斋藤真教授古稀纪念号，1991年]。

7. David Beale, The Mayflower Pilgrims: Roots of Puritan, Presbyterian, Congregationalist, and Baptist Heritage, Ambassador-Emerald international, 2002.

8. 高木八尺:《美国政治史绪论》(《高木八尺著作集》第一卷《美国史I》，东京大学出版会，1931年)。

9. William Bradford, *Of Plymouth Plantation, 1620-1647*, Introduction by Francis Murphy, Modern Library College Editions, Random House, 1981.

10. 同注9。

11. 斋藤真:《民兵制度与革命战争（一）：美国独立战争》，国家学会杂志，第104卷第三、四号，1991年3月。本书从这篇论文中获益很多。

12. Harlod L. Peterson, *Arms and Armor of the Piligrms: 1620-1692*, Plimoth Plantation, INC. and the Pilgrim Society, 1957.

13. *Mourt's Relation: A Journal of the Pilgrims at Plymouth with an Introduction* by Dwight B. Heath from the original text of 1622, Applewood Books, 1963.

14. 萨缪尔·艾略特·莫里森:《美国历史》，西川正身翻译、监修，集英社文库，1997年。

15. Morrison Sharp, *Leadership and Democracy in the Early New England System of Defense*, The American Historical Review, 1944/45.

16. 斋藤真:《作为美国革命背景的大觉醒》,《日本学士院纪要》,第51卷第2号，1997年。

17. 1664年，查理二世对荷兰宣战，战后这片荷兰殖民地被割让给英国并被查理二世送给其弟约克公爵，诞生了纽约。

第五章 对"命中注定"的信奉

普利茅斯的神格化

普利茅斯的故事在美国人心中永存。的确，在严冬季节来到新英格兰，一半的人没有等到春天来临就离开了人世，这种叙事诗般的经历会拨动人们的心弦，产生浪漫的情感。但不仅仅是这些，时至今日，在美国现实生活中的各个方面，都能切身感受到登上北美大陆之前在"五月花"号上诞生并实施的《"五月花"号公约》的存在。其民主主义原型经历4个世纪后仍如身临其境。

美国建国以后，殖民普利茅斯和朝圣先贤们的故事在国家建设的进程中以各种各样的形式被不断神化。反言之，现在的普利茅斯被奉为美国民主主义发祥的圣地，吸引了众多游客也可以说是各种神化努力的结果。

国际基督教大学教授大西直树在其《朝圣先贤神话》的大作中[1]对普利茅斯神化现象进行了分析，他认为作为建国后国家统一的象征，美国需要普利茅斯神话，并且这一神话伴随着朝圣先贤的步伐被精心描绘了出来。

根据大西教授的研究，被奉为朝圣先贤们登上北美大陆第一步象征的岩石，也是普利茅斯观光名胜之一的"普利茅斯岩"，是在登陆一个世纪后的1741年，一位94岁老人开始说这是从乘坐1623年继"五月花"号后的安号前来殖民的父亲那里听来的，在独立运动日益高涨的情况下，这块岩石被立即神化，1880年两块裂开的岩石被连在一起，并在其上面搭建了今天所看到的如同神殿般的屋檐。

进入19世纪后，度过殖民后第一个冬天，并邀请印第安人参加祝贺第一次收获的"感恩节"故事也被美化成"这一节日融合了拥有奉献精神的宗教心、热烈的爱国心、对家庭的爱和人类之爱",并发起了一场运动,呼吁应将此设定为象征美国社会融合的全国性节日。林肯总统在度过南北战争难关的1863年,受到领导这场运动的女性的影响,宣布将11月最后一个周四作为国家节日,即"感恩节"。普利茅斯殖民地的正式记录也是这样记载的。

此后,历届总统基本上都继承林肯的这一决定,在日美开战前夜的1941年,罗斯福执政时期的议会终于通过了将11月第四个周四作为"感恩节"的决议并成为法律。

据说第一位将《"五月花"号公约》赋予"美利坚合众国宪法起源"之意义的人是约翰·昆西·亚当斯。根据大西教授的研究,1802年,后来成为第六任美国总统、当时出任马萨诸塞州国会参议院议员的约翰·昆西·亚当斯在普利茅斯举行的"先辈日"纪念仪式的演说上,谈及了《"五月花"号公约》,称"出自个人意愿的全体一致成为了创建由所有个人组成的共同体的共识,并通过这种共识形成了一个国家",将其赞誉为对美国建国之父们产生重大影响的卢梭社会契约论的实践。

当时,作为联邦党干部的约翰·昆西·亚当斯与刚刚辞去总统职务的第二任总统、他的父亲约翰·亚当斯都拥有很强的使命感,要将合众国宪法根植于正处于扩展初期的西部领土,而普利茅斯的故事和《"五月花"号公约》应该能成为最有效的宣传材料。

"演员"的"啰唆的爱国心"

在普利茅斯神化的背后,明显存在着对以《"五月花"号公约》为开端的美国型民主主义原型的执着和自夸自赞意识。理解这一点十分重要。

乔治·华盛顿的一段演说就很能反映这一点。

1783年6月,与英国的独立战争取得胜利后,担任总司令的乔治·华盛顿主动解散大陆军并回到故乡弗吉尼亚维农山庄隐居之际,在给各州州长的临别致辞中如此写道:

第五章 对"命中注定"的信奉

"作为包括世界各种土壤和所有气候、可享受生活上所有必需品和方便的广阔大陆唯一的统治者、所有者，美国公民处于最令人羡慕的状态。现在，被承认拥有完全自由与独立的美国人成为在最受瞩目剧场中演出的演员。这个剧场就如同是上帝为了表明人类的伟大绝伦而特地设计的。"[2]

这种"在最受瞩目剧场中演出的演员"的意识十分重要，因为它最终发展成为"想让别人看到"美国"伟大"的意识。

未必知道6年后会肩负美国第一任总统重任、性格沉稳的华盛顿在这里可是慷慨激昂。他进一步说道："美国是成为受人尊敬的繁荣大国，还是成为被蔑视的贫穷国家，不管合众国自己采取什么行动和选择，全世界的眼睛都在盯着合众国。"此外，华盛顿还强烈呼吁联邦政府尚未成立前在邦联议会（Confederation Congress）下的各州加强国家团结。有意思的是这个时期华盛顿就已经注意到了"全世界的眼睛"。

在华盛顿这次演说48年后，出现了一篇十分精彩地评论这种"表演"心理的文章。

"美国人在与外国人的关系中，似乎连一点批评也无法忍受，好像无论怎么夸赞都不觉得够。他们喜欢受到哪怕是很少的夸赞，另外，无论怎么夸赞，他们也很少感到满足。他们希望被外国人夸赞，这一点总是让外国人苦恼"。

"如果外国人对他们得到赞扬的渴求进行反抗，他们就很擅长自己赞扬自己。可以说，他们在对自己的功绩也表示怀疑的同时，却总是渴望用自己的眼光欣赏自己的功绩。他们的虚荣心不仅仅是贪欲，还充满了不安和嫉妒。这种虚荣心想不断索取，但却无法给予。这种虚荣心在封闭自己的同时也气势汹汹"。

"我曾对一位美国人说，你现在生活着的国家真是不错。听完我的话后，这位美国人这么回答：'没错。世界上就没有这么好的国家啊。'我又赞扬美国人民享受着自由,这位美国人又是这样回答我:'自由是宝贵的馈赠。但是,值得享受自由的民族几乎没有啊。'"

"这么啰唆和絮叨的爱国心在其他地方根本无法想象。就连对美国人表示尊重的人们也会腻烦。"

这些话都出自于研究美国必读之书的阿勒克西·德·托克维尔的名著《论美国的民主》。[3]

1831年,26岁的法国贵族托克维尔在实现了"从小木屋到白宫"梦想的第一位平民总统、第七任美国总统杰克逊执政时考察了民主主义不断发展中的美国,在仅仅九个月的旅行后就发表了如此精辟的见解,不得不佩服他的感性。

"与其他国家不同,美国以向全人类传递人人平等自由的信念登上了世界舞台。"这是现在第43任总统布什在2002年独立纪念日演说中的内容。无论是昨天,还是今天,美国都是一个始终认为"从没有过这么好的国家""与其他国家不同"的国家。

"自由的帝国"

普利茅斯的神化经过"演员"想表演的"啰唆的爱国心"逐步发展为"自由帝国"(empire of liberty)意识的美国,还提出了manifest destiny的口号,并深信于此不断向西部扩张。

"自由帝国"是什么?在此必须予以说明。

现在,在华盛顿政治圈中颇具影响力的新保守主义集团经常使用这个词。 比如,这个集团的年轻论客、美国外交关系协会(CFR)委员会高级研究员马克斯·布特(Max Boot)在2002年出版的《为了和平的野蛮战争:小规模战争与美国威权的兴起》一书的最后总结中指出,如果必要,为了"自由帝国"的扩展,美国不应该害怕进行"旨在和平的残酷战争",而美国以往也是这样做的。

但是,首先使用"自由帝国"这一词语的却不是布特,而是独立宣言的起草者、第三任总统托马斯·杰斐逊。研究杰斐逊的学者明石纪雄指出，独立战争中担任弗吉尼亚州长的杰斐逊1780年12月25日给在肯塔基州与英国和印第安人联军作战的民兵指挥官乔治·克拉克的信中表示："为了阻止英属加拿大的危险扩张，我们组成了所有州的联军，通过将危险的敌人变成有价值的友人，就可以将进一步扩大的肥沃土地纳入自由的帝国。"

在另一个场合他还曾表示："通过扩展自由的帝国，我们可以在那里增加几倍的居住人口。即使这个帝国的原则变得腐败和堕落，我们也可以创造出再生的力量"。[4]

在独立战争结束的1783年，出任邦联议会议员的杰斐逊很早就意识到了向西部扩展"自由帝国"的意义，积极制定承认给予俄亥俄河以北即所谓的西北领土以及密西西比河以西广大土地以与当时已有各州同等权利的州条例。[5]

此时，将美国向西扩张视为"为实现人类各种权利之义务"的建国之父们的"帝国意识"中，有很多值得一提的轶事。再举一例，比如1782年6月2日邦联会议通过的美国国玺官方大纹章（Great Seal）的设计。

根据莫里森《美国历史》的记述，在决定国玺图案的过程中，联合会议的一些议员建议采用非常明确的原产美国的野生火鸡或象征和平的鸽子作为国鸟。但最后被选中的是罗马帝国的象征秃鹰（白头海雕），在鹰的头顶是由13颗星星组成的光环，表现了新出现的星座。

秃鹰的右爪抓着橄榄枝，左爪抓着一束利箭，分别象征着和平与战争。秃鹰嘴里含着一条写有代表"合众为一（Out of many, one）"之意的拉丁文大写字母"E PLURIBUS UNUM"的飘带，秃鹰胸前的盾形纹章共有代表13个州的13条竖纹，其上是代表邦联会议的横纹。

国玺的反面是表示永恒不变（一说是象征力量与永恒）、由13级石阶组成的金字塔。金字塔最上面的部分是尚未完成的石阶，今后仍有继续向上搭建石阶的余地，完全是为其后的领土扩张做准备的构图。

在金字塔上方是一只代表可看穿万物的上帝之眼，并排列着两个拉丁文单词。一个是表示"天佑国事"的"ANNUIT COEPTIS"，一个是表示"旷世新政"的"NOVUS ORDO SECLORUM"。据说这两个单词的灵感都来自于古罗马诗人维吉尔（Vergilius）的诗句"今世的伟大刚刚开始，昔日的辉煌已然回归"。

莫里森写道，"美国独立革命的领导人们对这一预言般的诗句非常喜爱。他们坚信，独立宣言会带来新的秩序。同时，他们也渴望自己就是新人类的子孙，即伟大拉丁诗人已经预言所诞生的天生（heaven born）新生代的旗手"。这段文字精彩地描绘了美国的出发点。这是与相信"开拓新世界是上帝决定的使命"的马萨诸塞湾殖民地清教徒总督温斯洛普时代紧密相连的使命感。

与太平洋的相遇

1803年，在第三任总统杰斐逊执政期间，美国与拿破仑统治下的法国达成了从法国"购买路易斯安那"的协议，使美国领土一下子增加了一倍。美国用1600万美元获得了以新奥尔良为起点的密西西比河以西的广大地区，按照现在的州名，即从路易斯安那开始，跨越密苏里、艾奥瓦、内布拉斯加、南达科他、北达科他、明尼苏达、蒙大拿、怀俄明、科罗拉多各州的新领土。

1801年，拿破仑通过和西班牙签订密约获得了这片土地，并打算在这片土地上建设北美大陆的"新法兰西"以取代已经丢失的加拿大，但这时却突然决定放弃路易斯安那地区了。其原因在于拿破仑急于镇压海地黑奴发起的建立共和国运动，计划进驻新奥尔良的6万远征军陷入了进退维谷的状态。

于是，新兴国家美国腹部的密西西比河流域被西班牙和法国这两个殖民地大国占据的可能性一下子烟消云散，对美国可谓一大幸事。

杰斐逊总统立刻开始了行动。从议会拿到预算后马上就组成了第一个正式的西部调查团。杰斐逊总统派遣自己的秘书刘易斯和其同事克拉克以"发现军团"为旗号，于1804年5月从密西西比河圣路易斯乘坐木筏船开启了征程。值得注意的是，除了掌握印第安各部落的实际情况外，杰斐逊还要求两人像杰斐逊在其家乡弗吉尼亚进行的调查一样，沿路观察和记录从地形、气候变化到植物、动物种类等遇到的所有事物。杰斐逊还有一点没有忘记,就是向两人下了必须到达太平洋沿岸并将路线制成地图的死命令。

刘易斯和克拉克出发一年半后的1805年11月15日,在同行的印第安人向导的帮助下,成功翻越了落基山脉,在哥伦比亚河河口与太平洋相见,这一瞬间也验证了杰斐逊放眼大西部的战略与计算的成功。刘易斯和克拉克在回程中又用了一年的时间,终于在1806年9月完成了任务。为这次探险作出贡献的印第安人女向导的肖像至今仍然被刻在一美元硬币的背面上。

"路易斯安那购地案"以及刘易斯、克拉克探险队成功抵达太平洋沿岸为"美国"向西拓展奠定了基础,为"命中注定之使命"时代的到来做好了准备。

门罗主义的实像

在这里必须要提到作为杰斐逊总统特使,在巴黎与拿破仑展开虚虚实实外交战后成功完成"路易斯安那购地案"的詹姆斯·门罗,还必须了解以他的名字冠名的"门罗主义"。

与杰斐逊一样,门罗也出生于弗吉尼亚州的资产阶级家庭,并从年轻时就崇拜杰斐逊。从律师、州议会议员、邦联议会代表、合众国成立后的法国公使,在成功完成"路易斯安那购地案"后担任弗吉尼亚州州长,忠实地跟随着杰斐逊的足迹。

随后门罗出任麦迪逊总统的国务卿,在从1812年开始的被称为第二次独立战争的与英国的苦战中担任陆军部长。这场战争中,美国最初十分艰苦,甚至连白宫也被英军烧毁。但最终美国却没有靠独立战争时的"游击战术",而是在与英国正规军的正面作战中获得了胜利。

靠着战功,门罗在1816年的总统竞选中获胜。门罗担任了两届共8年的美国总统。在他执政期间,美国国内作为"美国"的民族主义第一次高涨,对经济自立的自信也得以加强,政治上实现了各党派之间的和解,构建了所谓的"和谐时代"。

1819年,美国从西班牙手中得到了佛罗里达,与英国决定了将从现在的伍兹湖到落基山脉的北纬49度线作为美国与加拿大的国境线。这一期间，作为"命中注定"的垫场演出，门罗主义登上了历史舞台。

1823年12月2日，向议会发表的国情咨文中，门罗总统在外交政策部分明确提出了门罗主义。面对沙皇俄国在阿拉斯加方向上的压力、西班牙在南美洲收复失地的动向以及欧洲列强对西班牙的支持，门罗鲜明地提出了美国在西半球的"特权"。具体而言，作为不承认欧洲在南北美大陆任何新殖民地化动向的交换条件，美国也不会介入欧洲各国内政。其中被美国指名道姓的国家包括沙皇俄国、英国、西班牙和葡萄牙。

门罗主义现在仍被误解为是美国孤立主义的起点。的确，对欧洲的互不干涉可称为孤立主义。直到1917年美国参加第一次世界大战前，这个原则一直得到了坚持。但是，代表全体南北美大陆的美国——美国的这一自我定位将南美洲各国视为了"美国的后院"，也成为日后美国将其施行的各种干涉予以正当化的根据。进而言之，对于包括日本、中国在内的亚太地区，门罗完全没有提及与孤立主义无关的干涉的可能性，反而明显维持了不受约束的原则。

"美国不会为了打倒魔鬼（monster）走出国门。美国为所有国家的自由与独立祝福。美国会保卫自己的自由与独立并为之战斗。"这是1821年随后成为第六任美国总统、当时担任门罗总统国务卿的约翰·昆西·亚当斯在事实上宣布门罗宣言时的发言。今天，尽管同属保守派，可因反对伊拉克战争而与新保守主义集团激烈冲突的布坎南等孤立主义者们经常引用这句话，称其为"建国时期领导人们的教诲"。

但是在进入19世纪40年代后，1829年担任了一届总统后下野并再次成为众议院议员的亚当斯却全面支持马萨诸塞州众议员顾盛（Caleb Cushing）的主张，顾盛认为，为了对抗在鸦片战争中打败中国并通过南京条约迫使中国割让香港的英国，美国应开展行动在太平洋地区确保日益活跃的通商权益。曾担任过众议院外交委员会委员长的顾盛，1843年作为泰勒总统特使出访中国时，甚至意欲在众议院提出支援中国的决议案。

1844年7月，顾盛成功地与中国签订了望厦条约，中国承认给予

第五章　对"命中注定"的信奉

美国和英国同样条件的最惠国待遇、治外法权、开放5个通商口岸。在顾盛带来的泰勒总统致道光帝的亲笔信中有如下表述："由26个州组成的美利坚合众国与贵国面积相近。我国领土横跨两大洋，与贵国仅仅一洋相隔。我们会追逐着太阳前往日本，并驶向黄海。"顾盛本人据说希望在中国之后继续成为日本开国的主角。[6]

我想，"追逐太阳"可能是一路指向西方的门罗主义的真心话吧。

1784年8月28日，纽约的商船中国皇后号访问了广东，成为中美接触的第一步。比佩里黑船到日本整整提前了69年。此后，与中国的贸易也得以发展，1789年华盛顿出任美国第一任总统时，据说有14艘美国商船在广东的港口。[7]

由商船而非军舰开启的比与日本关系更为悠久且深远的中美关系必须再另外专门写一本书。

"不落的太阳"

在此介绍一下新保守主义论客布特对门罗主义的解释。

布特在前文提到的书中认为"和欧洲不同，美国在太平洋和加勒比海方向上的影响力都在持续扩大"之后写道："美国向本国的西部挺进，并跨过西部来到了太平洋，1839年，记者约翰·奥沙利文（John L. O'Sullivan）将其称为'命中注定'。这一进程中可能遇到的诸多障碍都通过军力轻而易举地解决了。直到1890年为止，陆军的主要工作是与印第安人作战。1846—1848年，陆军、海军、海军陆战队联合打败了墨西哥，1898年又击败了西班牙。美国在海外的'小规模战争'主要由海军负责。"

也就是说，1853年要求日本开国的佩里舰队来日是门罗主义掩盖下的西进路线中的"小规模战争"任务之一，这一点值得注意。尽管日本与美国关系的起点并没有爆发战端，但其本质却是在美国武力向西挺进的延长线之上，这个事实必须理解。在此后曾成为美国殖民地的菲律宾，美军在占领日本总司令道格拉斯·麦克阿瑟的父亲阿瑟·麦克阿瑟将军的指挥下进行了激烈的"小规模战争"。

在这个意义上，必须看到，佩里舰队来到日本时是明确带有成为美国全国上下口号的"命中注定"的意识的。

从华盛顿或纽约乘坐ANA和JAL回国时总会注意到一件事情。就是在14个小时左右的飞行中，窗外云海之上的太阳始终发出耀人的光芒。直到降落在成田机场，太阳也不会下落。

我还拜托机组乘务员向机长打听，从洛杉矶、旧金山、夏威夷等美国其他城市出发飞往成田机场的航班是否也是和不落山的太阳一起飞行，回答是"只要是白天出发，的确如此"。当然，从成田机场向西飞，比如说经由俄罗斯飞向欧洲时也会有同样的现象，所以这并不是什么科学性的问答。

但是，为什么我想问这个问题呢？因为这让我想起了"命中注定"这个词，就好像从美国向西的飞行都在太阳的保护之下一样。

"带着锄头和枪"

推广"命中注定"这个词的是多才多艺的专栏作家约翰·奥沙利文。奥沙利文出生于欧洲，在法国和英国接受教育后到哥伦比亚大学学习，并成为纽约的一名律师。同时，他还与纳撒尼尔·霍桑、埃德加·爱伦·坡等作家和诗人相识，并于1837年创办了题为《合众国杂志与民主评论》的文艺评论杂志。1839年，他在该杂志上发表了《前途光明的伟大国家》一文，提出了美国在"上帝意志"、即天命的指引下向西部发展的概念：

> "美国被寄予了从事善行的命运。在几乎所有的过往事例中，我们都得出了回避的教训，除此之外别无关心。不断拓展中的未来才是我们的舞台，我们将在那里创造历史。在我们的心中，拥有神的真实、天赐的目标和没有被过去污染过的清晰的良心，我们正在步入前人未曾到达过的空间。我们是为了人类进步的国家，任何人也无法阻止我们前进的步伐，上帝的意志与我们同在"。

第五章 对"命中注定"的信奉

"我们的国家被赋予了上帝的恩慈及启示人类的命运——我们是一个进步、个人自由和普世解放的国家。的确如此。这就是我们崇高的命运。我们必须加以实现——这是我们从现在开始的历史,为了这个使命,上帝选择了美国。"

可以看出,在1803年购买了路易斯安那,1819年获得佛罗里达等令人炫目的领土扩张之中,当时的东部知识分子胸中翻涌着通往太平洋不断向西拓展的梦想。

在吞并刚从墨西哥独立出来的得克萨斯成为现实的1845年,奥沙利文再次在《合众国杂志与民主评论》发表文章,这次他提到了"为了每年增加的几百万人的自由发展而在根据上帝意志安排的大陆上进行扩张。试图阻挠我们这一命中注定的使命的各种动向",第一次使用了"命中注定"一词。

在论文中,奥沙利文断言"所谓吞并得克萨斯是强取豪夺,是不当、非正义的军事征服等,这些说法完全是错误的",并赤裸裸地表达了攫取加利福尼亚的野心。

"像墨西哥那样的懒惰和混乱的国家,是不可能进行真正统治的。谁也无法抵抗的盎格鲁-撒克逊人的先遣队带着锄头和枪开始来到加利福尼亚。他们随后建立了学校、学院、法院、代议制政治、工厂和集会场所。这一切都是自然而然发生的,也是作为各项原则的自发性活动而发生的。加利福尼亚会拥有独立和自治的权利。大西洋帝国和太平洋帝国合二为一的日子已为时不远。"

奥沙利文宣扬"命中注定"的重要之处在于,他明确表达了美国对民主主义原型的自负与骄傲以及美国中心主义行使武力的基因。

带着"锄头和枪"的盎格鲁-撒克逊移民者向着太平洋的西部扩张,以及随之而来的"学校、学院、法院、代议制政治"等民主主义各种制度的构建被定位于上帝的天命,是根据"上帝意志""被选中"的国家、即美国的使命,这就是赋予攫取加利福尼亚以意义的逻辑,而"锄头和枪"则是很直白的表述。

在"空无一物的北美大陆",从"无序"开始的美国建国,通过独立宣言和制定合众国宪法等建立了"必要恶"的联邦中央政府，推出也可称为对欧洲外交独立宣言的门罗主义，形成了美国型民主主义这一自创的"秩序"，这一成功故事使自我意识高扬，但从结果上却明显出现了开始作茧自缚的进程。

1845年，在第11任总统詹姆斯·诺克斯·波尔克执政时期，"命中注定"的路线成为美国的国家政策。在仅仅4年的时间里，美国先后吞并了得克萨斯（1845年），迫使西班牙割让俄勒冈州（1846年），并在1846年到1848年与墨西哥两年的战争中取胜，获得了加利福尼亚和新墨西哥（1848年）。

至此，横跨大西洋和太平洋的美国终于诞生，并开始以大国的身份参与国际政治。由于这些功绩，在美国历史学家给历任总统排名时波尔克总统总是会进入前十位。

暗藏的种族歧视意识

但是，不应忘记的是，南部北卡罗莱纳州出生的波尔克总统领导的仅仅用了三年时间就通过武力吞并了得克萨斯和取得美墨战争的胜利，并实现了连接两大洋的"自由帝国"，支持这一"命中注定"路线的却是强烈的盎格鲁－撒克逊的选民意识及其背后的对印第安人、黑人、墨西哥人，甚至亚洲人等所有其他人种的种族歧视意识。

"把黑人奴隶赶到格兰德河（Rio Grande）以西褐色人种居住的得克萨斯、墨西哥、中美洲地区即可"（波尔克总统执政时期的财政部部长、领土扩张的强烈支持者罗伯特·沃克），"世界上，白人只能去统治能力差的有色人种"（积极主张与中国通商的顾盛）——这些发言均来自于与奥沙利文也有私交、并是"命中注定"信奉者的当时的决策层。[8]

普林斯顿大学的美国史教授、对19世纪黑人问题著作颇丰的詹姆斯·麦克弗森（James M. McPherson）指出："通过美墨战争实现了'命中注定'之梦的成就在于，美国全部人口中的欧洲移民是建国时期的四倍。在工业革命进程启动之中，这是白人切实感受到对印第安人和黑人之优越感的最后一个时代。"[9]

第五章 对"命中注定"的信奉

但是，必须看到，藏在最终发展为现在单边主义的"命中注定"路线中的种族歧视意识，却导致了19世纪末到20世纪初对日本和中国移民的限制措施。第二次世界大战开始后，美国没有对德国和意大利移民采取措施，而只是将日本移民强行关入收容所进行隔离，成为美国历史上的一个污点。

1846年7月，波尔克总统派遣曾驾舰到过中国的詹姆斯·贝特尔司令率领"哥伦巴斯""万森斯"号两艘军舰前往浦贺，但因江户幕府方面的强硬态度而未能成功地让日本"开国"，这段历史没有多少人了解。由于这两艘船都是帆船，在撤退时因海面风平浪静而不得不让日本船拉着驶离，对美国可谓屈辱的一幕。

经过南北战争进入20世纪之际，"命中注定"路线的精神被马汉的美国海洋帝国论和西奥多·罗斯福的炮舰外交继承了下来。

具体而言，从购买阿拉斯加（1867年）开始，在先后吞并夏威夷（1898年）、领有菲律宾（1898年）之后，海·约翰（Hay John）国务卿宣布了中国门户开放政策。历史告诉我们，这一"命中注定"路线的终点站可以说是日美战争的远因。海·约翰国务卿曾经将获得菲律宾、关岛、波多黎各等的美西战争称为"一场漂亮的小战争"。

1853年7月8日，抵达浦贺海岸的马休·佩里司令率领的东印度舰队4艘战舰毫无疑问就是"追逐太阳"的西进运动的一步。而佩里司令乘坐的旗舰"萨斯凯哈那"号巡洋舰是海军在与墨西哥战争后建造的7艘完全使用蒸汽机的军舰中最先进的一艘。派遣这艘三桅外轮式高速帆船也是吸取了贝特尔司令失败中学到的教训，即要让日本开国，则必须进行压倒性的武力示威。

就是说，充满使命感的要求日本开国是隐含着武力行使基因的"命中注定"路线的一环。仅仅7个月后的1854年2月，9艘军舰再次来到日本。3月31日，双方签署了和亲条约。美国驻日第一任总领事（公使）汤森·哈里斯在下田登陆两天前的1856年8月19日日记中曾进行了如下记述，美国在"无序"中诞生80年后，其外交代表大谈"秩序"实为有趣。

"我将是文明国家派驻日本的第一位得到正式承认的代表。这将为我的人生创造一个新时代,也是日本各种新秩序的开端。我希望在书写日本及其将来之命运的历史时,我可以留下荣誉的一笔。"[10]

不应忘记,在美国对日立场和政策的最深处经常存在着"命中注定"的思维。

作为起点的南北战争

1861年到1865年的四年期间,美国经历了被称为南北战争的大内战,这场内战也可称为是对建国后各种"妥协"的清算。战争的直接起因是要求废除奴隶制的北方各州和持反对立场的南部各州之间的对立。但是,更为根本的问题却是对合众国宪法制定后各方对联邦制看法上出现的温度差,南方和北方围绕如何看待联邦中央政府机能这一"必要恶"之程度的问题上出现了对立,这才是战争的导火索。

特别是随着建国之父们南北间合作时代的远去,林肯总统拒绝采用建国之父们自合众国宪法后的"妥协"方法,加上对欧洲列强可能承认南部独立的危机感,坚决主张维持联邦制,战争由此不可避免。

在这场南方各州成为主战场的长达五年的血腥战争中,南北两军共有290万人参战,62万人战死沙场。从双方都是美国士兵的意义上看,在第一次、第二次世界大战到近年来的越南战争、海湾战争、阿富汗战争、伊拉克战争等所谓"美国的战争"历史中,这场战争的死亡人数异常之多。

但同时,南北战争以北军胜利告终,而奴隶制的废除不仅标志着联邦制已成定局,也表明"美利坚合众国"作为现代国家的基础得以巩固,并成为对外"帝国"的起点。这一点也不应忘记。用麦克弗森教授的话来说,这是"已经成熟"的美国走上了历史舞台。

而这场战争也成为了百分之百反映北方各州开始大规模工业革命成果的行使武力之场所。在这个意义上,依赖奴隶制、在工业革命上也落后于北方的南方失败可谓必然结果。

也就是说,除了铁路、电信等基础设施之外,已经开始进入大量生产阶段的柯尔特的左轮手枪、连发步枪等新式枪械、地雷、水雷的使用，新型大炮、机关枪、装甲舰、潜水艇等武器的登场，利用有人气球的侦查、在战场进行照相摄影、军需品的大量生产，以及奠定作为"常规军"的美利坚合众国军基础的1863年选拔征兵制度的实施等，成为现代战争先驱的各种新技术和作战方式都被用到了战场之上。南北战争也是奠定今天军事大国美国基础的战争。

讽刺的是，美国国内枪的普及是在南北战争后迅速实现的。这是由于北军制造的近300万支新式枪械和250万支旧式毛瑟枪随着复员士兵扩散到了全国，而联邦政府也以低廉的价格出让了旧枪。专家指出，南北战争决定性地将美国塑造成了枪械社会[11]。北军将校们以和平时期保持青年射击技术为由，在纽约州的支援下组建NRA也是在这一时期的1871年。

"命中注定"路线乘着美国成长的春风从20世纪走到了21世纪，不断向西，不断向着亚洲，第一次世界大战后走向了欧洲，走向了全世界，并在美国独步天下的今天走向了伊拉克。

19世纪美国国内的门罗主义、"命中注定"路线的诞生、南北战争，这三位一体般的事件对于理解美国具有不可或缺的意义。而佩里船长来航浦贺、太平洋战争、越南战争、要求日本进行结构性改革以及现在的新保守主义路线等，基本上都在这一轨迹之上。

现在的美国毫无疑问是"吸引众人瞩目的演员"。乔治·华盛顿在独立战争胜利后不久表达出的上述自负历经220年后依然健在。现在，这位"演员"的举手投足被全世界关注，美国的一举一动都会影响到世界的各个角落，对于部分国家甚至生死攸关。正如阿勒克西·德·托克维尔曾经严厉指出的，厌烦于这种"啰唆（喧嚣）的爱国心"的国家和个人为数众多。伊拉克战争就是活生生的例子。

注释

1. 大西直树：《朝圣先贤的神话——构建出的"美国建国"》，讲谈社选书，1998年。

2. 斋藤真、五十岚武士译：《美国革命》（美国古典文库16），研究社1978年。各州宪法日译文均参照此书。

3. 托克维尔著，井伊玄太郎译：《论美国的民主》，下卷第三编第十六章，讲谈社学术文库，1993年。

4. 明石纪雄：《托马斯·杰斐逊与"自由帝国"的理念》，MINERVA书房，1999年。

5. 五十岚武士：《美国建国——荣耀与考验》，东京大学出版会，1984年。

6. Foster Rhea Dulles, *China and America: The Story of Their Relations since 1784*, Princeton University Press, 1946.

7. A. T. Steele, *The American People and China*, McGraw-Hill Book Company, 1966.

8. Thomas R. Hietala, *Manifest Design: American Exceptionalism and Empire*, Cornell University Press, 2003 edition.

9. James M. McPherson, *Battle Cry of Freedom: The Civil War Era*, Oxford University Press, INC, 1988.

10. 坂田精一译：《哈里斯日本滞留记》，岩波书店，1979年。

11. Michael A. Bellesiles, *Arming America: The Origins of National Gun Culture*, Random House, 2001.

第六章 "歧视"与"排斥"

"歧视"起家的建国

坚信"命中注定",不断向西、向西直到太平洋的美国却拖着一个巨大的阴影。在詹姆斯镇诞生第一个殖民地议会的1619年,就开始了"进口"黑奴的贸易,对黑人采取种族歧视政策,对原住民的印第安人则采取了比歧视更加残忍的排斥政策。

原本而言,美国这个国家的建立就是在对黑人和印第安人赤裸裸和彻底的歧视与排斥之中起步的。

1788年美利坚合众国宪法制定时,这种"歧视"与"排斥"就已十分明显。在如何计算构成众议院议员人数基础的各州人口开始,就规定了各州人口"应在全体自由民——包括订有契约的短期仆役,但不包括未被课税的印第安人——数目之外,再加上所有其他人口之五分之三"(第一条"联邦议会及其权限"第二款第三项)的内容。

印第安人因"没有纳税义务"而被点名排除在外。黑人人口则以"自由人之外所有其他人口之五分之三"的间接表述被舍弃了五分之二。在第三章《从无序中诞生》中也已提到,这是在制宪会议上南方蓄奴州和北方自由州妥协的产物。

宪法中只有一处与印第安人有关。在规定联邦议会权限的第一条中,第八款第三项对与外国通商以及各州之间通商进行规定之后标明"(规定)与印第安部落的贸易"。

而美利坚合众国宪法第四条第二款第三项则明显包含了对黑人的种族歧视意识。

"凡根据一州之法律应在该州服役或服劳役者,逃亡另一州时,不得因另一州之任何法律或条例,解除其服役或劳役,而应依照有权要求该项服役或劳役之当事一方的要求,把人交出。"

尽管是间接的表述,却如实反映了在制宪会议当时,人们已经有意识地试图为正成为社会问题的南方蓄奴州黑奴逃亡北方自由州的问题寻找对策了。实际上,包括十条宪法修正案在内的美国宪法体系完成之后不久的1793年,联邦议会通过了逃亡黑奴所有者可以从其他各州随意带回其奴隶,也就是绑架的权利。

这条法律赤裸裸地表明,包括人身保护令在内的由十条修正案组成的权利法案中对保障基本人权的规定并不适用于黑奴。49年后的1842年,南方各州出身法官占多数的联邦最高法院做出了1793年的这部法律符合宪法的判决。

"地下铁路"组织的活跃

论及"排斥"印第安人之前,还要再继续说一下美国民主主义起点中所包含的黑奴制这一根源性的负面因素。这也是一部围绕逃亡黑奴的历史剧,是乔治·华盛顿引以为荣的"万众瞩目之演员"的阴暗面。行使武力的DNA最终也在这里显现了出来。

让我们一起来回顾1842年联邦最高法院合宪判决的详细经过吧。这次判决源于宾夕法尼亚州1826年制定的禁止绑架逃亡奴隶法。在宾夕法尼亚州,废奴主义者掌握着主导权,并采取了建立旨在保护各地逃亡黑奴的监视委员会等措施,可谓自由州的代表。1837年,根据这一法律,宾夕法尼亚州当局以绑架罪起诉了绑架逃亡女性黑奴及其儿子并将他们带回其马里兰州所有者手中的名叫爱德华·普雷格的男子,并判处其有罪。

普雷格的律师为此向联邦最高法院提出控诉。1842年,最高法院在题为"普雷格对宾夕法尼亚州"的判决中,首先认定1826年宾夕法尼亚州禁止绑架的法律本身就违反了美利坚合众国宪法,并在认定承认绑架逃亡奴隶之权利的1793年联邦法案合宪之后,宣布自由州所有妨碍1793年法律的立法均为无效。但同时最高法院裁定将逃亡黑奴带回原所有者的工作只能由联邦政府负责,无论蓄奴州还是自由州均不

第六章 "歧视"与"排斥"

得参与此事。

在第二章提到的围绕第二修正案的米勒案和艾默森案中即可看出，联邦最高法院的判决经常是敏锐认识到所处时代及这一时代社会形势之后的极具政治性的产物。在南北战争这一场大内战危机日益逼近的19世纪中叶，这一"普雷格对宾夕法尼亚州"的判决也巧妙地对国内局势进行了折中。

这是因为面对建国以来经常主张州权优先、对华盛顿方面加强联邦权力的动向强烈抵触并要求建立"弱势"中央政府的南部各州，最高法院的判决在南方各州奴隶制最敏感的逃亡奴隶问题上留了情面，同时却拒绝了蓄奴州当局插手将逃亡奴隶带回原处的工作，反映了借机树立联邦政府威信的巧妙的平衡感。

实际上，这个判决出台后，在逃亡黑奴问题上还制定了很多保护自由法，比如自由州在保证黑奴人权以及在法庭作证、保证通过陪审员制度进行审判的同时，禁止州的设施用于绑架并强行带回逃亡黑奴等。

自由州各地的保护监视委员会也在绑架逃亡奴隶问题上互相合作，不仅与渗透到北方的南方各州出身者、还同将绑架作为生意的自由州出身者等进行着战斗。其结果就是通过被称为"地下铁路"的秘密渠道，每年有数百人规模的逃亡黑奴被送到以波士顿为中心的自由州北部甚至更远的加拿大。这是偷偷背着联邦执行官进行的地下支援行动。

对于北方自由州的这些行动，第二章曾提到过的通过十条修正案部分恢复了权利法案、为完成延续至今的美国宪法体系作出重要贡献的建国之父中的一人，乔治·梅森曾发表了如下看法："我们的确因奴隶逃亡损失了财产，但更是丧失了荣誉。"[1]

梅森与杰斐逊同样是拥有奴隶的大庄园主。1776年5月，为响应第二届大陆会议否定英国对各殖民地之权威、建立独立政府的倡议，弗吉尼亚州率先通过的权利法案和有关政府组织的文件、即所谓的弗吉尼亚宪法就是由他起草的。

这部宪法第一条就宣告"所有人生来既是平等、自由与独立的，并享有与生而来的各种权利"。想来这位起草人并没有深入思考过他自已拥有的奴隶的人权,在看待逃亡奴隶问题上只是停留在"南方名誉"的层面上。在我看来,这就是美国建国时的真实情况。

当然,南方蓄奴州也在不断抵抗。1850年,通过了新的《逃亡奴隶法案》,决定在联邦政府内新设专门从事将逃亡奴隶强行带回的联邦治安官制度。

这个法案还包括以下内容:①承认奴隶主拥有将擅自找到的奴隶交由联邦治安官进行裁定的权利;②对于拒绝与奴隶主进行合作的联邦执行官及其助手处以1000美元的罚款;③对于隐藏逃亡奴隶及妨害将奴隶带回者处以重刑;④发现并带回逃亡奴隶的一切费用由联邦政府财政部承担。与1793年法律相比,这个法案更加严苛。

根据现有的统计,该法成立后的19世纪50年代,由联邦治安官裁定送回南方各州的奴隶达到332人,同期成为自由人的则只有11人。1859年,联邦最高法院也做出了该法合宪的判决。

处于劣势的南方各州

但是,蓄奴州的守势十分明显。《逃亡奴隶法案》制定本身就是为了解决将从墨西哥获得的加利福尼亚和新墨西哥归为蓄奴州还是自由州问题上的对立才进行的所谓"1850年妥协"的一环。

蓄奴州被迫进行了如下让步:①认可加利福尼亚成为自由州的申请;②新墨西哥作为准州由居民决定将来的选择;③在首都华盛顿禁止进行奴隶买卖。

1819年密苏里州成为蓄奴州时,为了维持自由州与蓄奴州同为11个的平衡以避免合众国的分裂危机,将缅因州从马萨诸塞州分出成为自由州的方式防止了合众国分裂危机的"密苏里妥协"[2]相比,这次南方的势头明显减弱了。

此时,蓄奴州对已在纽约和波士顿等地定居10年、20年并在裁缝等职业上取得成功的逃亡奴隶也进行着袭击,这导致自由州各地的各种"地下铁路"组织不断扩大,仅仅在1850年最后的3个月,就将约3000名逃亡奴隶送到了加拿大。为此,19世纪50年代加拿大和蒙特利尔的黑人人口增加了一倍，达到了1.1万人。

1851年9月11日，在与马里兰州州境相近的宾夕法尼亚州一个名叫克里斯蒂安娜的贵格会教徒的村庄发生了严重的流血事件。面对前来追捕逃亡奴隶的马里兰州奴隶主和联邦执行官代理，支持逃亡奴隶的黑人和白人组织进行了激烈抵抗，桂格党教徒的领导不仅迫使奴隶主等放弃了追捕行动，还开枪导致了奴隶主死亡、其子重伤以及2名白人和2名黑人的受伤，而本为追捕对象的3名黑人则逃到了加拿大。

宾夕法尼亚地方报纸和《纽约论坛报》(The New York Tribune)等以《克里斯蒂安娜之战——内战狼烟终起》为标题的煽动性新闻报道也助了一臂之力，使自由州内要求废除奴隶制的呼声骤然升高。不过，当时的菲尔莫尔总统甚至出动海军陆战队逮捕了反击追捕行动的36名黑人和5名白人，不仅以违反《逃亡奴隶法案》的罪名，还以叛国罪的罪名对他们进行了起诉。

但是这一强硬政策的效果却适得其反。自由州各州民意反应强烈，除了针对奴隶制，还波及了与南方的关系，实际上从根本上触发了北方的不满。结果，大陪审团判定最早作为被告走上法庭的白人桂格党教徒无罪并予以释放，联邦政府也只能全面撤回起诉。

加利福尼亚成为自由州以来，蓄奴州内积累了各种不满，而自由州的动向又起到了火上浇油的作用。被称为食火者（Fire Eater）的极端派奴隶制推动组织立即表示应退出合众国联邦。南卡罗莱纳、乔治亚、密西西比3个州也召开会议讨论退出联邦的价值，南卡罗莱纳州州长还发表声明宣称："现在，对南方各州独立的怀疑已无余地。"10年后的1862年4月12日，南方军队炮击位于南卡罗莱纳州查尔斯顿的联邦正规军萨姆特堡，拉开了长达5年的南北战争的序幕。

讽刺的是，对于南北战争中以葛底斯堡战役为转折点败色骤然浓厚的南方邦联而言，最后的救星却是罗伯特·李将军的建议，即将黑奴兵力变为正规军以及满足英法承认南方所必要的宣布解放黑奴的条件，但两者都没有实现。[3]

"歧视黑人和毒气室毫无二致"

之所以花费大量篇幅叙述了南北双方如何在逃亡奴隶问题上走向破裂，是因为想让读者知道一个事实：内嵌在美国建国之中的黑人歧视就像一堵厚厚的墙壁，只有通过南北战争，这场双方共约62万人死亡的惨烈内战才可以逾越。

必须再次认识到一个现实，在别无他法的情况下，只有通过行使武力才可以启动进程来消除黑人歧视这一美国民主主义中隐藏的原罪。美国行使武力的基因真的可以以各种形式在"秩序"的建立中出现。

有关南部蓄奴州内部"歧视"的真实状况，已经多次引用过的萨缪尔·莫里森《美国历史》一书中进行了公正的总结。在这本书的第32章《南部各州与奴隶制》中，莫里森写道：

> "普通英国人和自由州的美国人讨厌黑人。而同时，南方的奴隶主却理解并喜爱作为奴隶的黑人。南方一些善良的人们至今仍然爱着'守本分'的黑人。在南方，并没有对黑皮肤在肉体上的憎恶感。白人的孩子们由黑人'乳母'喂乳，也和黑人的孩子们一起玩耍。"

电影《飘》就是反映了这样的一个世界。

但同时，莫里森也写道：[4]

> "由于存在着数不胜数的虐待黑奴残暴行为的记录，因此不能说这仅仅是废奴主义者的宣传。这些都是极端性的案例，毫无疑问大多数奴隶主是亲切和富有人情味儿的。但是从制度而言，用容忍这些极端行为来判断这种制度并无不妥。这就像用毒气室来判断希特勒体制，用肃清、劳改营和行刑队来判断斯大林体制一样，没有什么不妥之处。"

美国人自己将奴隶制等同于希特勒和斯大林的残暴行为，这一视角十分珍贵，在我看来，也反映了这个国家的胸怀。

1863年林肯总统发布奴隶解放宣言后，1865年制定的宪法第十三条修正案废除了奴隶制。1868年确立的第十四条修正案第一款增加了"所有在合众国出生或归化合众国并受其管辖的人，都是合众国的和他们居住州的公民"的新规定。1870年的第十五条修正案禁止因"种族、肤色"而剥夺投票权，从而在宪法层面上消除了歧视。

让逃亡奴隶饱受苦难、也成为爆发南北战争导火索的合众国宪法第四条第二节第三款在第十三条修正案开始生效的同时被完全删除。

此后的一个半世纪里，黑人、现在被称为"非裔美国人"的地位不断上升，并成为美国独霸世界重要源泉的多种族力量的支柱。尽管实际上歧视仍然存在，但黑人已经成为美国多元化之力的一部分。

与此相比，彻底被无视、排斥并被驱赶到保留地的印第安人则与为多元化之力作出贡献还十分遥远。

黑人因奴隶解放而取得的各种权利仍然将印第安人排斥在外。承认黑人人口为州人口之组成部分的第十四条修正案中，"不包括没有纳税义务的印第安人"的内容仍然健在。

四个世纪仍未增长的人口

从数字中就可以看出印第安人是如何被彻底排斥在外的。

在将来的"美国人"登上詹姆斯敦和普利茅斯时，北美大陆上被他们称为"野蛮人"的原住民印第安人有多少人口呢？

根据南达科他州印第安人组织管理的网页"blue cloud"上"美国印第安人史重大事件"一栏中的介绍，1500年之后，即詹姆斯敦开始殖民和"五月花"号来到北美一个世纪之前，北美大陆各地约6000万的印第安人人口开始减少，到了1900年只剩下约100万人。不过并没有写明这一数字的根据。

而在第二章《行使武力的基因》中引用过的美国高中美国史教材《美国的民族（The American Nation）》中，在将有关印第安人的记述统一表述为"美国原住民（native American）"的同时，对人口问题如此记述："多数专家认为，1500年左右大约有250万人分成数百个部落生活于此的推断较为稳妥。"让我们先记住这一组数字吧。

再次回到今天。我手头有一份资料，是2002年9月美国联邦政府人口普查局的官员根据1990年人口普查结果发表的系列工作报告《美利坚合众国人口的种族历史统计1790—1990年》。

1790年是1788年美利坚合众国宪法制定两年后、也是1789年华盛顿就任美国第一任总统一年后的年份。根据宪法第一条第二款第三节"众议员人数及直接税税额，应按联邦管辖各州的人口数目比例分配。……实际人口调查应于合众国国会第一次会议后三年内举行，并于其后每十年举行一次，其调查方法另以法律规定之"的规定，这一年是每十年进行一次全国人口普查这一美国民主主义独特体系一部分的开始记录之年。

根据这一体系，现在50个州合计435名众议员席位中，每个州的分配名额将依照十年一次的人口普查结果而变动。根据最新的2000年人口普查结果，得克萨斯州、佛罗里达州、加利福尼亚州等人口增加的州选举出的众议员一共增加了11人，与此相对照的是宾夕法尼亚州、密歇根州等人口减少的州则丧失了11个众议员席位。

在2004年的总统选举中，各州的总统选举人数也随着各州最新的众议员数发生了变动。2000年选举中由最高法院裁定在加利福尼亚州获胜才最终入主白宫的布什总统自不必言，对于民主党总统候选人而言，在人口出现变动的州采取何种对策也是极为重要的。

1860年，印第安人第一次出现在这一重要的统计中。在此之前的7次人口普查中，印第安人的人口都是NA，即缺乏这一项数据。而在1860年统计中，印第安人也没有被单独统计，而是在"白人""黑人"之后被划入"印第安人、爱斯基摩人、阿留申人"等原住民一同统计的项目之中，也没有标明具体人数。

但是，这项统计的人口数字本身就很小。1860年为40021人，10年后的1870年更是减少到25731人，1880年为66407人。即使全部都是印第安人，其数量也少得可怜。

第六章 "歧视"与"排斥"

在人口普查的注解中是这样解释的:"仅以印第安人中的纳税者为统计对象。"如上所述,在合众国宪法第一条第二款第三节即明确规定计算众议员选举人口时"没有纳税义务的印第安人除外"。而人口普查的数据表明这条规定得到了忠实的执行。那么,"没有纳税义务的印第安人"又有多少呢?

1890年的人口普查给出了这个问题的答案。这一年的统计并列了两组数据,与以前相同的一栏为58806人,而在其之上的一栏第一次并列出了一个六位数的数字248253人。对此的注解称"这是包括印第安人领地及保留地内人口在内的数字"。而十年后的1900年人口普查开始则一直沿用了这个数字。

总之,作为美国建国伊始就排除印第安人的结果,被驱赶到边境地区不毛之地的"印第安人领地及保留地"的"没有纳税义务"的印第安人数量第一次被计入了正式统计之中。这一数字在1930年超过30万人,1960年超过50万人,1970年超过80万人,1980年超过140万人,1990年超过190万人,在最新的2000年人口普查中则达到了2475956人。

即便如此,如果按照美国高中教材的数据,为何1500年推定为250万人的印第安人人口数量经过了4个世纪却依然持平呢?在我看来,答案很简单,这是使用各种手段对印第安人进行杀戮的结果。排斥印第安人的历史非常明显地反映出了美国民主主义中行使武力的基因。引用了这么多的数字就是想证明这一事实。

杀戮的轨迹

杀戮印第安人的记录多得令人不忍直视。当然,如第四章《原点的"五月花"号》中所提到的,朝圣先贤们和万帕诺亚格部落酋长马萨索伊特签订了维持长达将近36年的互不侵犯友好条约,救了史密斯船长一命才使得詹姆斯敦殖民地免于灭亡、并最终来到伦敦的波瓦坦酋长女儿波卡·洪塔斯的故事等,友好的剧情也不在少数。

但是,可以认为,这些佳话都是在殖民初期阶段,面对在陌生土地上苦于生计的殖民者，印第安人处于相对优势阶段的例外。即使在普利茅斯殖民地，随着被合并成为近邻马萨诸塞殖民地强大军力的一部分，也先后于1636年发动与佩克特人部落、1675年与菲利普王的战争。这些战争在第四章也进行了介绍。

另一方面，1622年南方詹姆斯敦附近的印第安人发动起义，爆发了英国殖民地与印第安部落的第一场战争。无论是哪场战争，其导火索都是印第安人对殖民地人口年年增长、对扩张土地的要求日渐高涨的担忧。

根据"blue cloud"网站的记载，与佩克特部落战争同一年的1636年，在康涅狄格殖民地附近建立了第一个印第安人保留地。而导致菲利普王被迫发动战争的一个原因就是他对殖民地牧师开展的基督教改宗运动的危机感和对保留地计划的反抗。将印第安人迁入保留地、加强印第安人对白人文化和基督教文化适应能力的"文明化"等至今仍在继续的印第安人融合政策的基础，从殖民地初期就已经开始实施了。

但是，对印第安人第一次全面使用武力则是以英国和法国争夺北美支配权的"法国—印第安人战争"之一部分为开端的。这场从1754年开始，持续了7年的战争还被称为七年战争，并成为美国独立的远因。

当时，法国以魁北克为首都，在沿圣劳伦斯河、经由五大湖地区从密西西比河下游到墨西哥湾的广大地区构筑了多处军事堡垒，以加强其对这一"新法国"的支配权。

对此，巩固了从新英格兰往南大西洋沿岸13个殖民地的英国，如要确保纽约、宾夕法尼亚和弗吉尼亚等三个殖民地急速增长的殖民者对土地的需要，就必须越过阿帕拉契亚山脉向西部的俄亥俄河、特纳西河流域、即在其后被称为西北领土的地区扩展。

而在法国和英国权益争夺日趋激烈的西北领土上，自古以来就居住着阿冈昆、休伦等势力强大的印第安族部落，究竟站在法英哪一方？这让部落很是苦恼。某位印第安人曾留下过这样的话："英国和法国就像一把大剪刀的两刃，我们就像要被他们裁剪的布。"

第六章　"歧视"与"排斥"

对于将这片"神圣森林"作为生活栖息之所的印第安人而言，比起砍伐森林掠夺土地从事农耕生产的英国殖民者，他们对获取毛皮的猎人和商人众多、与印第安人女性通婚者也为数不少的法国抵触感更少。为此，阿冈昆、休伦等部落最终选择了与法国结盟。但是，他们的宿敌、纽约北部的易洛魁等6个部落组成的六组联盟却站在了英国一边。

这样，在法国军队对英国正规军和美国殖民地民兵的战争构图中，又加入了分裂的印第安部落彼此为敌互相攻击的悲剧性因素。由此，英军、法军、美国殖民地的民兵部队对印第安人的杀戮变得正当，同时也给了印第安人进行抵抗的理由。

对印第安人行使武力的过程骇人听闻，前面提到的美国高中教材对这一段杀戮的历史记述冷静且认真，这种公正的姿态勉强还会让人感受到一丝救赎。

1760年，英军和卡罗来纳民兵为了从南部向密西西比河流域挺进，袭击了进军路线上的大印第安部落切诺基族居住的村庄，从而揭开了行使武力的序幕。而"法国—印第安人战争"中英法两军之间的战斗实际上在前一年英军占领魁北克、法军投降后已经事实上结束了。

切诺基族进行了强烈的抵抗，尽管也使英军遭受了损失，但最终，在包括非战斗成员在内约5000名切诺基族印第安人遭到屠杀后，被迫签订了讲和条约，成为一场悲剧。[5]

还有一次被称为"庞蒂亚克战争"的屠杀记录。法国撤退后，进入俄亥俄河流域的英军采取高压态度，不但对交易商品设定了比法国时期更高的价格，还肆无忌惮地将土地分予从新英格兰和南方来的殖民者。对于英国的行为，站在法国一侧参加战争的休伦族等西北部印第安人部落组成了大规模的联盟并发动起义。

起义领导人是渥太华族酋长庞蒂亚克。1763年4月，就在各方要在巴黎缔结法国—印第安人战争停战协议之际，庞蒂亚克将英军称为"穿着红衣服的狗。他们夺走了我们的猎场，抢走了我们的工作"，并决定起义，在两个月的时间里，起义军相继袭击了英军堡垒和殖民者营地，据称杀害了2000余前来殖民拓荒的英国人。但是，在攻打英军最重要的据点、位于俄亥俄河和莫农加希拉河交汇点的皮特要塞（现在的匹兹堡）和底特律堡时却遭到了失败，此时也传来了法军败北的消息，使得这次起义迅速地偃旗息鼓。

细菌武器的使用

必须提到的一个事实是，按照现在对伊拉克战争的报道方式，英军在皮特要塞攻防战中使用了细菌武器。

在领导英军取得法国—印第安人战争胜利的总司令杰弗里·阿默斯特男爵的承认和指示下，作为礼物，英国守军向包围堡垒的特拉华族赠送了两条堡垒天花病房的毛毯和一条手绢。天花在特拉华族中间迅速传播开来，据说出现了死者"像葡萄串掉下来"般的"难以言喻的情景"。[6]

美国的高中教材没有记载这一段历史。在一部分学者看来"这恐怕是有意为之"的举动。

马萨诸塞大学法学院教授皮特·德尔科在有关美国印第安人信息的专业网站上发表了有关这段历史的论文。德尔科在调查了美国国会图书馆收藏的载有阿默斯特总司令与守卫队瑞士人雇佣兵上尉西蒙·艾克亚亲笔通信记录的微缩胶片后发现，阿默斯特总司令表示，"可采用任何手段抹杀这些可恶的人种"，明确承认了艾克亚上尉进行天花作战的建议。

除此之外，阿默斯特将军还留下了诸如"没有必要将害虫般的印第安人视为人类""歼灭森林居民"等完全否定印第安人的发言。

阿默斯特将军随后出任北美大总督和英国陆军总司令，可谓青云直上。在马萨诸塞州至今仍有以这位将军名字命名的大学城。而为印第安人接种天花疫苗则是1832年之后了。

庞蒂亚克战争导致了英国本国政府以国王乔治三世之名颁布了《1763年公告》，宣布"直到发布追加通知为止"，禁止英国殖民者向阿帕拉契亚山脉西侧移民，并命令已经移民者立即撤出。同时将保护俄亥俄河流域、在当时被称为西部边境地区的印第安人领土。为了确保这一公告的内容可以付诸实施，英国向北美派遣了一万名身着红色军装的正规军。

英国政府的决定可谓吸取了庞蒂亚克战争的教训，认识到为了确保英国人殖民者的安全，不应仅仅依靠武力掠取土地，还必须通过对印第安人进行"怀柔"、建立某种和平共存体制而采取的一种新政策。据称当时英国政府内的多数派认为对越过阿帕拉契亚山向西部殖民加以控制，推动向加拿大的新斯科舍、南部的佛罗里达等大西洋沿岸地区进行殖民的政策更为明智。

但是，这一新政却是没有与北美当地进行磋商而单方面推出的产物，从而招致了以纽约、宾夕法尼亚和弗吉尼亚三个殖民地为中心的北美方面的强烈反对。向西部扩张对于他们而言已经是发展的前提。历史记录表明有90万名殖民者完全无视公告越过山脉。而从本国派来的英国正规军并没有驻留在匹兹堡、底特律、克罗莱纳等当时被称为前线的地区，只是驻扎在纽约等大城市周边，因此这支部队被揶揄为是英国陆军士官的退役救济措施。

本国政府决定由殖民地方面承担这支军队的驻留经费后，殖民地的反对更加强烈。这也是英国在取得法国—印第安人战争胜利并确立起全球霸权地位的同时却产生了巨大财政赤字、经济出现破绽的开始。

此后，英国政府为了克服财政困难和加强对殖民地的统治，连续推出食糖法、印花税法、茶法、波士顿封锁法等一系列加强对美洲殖民地征税的措施，而正如第四章所述，这些措施却推动了从新罕布什尔到佐治亚等13个殖民地的团结。

在"无代表不纳税"的口号下，殖民地对英国的抗议运动在1770年波士顿屠杀事件后演变为武力冲突，5年以后爆发了美国独立战争。从这个意义上，连细菌武器都用上了的皮特要塞堡垒攻防战或整个法国—印第安人战争最终成为美国革命的导火索。这个结果实在是够具讽刺意义的。

1769年，1765年在底特律与英军签订和约停止战斗的庞蒂亚克被1名印第安人暗杀身亡。

形同废纸的条约

屠杀的剧情持续到一个世纪后1890年的伤膝谷大屠杀（翁迪德尼之战）才得以告终。

当然，屠杀并不都是贯穿始终。英国殖民地时代《1763年公告》中提出的某种和平共存政策仍持续了一段时期，1778年大陆会议与特拉华族签订了第一个友好条约。独立后不久，在13个州之外新领土的统治原则上，邦联议会制定的土地二法之一、规定了在成为州之前领土概念的1787年西北地域法令（Northwest Ordinance of 1787）中明确写道："在印第安人的土地和财产问题上，除议会承认之正当且合法战争取得之外者，在不经他们同意的情况下不得侵犯。必须带有最大限之诚意遵守这一方针。"

从普利茅斯殖民地时期即已开始的基于清教徒传统的基督教化、即"文明化"的努力也在继续。建国的核心领导人杰斐逊为了实现其"美国农业立国"的梦想，试图将阿帕拉契亚山脉西部乃至密西西比河以西一望无际的新领土上居住的印第安人"文明化"，使他们从传统的狩猎生活方式转为从事农业，从而尝试通过和平的方式获得这些吸收白人人口的广大土地。

但是在独立战争中，很多印第安部落与英国正规军合作。这是因为如果美洲殖民地的军队获胜，众多白人就会蜂拥越过阿帕拉契亚山脉夺走印第安人的土地，这一英国的主张对印第安人而言具有充分的说服力。据说有13万名印第安人和英军一同参加了战争。人数众多的印第安人也因此变成了站在"美国"对立面的"敌人"。

随后，以美利坚合众国军队为名的常备军在1812年开始的与英国的第二次独立战争中巩固了基础，并在1803年购入路易斯安那、1819年获取佛罗里达等"命中注定"路线上的领土扩张中，与佛罗里达的印第安人进行了第一次和第二次塞米诺尔战争，将印第安人赶出新的领土，并不断进行着残忍的屠杀。

1830年，在杰克逊总统执政期间，通过了将印第安人强行迁往密西西比河以西边境地区的法案。自杰斐逊以来的"真心话"终于化为具体内容。作为强制迁移的执行者,合众国军队走到了前台。在合众国军队的追击下,约1.6万名切诺基族人被迫从密西西比河以东的先祖之地越过密西西比河向西来到现在的俄克拉何马地区,在这次有名的"泪水之旅"中,4000名印第安人死于营养不良。

这种行使武力的实力在吞并得克萨斯、墨西哥战争、获得加利福尼亚和新墨西哥以及随后南北战争中北军的胜利中不断得到巩固。一旦在印第安人保留地发现了金矿矿脉,与印第安人的"条约"就会在一瞬之间成为废纸。

1890年,在南达科他州的伤膝谷地区,300余名达科他族人跳着"幽灵舞"(ghost dance)试图暂时回到他们的故土和圣地时,遭到了美国陆军第七骑兵队的大肆屠杀,即所谓的"伤膝谷大屠杀"。据说,这一惨剧是第七骑兵队对14年前的1876年,创建第七骑兵队的乔治·卡斯特将军等250余人遭到苏族和夏安族联军迎击被全歼一事的报复。

对印第安人的"排除"至此宣布结束。美国人口调查局在1890年宣布"前线已经消灭"。部分学者特别肯定了在"前线"、也就是西部边境之地第一次实施普选等为美国民主主义的发展与深化所作出的重要贡献。[7]但是,这一"前线学说"的旗手弗雷德里克·杰克逊·特纳曾这样评价印第安人:"印第安人是边境居民们有必要采取联合行动的共同危险。"[8]在这里,印第安人也是"被排除"的对象。

即使这样,卡斯特的子孙们在卡斯特骑兵队被全歼之地建立了卡斯特战场国家纪念公园,从1991年起,公园改名为小巨角战役国家公园。苏族后裔的一位女性出任这一每年约有50万名游客来访的国家公园负责人。此后,公园拒绝出售芝加哥卡斯特纪念协会制作的领带等纪念品,每年6月27日举行的阵亡追悼纪念日的纪念活动中,来宾们谁也不会再说出"卡斯特将军"的名字。也就是从这一时期开始,对印第安人才终于开始使用"美洲原住民"的称谓。

第二次世界大战中,因在硫磺岛折钵山竖起星条旗之照片而闻名于世的六名海军陆战队员中,一人就是上等兵皮玛(Pima)族印第安人艾拉·海斯。这段事迹被二战中的美国媒体大力宣传后,海斯一跃成为"英雄",在美国各地巡回演讲。但是,荣耀并没有持续很长时间,他很快就因过度酗酒冻死在了保留地的马路上。与黑人相比,印第安人的境遇更为悲惨和落后。

努力经营赌场的日日夜夜

最后,让我们看看美洲印第安人现在在做什么,这也是颇具讽刺的结果。

今天,他们在保留地通过经营赌场的现金收入来维持生路。

根据内务部印第安事务局的2003年9月的统计数字,美国国内554个印第安部族中有330个拥有赌场。共有28个州有印第安人的赌场,最多的加利福尼亚州有33所,其次是俄克拉何马州18所,拥有17所的则有亚利桑那州、密歇根州、明尼苏达州、华盛顿州等5个州。印第安人共在全美经营着212所以老虎机为主的赌场。

其中规模最大的是拥有800间客房饭店的康涅狄格州快活林假日赌场(Foxwoods Resort Casino)和拥有3000台老虎机和88张21点(Black Jack)赌台的明尼苏达州神秘湖赌场(Mystic Lake Casino)。从20世纪30年代的拉斯维加斯到1978年的大西洋城开始营业以来,全国大约有430所一般的商业性赌场。可见印第安人经营的赌场和一般商业性赌场形成了鼎立之势。

赌场的收入也颇为不菲。美国全国只有70所赌场的1988年,全部收入为2.1亿美元。到了1997年达到67亿美元,2002年则飙升到了145亿美元。

上一章提到,保留地是在相信"命中注定"向西部扩展的美国不断扩张和大国化背后排斥印第安人政策的产物。保留地的背景各不相同,有的是历尽千辛万苦才保住了祖先留下来的土地,有的则是不断被赶向西部最终来到被称为边境的不毛之地,每个部落的境遇千差万别。但是有一点是相通的,在形式上都是与作为"独立国家"的美国签署了"条约",出让和交换了自己的"领土",并确保了在保留地内的"主权"。现在被保存下来的"条约"还有373个。而且必须记住,在合众国宪法第一条第八款的第三项中，依然规定了联邦议会拥有与对其他外国同样的对印第安人进行"通商"的决议权。

因此，印第安人没有缴纳联邦和各州所得税、法人税等作为"美国市民"的纳税义务。经营赌场的财务情况、收益额、支出情况等均没有公开义务。根据现在的惯例，赌场为了得到州行政当局确保到保留地的交通和其他方面的合作，一般会在对话的基础上向所在州支付"上缴金"，但认可确保10%到30%的纯利润。据说康涅狄格州快活林假日赌场和金神大赌场（Mohegan Sun Casino）会将老虎机收益的25%上缴州。同时，如纽约州维罗纳的赌场等"上缴金"为零的情况也为数不少。

为此，据说在印第安人中也出现了一些亿万富翁。根据2000年的人口普查，在明尼苏达州成功经营赌场的苏族人均收入为84500美元，超过了纽约州斯卡斯戴尔和加利福尼亚比弗利山庄等富人区的平均收入。

但是，根据2000年全国印第安人娱乐委员会（Indian Gaming）发表的报告，印第安人经营赌场全部收益的55.5%来自于前20位的赌场，很难说赌场利益惠及了所有经营赌场的部落。同一份调查报告还指出，印第安人的人均年收入是12893美元，要低于全美21587美元的平均额。而保留地基础建设发展迟缓的主要原因在于现实中只能依靠内务部印第安人局每年仅1300万美元的补助金。

施瓦辛格新州长也在利用

针对这样的情况，著有《恐怖的多元文化主义》一书的芝加哥大学政治学副教授雅各·利维在2003年10月号《New Republic》杂志上发表文章，认为"在不需要部落经济整体发展这一点上，印第安人经营赌场和石油、钻石十分相近，即形成了受到资源束缚的经济形态。这会导致部落领导人与一般部落居民之间的背离，出现权力与财富向领导人集中这一古典型依赖单一资源经济的弊端"。

文章接着建议道："必须对执迷于从赌场中获利的人保持警惕。他们对印第安人的整体利益并不关心。如果我是他们,就会将从赌场生意中赚取的雄厚资金用于政治活动,因为他们仍会单方面地被置于政治体系中的不利地位。"这可谓一语中的。[9]

其实不必等到雅各·利维的结论,印第安人团体的院外活动就已经变得引人注目。在以维护印第安人赌博业权益为直接目的的同时,对华盛顿联邦议员的政治捐款本身也发挥了扩大以往所没有的政治影响力的作用。根据华盛顿"责任政治中心"的数据,1990年只有1750美元的印第安人赌场团体的政治捐款到2002年就跃升至660万美元。

打开印第安人赌场生意之门的是1987年联邦最高法院"州政府不得阻止在印第安人保留地建设赌场"的判决。依照这一判决,1988年成立了印第安人娱乐管理法,根据该法的规定,全国印第安人赌博委员会开始工作。其中唯一一名印第安人出身的委员罗伯特·罗恩亚非常明确地指出了其政治意义:"从赌场中得到的收益,是对印第安人过去600年间所遭受的巨大社会、经济损失尚不充分的补偿。比这更重要的是,现在我们可以开始对联邦议会进行投资了。"在2002年,印第安团体对民主党的政治捐款是共和党的两倍,仅仅一个部落就捐款高达51.2万美元。

2003年10月加利福尼亚州州长罢免选举投票就代表了这一印第安人权力与政治之间的关系。经过罢免选举,著名演员阿诺德·施瓦辛格登上了美国第一大州加利福尼亚州的州长宝座。其获胜的原因之一就是将印第安人赌场团体扯进了竞选。施瓦辛格强烈批判印第安人赌博团体向其最强有力的竞选对手、民主党现任副州长巴斯塔曼蒂政治捐款1000万美元属于勾结,这一战术取得了成功。

在加利福尼亚州108个部落中52个经营赌场的印第安人看来,为了保证这个每年营业额在30亿—60亿美元的行业,为了能让一直对此持合作态度的巴斯塔曼蒂副州长升任州长,必须不惜重金。实际上还有过向民主党占统治地位的州政府提供近10亿美元"上缴金"的记录。在加利福尼亚政治史上,像这样印第安人公开参与政治活动还属首次。

有意思的是,施瓦辛格当选新州长后,态度马上发生了180度的大转变,在修改2000年刚签订的协定,即在许可保留地外一般城市开设赌场、撤销每一部落只能最多拥有2000台老虎机的数量上限等问题上做出了可以继续对话的姿态。

新州长的真意在于，尽可能地将印第安人的"上缴金"提高到20亿美元，以填补80亿美元的巨额州财政赤字，可谓直截了当。

美国建国以来，行使武力的基因在对印第安人的"排除"中反复出现，今天却又要从印第安人保留地的赌场收益中寻找削减州财政赤字的出路，没有比这再讽刺的事情了。

留存下来的记录显示，加利福尼亚州1850年有10万印第安人，经过屠杀、饥饿和殖民者带来的疾病，到1870年只剩下了1.7万人。

注释

1. James M. McPherson, *Battle Cry of Freedom: The Civil War Era*, Oxford University Press, INC, 1988.

2. 根据密苏里妥协，联邦议会1820年做出决定，禁止在北纬36度30分以北的领土上施行奴隶制。

3. James M. McPherson, *Battle Cry of Freedom: The Civil War Era*, Oxford University Press, INC, 1988.

4. 在弗吉尼亚的奴隶主和大庄园主、同时却是美国民主主义缔造者的杰斐逊、梅森等南部启蒙思想家和奴隶制的关系问题上，日本也有很多研究成果。斋藤真在《美国革命史研究——自由与一体化》（东京大学出版会，1992年）一书中认为，此二人的共同之处在于，在心理上憎恶奴隶制和担心对奴隶主产生道德上的坏影响的同时，对现存奴隶制的具体对策却止步于禁止奴隶贸易的层面上。而杰斐逊的逻辑是，对于作为黑奴市场的北美殖民地，英国国王和政府有时会违背殖民地意愿进行买卖（独立宣言草案）。因此他的态度是奴隶制的伦理责任在本国，在心理层面上殖民地人民是不需承担责任的。

5. 有关于印第安人战争的各种故事主要参照猿谷要主编的《美国战争——从独立到世界帝国》（讲谈社，1985年）一书中的各篇论文，特别是富田虎男的《印第安人征服战争》。根据这篇论文，切诺基族随后接受了"文明化"，于1827年制定了切诺基国宪法，发明切诺基文字并发行同时使用英文的报纸，以寻求建立独立国家的梦想。但是，切诺基族的这些举动都没有被佐治亚州和联邦最高法院承认，最终仍被强制迁徙到了俄克拉何马。

6. 同上。

7. 高木八尺：《美国政治史中土地的意义》（高木八尺著作集第一卷），东京大学出版会，1970年。

8. Michael A. Bellesiles, Arming America: The Origins of a National Gun Culture, Random house, 2000.

9. Jack T. Levy, Loaded Dice, The New Republic, 2003 Oct 15.

第七章　常备军与多民族之力

对常备军的否定思想

在印第安人问题上的讽刺性也带来了出任"排除"印第安人主角的美利坚合众国军队的二重、三重讽刺，从中会更进一步地发现美国行使武力的基因。

第一个讽刺是，通过"全民武装"，即市民的民兵化来防止联邦中央政府的权力成为新的专制种子这一被写入第二宪法修正案的美国建国精神不断形骸化，如此被戒备的联邦政府直属的常备军、即美国军队不但诞生，今天还成为了巨人，是世界上最强大的军队。

为了正确地理解其中的含义，有必要再次介绍一下建国初期强烈的拒绝建立常备军的思想。南部弗吉尼亚出身的最早的联邦党人、也就是作为联邦政府支持者活跃于政坛、甚至被称为合众国宪法之父的詹姆斯·麦迪逊在批准宪法的宣传文件，即《联邦党人文集》第46篇中发表的文章《联邦政府与州政府和人民的关系》有以下内容：

"除了美国人所具有的优于其他国家的武装的优越性以外，那些受到人民爱戴、任命民兵军官的下属政府的存在，会成为野心冒险的障碍，这种障碍比任何政体的单一政府所能容许的更加难以克服"。

"虽然欧洲某些王国的军事建制尽量扩大到公共财源可以负担的程度，但是政府仍然害怕把武器交给人民。难以肯定，人民单是依靠这种帮助就不能摆脱束缚。但是如果人民另外还拥有他们自己所选的地方政府，它们能集中全国的意志和指导全国的力量，并且由它们从民兵中任命靠拢这些政府和民兵的军官，那么就可以最有把握地断言，欧洲每个专制君主尽管有军队保护也会很快被推翻"。（中文译文摘自汉密尔顿、杰伊、麦迪逊著，程逢如、在汉、舒逊译：《联邦党人文集》，商务印书馆，1995年版，第244—245页）¹

从麦迪逊的发言中可以看出，通过"全民武装"来监视作为必要恶而建立的联邦中央政府这一当时最具说服力的逻辑使合众国宪法得以批准的想法。这是因为面对英国国王的专制，依靠民兵与从英国本国派遣而来的正规军作战并取得胜利，实现了独立。麦迪逊这篇文章发表于1788年10月29日，而一年以后，正如他所"预言"的那样，法国爆发了革命，并推翻了君主统治。

为了不让指责权利法案欠缺的反联邦党人等宪法批准抵抗派的政治企图得逞，麦迪逊更是迅速保证将这一命题（缺陷）作为权利法案10条加入宪法，由此诞生了以"纪律优良的民兵部队对自由州的安全是必要的"为前文的宪法第二修正案。这一过程已经在第三章中详细进行了叙述。

在今天的美国，围绕宪法第二修正案禁枪派的州权说和持枪派的人权说将舆论一分为二，其结果却是持枪处于无人问津的状态。可以说这种现状正是210余年前"对专制的恐惧"的后遗症所致。人权说最大的支持者NRA不厌其烦地不断将华盛顿等建国之父们神格化也是其中之一。理解其连续性非常重要。

同时，"全民武装"、即通过民兵捍卫民主主义这一命题的背后包含着对被定位于专制工具的常备军的强烈不信任，而从英国继承而来的民兵制度创始于光荣革命时期与直属国王的常备军的对峙也是重要的历史背景。更为重要的是，美国革命战争之火也是由殖民地对国王常备军、身穿红色军服的正规军驻留美洲进行反抗而点燃的。因此，拒绝建设常备军的思想在美国建国初期十分强大。

华盛顿的民主主义DNA

在独立战争时与英国正规军进行战斗的最初阶段，从波士顿近郊开始的各殖民地的民兵组织不断地对驻扎在北美的英国正规军进行局部性的游击战。但是，1775年6月，当时殖民地方面的领导机构大陆会议基于13个殖民地作为一个整体进行战斗不可或缺的认识，决定首先将新英格兰民兵联队与纽约民兵部队合并组成大陆军，并任命弗吉尼亚出身、22岁时在"法国—印第安人战争中"从军并出任少校、尽管被法国、印第安人联军包围并成为战俘却仍受到英军高度肯定的乔治·华盛顿为总司令。华盛顿走上了历史舞台。

华盛顿马上就判断仅仅靠集合持枪的农民和市民集团是不可能获胜的。因此他向大陆会议建议组建一支与各殖民地民兵组织不同的，在一定时期内专门服兵役、身着同样制服、并在北美大陆自由移动可以与英国正规军正面作战的真正的大陆军。大陆会议以直属大陆会议常备军并规定期限为条件同意了华盛顿的建议。

大陆军由志愿者和各殖民地根据其人口提供的兵员、既有民兵、从法国和德国等招募的外国人士官等组成。即便如此，在起始阶段，连华盛顿自己也评价大陆军为"乌合之众"。

外国人士官分为与美国独立之大义产生共鸣的启蒙主义者以及以野心和金钱为目的的团伙等两大派。前者的代表为当时年仅20岁的法国贵族拉斐特伯爵，其铜像现仍矗立在白宫前，以其名命名的公园仍在。拉斐特不仅屡建战功，还成为华盛顿、杰斐逊等建国之父们终生的朋友，直到美国宪法制定时始终发挥着建议者的作用。

从这一点上看，在1776年独立宣言大约两年前，作为美国建国后第一个事实上的联邦中央组织的大陆军具有某种国际志愿军的性质。[2]

而英国正规军也从可算是乔治三世本家的德国汉诺威王那里调遣了近3万德国雇佣兵。他们以战斗勇猛和残忍著称，但反而激起了殖民地的强烈反抗，对独立运动的发展起到了推波助澜的作用，独立宣言中也被点名进行了指责。可见，无论是德国还是法国，都深深参与了美国的独立战争。

殖民地方面也不是完全都支持独立。国王支持派及其民兵的数量并不少，据称在当时美洲321万的全部人口中占了近三分之一。

不管怎样，从1775年4月波士顿郊外列克星敦和康科德爆发冲突开始，直到1781年10月在弗吉尼亚州约克城大陆军和1778年与美国正式签署同盟条约的法国舰队完成大包围网、迫使英军投降，在独立与革命同步发展的六年半中，各种传奇故事层出不穷。大陆军还使用了射程为毛瑟枪三倍以上、命中率飞速提高的改良型来复枪。

但是，我想在这里强调的是，为了与英国正规军作战而作为必要恶得到认可的大陆军受到了严格的自我限制。拒绝常备军的思想非常明确地贯穿始终。1776年6月，在任命华盛顿为总司令的一年后，设立了与以前普利茅斯殖民地同样的军事委员会。反对建立常备军的急先锋、宣称"只要不能向英国议会派出代表，就没有纳税义务"的独立革命先驱并继华盛顿之后出任第二任总统的约翰·亚当斯等也出任委员，对大陆军的人事、组织、调动等所有活动都加以控制。150年前朝圣先贤们在普利茅斯殖民地确立的文官统治传统被坚定地继承了下来。

华盛顿总司令完全忠实地服从着这一控制。尽管作为总司令犯过各种各样作战上的失误，也缺乏作为领导人的个人魅力，但乔治·华盛顿根深蒂固的共和主义思想对于美国民主主义诞生的贡献居功至伟。在我看来，华盛顿像似一人就拥有了美国型民主主义的所有基因。

1782年，华盛顿在收到希望其成为国王的大陆军官兵的信后十分震惊，并回信表示"这种想法令人憎恶，必须严厉谴责"，成为一段佳话。[3]

具体而言，华盛顿始终将军事委员会、并进而将其归属的大陆会议视为"上级机关"，自觉地将自己率领的大陆军作为服从上级的"下级机关"来行动。独立战争末期，民兵部队实质上已成为大陆军一部分的状况一直持续到最后。而到了1783年6月，华盛顿还发出了前面已经提到过的解散大陆军的信息。总之，华盛顿忠实地遵循了文官统治原则，再次明确了通过"全民皆兵"的民兵监视中央权力这一美国建国命题的初衷。

形骸化的民兵

文官统治的传统至今仍然被保持着。现在，在观察美军这个人类历史上最强大的军事集团时，必须正确理解这一基因的存在。美军历史上从来没有过军事政变的记录。尽管独立战争时大陆军军官中间曾出现过看似不信任华盛顿的举动，但也迅速消失。

李梅将军如此狂热地执着于对苏联进行先发制人的核打击，却也在千钧一发之际被肯尼迪为止的历届总统所阻止，这也是文官统治始终得以坚守的缘故。越南战争以及随后的伊拉克战争中，相对于对行使武力持怀疑态度的职业军人们，占据上风的反而是主战的文官统治一侧的文官，即"最优秀、最聪明"的人。这一点需要再次明确。

但是，脱胎于这一民兵精神的文官统治却使民兵制度走上了形骸化的道路。而形成这一结果的契机却是非常尊重民兵精神并实践文官统治的华盛顿造成的。

第五章中业已介绍，华盛顿在将美国形容为"万众瞩目之演员"的解散大陆军的信息中，认为有必要"在全美统一作为美国守护神的民兵制度"：

> "必须考虑到，这个国家的民兵应成为我国安全的守护神，并在发生战争时成为最有效的依靠。因此，应该在全国范围内执行统一的制度，此外，这个大陆上的民兵的编成和军规应完全一致，在合众国所有地区都应采取相同的武器、警备以及兵器，这些都是绝对必要的。"

根据这一思路，在合众国宪法中，作为梅森等常备军不信任派和汗密尔顿等常备军支持派妥协的产物，第一条第八款第16项联邦议会承认规定民兵权限的内容中加入了"规定……民兵为合众国服务时的管理办法"一行。"为合众国服务之民兵"成为美国军队诞生的原点。

于是，从1636年马萨诸塞湾殖民地"一分钟人部队"（minute man）

建立开始、为独立战争的胜利作出重要贡献的民兵就以交由华盛顿的形式，开始了被最终成为现在美国军队的"常备军"吸收的进程。

华盛顿出任第一任总统后，或出于对独立战争中志愿兵部队"乌合之众"般表现的危机感，甚至和第一任战争部长亨利·考克斯（Henry Knox）一同提交了规定所有国民均应服兵役的国民兵役法的提案。但是提案遭到了议会的拒绝，对建立常备军的不安感依然健在。

1792年的《1792年民兵法》终于通过议会第一次承认了民兵在美利坚合众国的正式存在，这部法律要求从18岁到45岁的白人男性自行装备毛瑟枪、刺刀、皮带以及弹药，并到各州进行登记。

华盛顿总统和考克斯部长还一起试图花费40万美元联邦政府预算先至少统一装备。但也两次遭到了议会的拒绝，使得美军最初只是"自行装备的羸弱民兵"。与当时处于全盛期的拿破仑通过征兵制建立的精干强大的军队相比，这一现象很有意思。显然，对于以"小政府"身份刚刚走上征程的联邦政府而言，节约40万美元是最重要的课题。

但是同一年，为了与印第安人的战争，在自行装备的"羸弱民兵"部队之外组建了直属联邦政府的5000人编制的"合众国军团"（Legion of the United States）。美国历史上第一支由职业军人组成的正规军走上了历史舞台。

军团指挥官由独立战争中以勇猛出名的安东尼·韦恩将军担任。独立后，与印度安人各部落和平谈判失败、面对与加拿大的英国、佛罗里达的西班牙等结盟的印第安人的强烈抵抗，在信奉从英国继承的"征服的权利"的华盛顿政府看来，镇压印第安人势在必行。为了排除印第安人，他们判断常备军的存在必不可少。这也是对美国军队诞生的讽刺吧。1802年，培养职业军官的陆军军官学校（即西点军校）建校。

常备军最初的兵员很少。19世纪总兵力最多时也仅维持在3—4万人。

在被称为第二次独立战争的1812年与英国的战争中，合众国军只有1万人，却有49万民兵参加了战争，与墨西哥的战争中合众国军有4万人，民兵则为7.3万人，战争主角依然是民兵。

与英国的战争期间，麦迪逊总统曾提案成立国民征兵法，却再次遭到议会拒绝。征兵法首次成立则是由南北战争中的北方实现的。

2003年，包括陆军、海军、空军、海军陆战队在内的合众国军队总兵力为正规军141万人（其中女性19.61万人），预备役125.93万人，国民警卫队46.43万人，其兵力仍维持着100%的志愿兵制。

想问一下华盛顿

大规模实施征兵制是第一次世界大战（1917年9月—1918年11月）和第二次世界大战（1940年11月—1946年10月）的时候。冷战高峰时的1948年制定、历经朝鲜战争和越南战争、直到美国从越南撤军后的1973年7月为止的选拔制征兵法是最后的征兵制度。

1975年，以该法为基础的年满18岁时需要履行登记义务的制度也被废除。但随后为了应对苏联侵略阿富汗的事态，1980年卡特总统又恢复了登记制度并延续至今。但是，不履行这一义务并没有相应的处罚条款。[4]

华盛顿设想的文官统治下的民兵"国军化"随着南北战争中北军的胜利而得以完成。此后，仿佛是为了配合新世纪的到来，这支"民主主义的军队"经过与西班牙的战争以及在此延长线上的占领菲律宾、吞并夏威夷，参加八国联军、出兵西伯利亚等，不断地向太平洋和亚洲进军。

第一次世界大战后，欧洲、随后是全世界成为美国的舞台。第二次世界大战使美国成为世界最为强大的军事大国，在最早于广岛、长崎将原子弹投入实战的核战力方面也处于压倒性优势，可谓连战连捷。

尽管其后在朝鲜战争中没能取得胜利，更是在越南战争中遭到失败，但随着东西方冷战的结束，美国利用包括核战力等垄断性优势在内的尖端武器一瞬间完成了对萨达姆·侯赛因的"政权颠覆（regime change）"。但今天却被"国家建设（nation building）"和反恐战争、游击战等缠住了手脚。所以，我想问问华盛顿，他对美国军队的历程有什么看法。

1792年制定的民兵法一直沿用到将民兵部队划分为组织战力和预备战力的1903年新民兵法为止。1824年，拉斐特伯爵再次访问美国时，用自己在法国大革命时代率领的革命军的名称将民兵部队命名为"国民警卫队"（national guard）（在日本被译为州兵），纽约民兵部队率先使用，并推广到了全美。

1908年，以确保军医为中心创设了合众国军队的预备役制度。在参加第一次世界大战前的1916年，制定了联邦政府在全国范围内承担费用和进行训练，并统一装备的《国家防卫法案》，经过1922年和1933年的两次修正，最终完成了以国民警卫队为名的民兵制度与正规军的对接。

但是，第一次世界大战中派往欧洲的美国派遣军中，40%为国民警卫队，此后的第二次世界大战、朝鲜战争等大规模战争中国民警卫队的比重都非常高，众所周知，现在的伊拉克战争中国民警卫队也被动员走上了战场。

今天，陆军和空军的国民警卫队（海军没有国民警卫队）被置于1970年后将正规军、预备役、国民警卫队一体化运用的"综合战力构想"体系之中。这是从越南战争中学到的教训。在越南战争中，约翰逊出于国内政治考虑，没有对国民警卫队进行动员，而是利用征兵制以正规军为中心部署兵力，这反而导致了国内反战运动的高涨。国民警卫队在救灾、取缔毒品等方面隶属州长权限、即服从传统州权的同时，也服从于陆军参谋长和空军参谋长的指挥权。

正确地说，组成支援正规军的快速反应、选拔预备军的主力是国民警卫队。国防部设有负责国民警卫队的部门。陆军的国民警卫队占陆军全部战力的54%，空军的国民警卫队占空军战力的33%。陆、空军国民警卫队的6%为常驻部队，配有专门的基地和兵营，并使用10%的国防预算。

少数民族和女性占40%

谈到美军还必须说一个颇具讽刺性的事实。

第七章 常备军与多民族之力

为美国一家独大提供坚实保证的世界最强军队，有必要整合美国各个种族，并在最低限度上作出了贡献。军队至少成为了努力克服"排除"印第安人和"歧视"黑人这些建国以来负遗产的场所，可谓讽刺至极。

一家独大有很多因素。比如不必赘言的压倒性军事优势，通过忠实于亚当·斯密的市场经济席卷世界的经济力和消费文化，以及谁也无法否认的民主主义成果等，可谓数不胜数。

但是在我看来，如果纵观美国历史可以发现，通过美国军队最容易反映出的就是多民族、即多种族之力，这种被美国视为必要且为此不懈努力的力量——至少日本无法比拟的巨大能量，才是这个国家今后最大的资产。

当然，负遗产并非没有了。黑人贫民区、印第安人保留地等也没有消失。1963年8月28日马丁·路德·金律师发表"我有一个梦"的演说尽管已经过去40年，黑人失业率两倍于白人的现实仍没有改变。

但是，决不能低估最大限度将少数民族（少数种族）纳入其中的多民族之力。对美国进行了40余年连续报道的我对此深有感触。

首先想说的是，至少多民族之力是美国军队的后盾。

对战斗场景进行实况转播、成为电视战争的伊拉克战争也是这一多民族之力的展示大厅。在这里，即使海湾战争中已是参谋长联席会议主席的鲍威尔国务卿可算是老面孔，还加上了同样是黑人的总统国家安全事务助理赖斯女士和在卡塔尔美国中央军司令部负责每天记者吹风会的钱森特·布鲁克斯准将。在吹风会上应对自如的布鲁克斯准将是西点军校1980年毕业班状元，父子两代都是黑人将军，还曾在哈佛大学肯尼迪政治学院就读过。

2003年4月9日，在巴格达萨达姆·侯赛因铜像被拉倒时，一瞬之间展开美国国旗而成为英雄的海军陆战队下士陈同欢（Edward Chin），就是双亲从缅甸移民来到美国一周后出生并自动获得美国国籍并在纽约唐人街成长起来的。他的母亲在接受CNN采访时说："我们在美国过上了好日子，孩子去了好学校。我们感谢美国的自由。同欢也捍卫了美国的自由。"

陈同欢5月末回国，6月晋升为上士，7月10日受邀参加了美国职业棒球大联盟球队纽约大都会队在其主场纽约谢亚球场的比赛开球式。陈同欢穿着特意为他准备的印有代表结婚纪念日的67号大都会队球衣登场，受到了观众热烈鼓掌的欢迎。陈同欢用平静的语气说道："当时插上国旗是在下面的军官命令的。不服从命令、不发出命令，在战争中就无法生存。萨达姆的铜像真的是十分巨大。"身为坦克兵的陈同欢同年8月退役，并进入纽约市的技术专科学校就学。开球式的第二天，纽约市的各家报纸都配上照片进行了报道。

开战后不久就成为伊拉克军俘虏的美军士兵中，有一名年方20的女兵杰西卡·林奇。棕发美女的她被特种部队从囚禁她的医院中营救出来，从而上演了一出英雄故事。在我看来，不管其中有没有媒体的舆论操作，"女性在战争中成为战俘"这件事情本身就在与种族所不同的意义上体现了多民族之力。与林奇一同成为战俘的士兵中还有单身妈妈的黑人女兵。在阵亡士兵中包括已经有了孩子的印第安人女兵，还有失去双足的单身妈妈。

根据2002年2月国防部发表的报告，美军中女性占18.8%。在各兵种中，陆军的20.9%、海军的18.4%、海军陆战队的7.1%和空军的25.9%为女性。该报告还表明，女性加上黑人、西班牙裔及少数民族士兵占了全体兵力的40%。

赤裸裸的自我批判

有一份足以说明美国军队是多么需要少数民族的资料，就是美国联邦最高法院在2003年2月19日做出的一次判决。

这个判决承认了联邦第六巡回上诉法院的判决，即"为确保美国军队军官构成的种族多样性，陆军军官学校、海军军官学校、空军军官学校以及各大学ROTC（预备军官训练课程）的录取工作中，有意图地确保种族多样性并不违反美国宪法"。

对这一判决还附带有一份联合意见书，"建议者"的名单中包括在2004年美国民主党总统提名竞选中出马的前北约盟军最高司令韦斯利·克拉克、前参谋长联席会议主席威廉·克劳等退役职业军人中的佼佼者，还有克林顿时代的国防部长威廉·科恩等14个人的名字，意见书强调，这个判决不仅是联邦最高法院大法官的结论，也得到了美军全体一致的认同。判决称"民族融合具有维持军队有效战斗态势的军事必要性"，并对1948年7月26日杜鲁门总统发布禁止美军内部种族歧视政策的行政命令的不彻底性进行了直白的揭露和自我批判。1954年10月之前，仍然存在着只有白人的部队。朝鲜战争中迫于死伤众多导致兵员不足，才不得不向白人部队调配黑人，在此之前陆军始终在抵制民族融合。特别是在将校层面上，民族融合在20世纪六七十年代之前并不充分，由于和白人指挥官之间缺乏信任，在海军陆战队基地和小鹰号航空母舰等还发生了多次种族冲突。越南战争中还出现了由于种族关系紧张而丧失了战斗力的部队。

在此基础上，意见书列举了截至2003年2月的一组数字。

一、美军现役部队总兵力的61.7%为白人，黑人为21.7%，西班牙裔为9.6%，亚洲太平洋裔为4.0%，原住民印第安人为1.2%，其他1.8%。

二、现役将校级军官中的81%为白人，8.8%为黑人，4%为西班牙裔，3.2%为亚太裔，0.6%为原住民印第安人，2.4%为其他。

三、黑人将校级军官1962年仅占1.6%，1973年为2.8%，2002年3月则为8.8%。西班牙裔、亚太裔、原住民印第安人将校级军官的增长率要超过黑人将校级军官的增长率，现在少数民族出身的将校级军官占总数的约19%。

四、在陆军军官学校，1968年有30名黑人入学。1971年达到了100人，1993年所有少数民族学生占总数的16.5%，预计于2005年毕业的这一届学生增加到了25%。其中占8%的100名是黑人，6%是西班牙裔（70人）。目前共有300名黑人和150名西班牙裔学生正在就读。

在海军军官学校，目前黑人学生占6%，西班牙裔占3%。今后的方针是前者每年比前一年增加7%，后者每年增加4%。空军军官学校在2000年时18%的学生为少数民族。

特别是在黑人尽管占总兵力的21.7%，可将校级军官只占8.8%的问题上，判决很直率地承认这是必须加以改善的事项，极力推动军队内部民族融合的愿望令人印象深刻。

意见书多少有些牵强地引用了1796年9月1日华盛顿给哈密尔顿的信中的内容："美利坚合众国不同地区人民在独立战争7年共同战斗中形成的团结与融合，在普通生活中即使经过100年也无法实现。"明确了这样的逻辑：为增加高质量的多民族将校级军官，除了充实在一定程度上有意识推动民族多样化的将校级军官培训场所之外，没有其他可以保持国家安全的方法。也就是说，必须要建立如同华盛顿在7年独立战争期间同吃"一锅饭"才有可能实现的民族融合之地。

华盛顿提到的"不同地区人民"中不包括黑人和印第安人，这一点在第六章中已经进行了分析。不过，将华盛顿的书信用于将改善黑人及少数民族政策予以正当化这本身却是最大的讽刺。我"想问一下华盛顿"的目的正在于此。

随后，意见书进一步主张："在将校级军官培训中必须采取积极民族融合政策，这一危机也是美国社会的缩影，并将会对我国的福祉带来潜在的重大影响。"

"改善措施"是至上命令

2003年1月，布什政权突然对密歇根大学及其研究生院的对少数民族入学予以优惠的平权法案（affirmative action）开刀，不同寻常地向联邦最高法院提交了意见书，表示"仅以种族为由的不公正制度属于违宪"。对此举最为震惊的当属军方。

民主党爱德华·肯尼迪参议员发表了批判布什政权支持军方的声明："确保军队多样性是我国的优先事项"。对此白宫发言人只能进行辩解："自动决定入学比例的密芝根大学的情况与陆军军官学校的情况并不相同。我们完全没有质疑军方院校招生方针的意图。仅以种族为由维持多样性的方法是错误的，这是布什政权的立场"，实际上默认了陆军军官学校制定的招收占全体学生10%—12%的黑人学生的目标。

根据以辛辣评论著称的威廉·萨菲尔（William Safire）的《萨菲

尔新政治词典》[5]记载，平权法案这一用语在美国政府内部开始使用是在艾森豪威尔政权时期的1955年。实际上正式文件中开始使用是肯尼迪总统就职第6周的1961年3月的总统令，在这份行政命令中，第一次对与政府签订提供物资合同的企业加上了雇佣少数民族的"平权法案"义务。

将"平权法案"扩大到大学招生考试领域则是1964年约翰逊总统时期的民权法案之后了。在遭到保守派"逆向歧视"的批判同时，帮助了以黑人为首的少数民族地位的提升。

而布什政府提出这份意见书在体现政府内部保守派影响力之强的同时，也可理解为包含着应对保守派介入2004年总统之意。这种做法对于2001年"9·11"事件后以与军队一体同心为资本的布什总统来说，多少有些冒险之感。

6月，最高法院终于做出了照顾双方面子的一分为二的判决，在判定密歇根大学研究生院招生以少数民族为由予以照顾的做法本身合宪的同时，也认定专门为少数民族考生设定录取名额并自动加20分的该大学本科生招生中的"平权法案"内容属于违宪。

布什总统则发表了支持这一判决的声明："我们将继续执行旨在所有种族、民族、经济阶层教育机会平等的政策。我们期待美国成为没有种族歧视的社会。"包括保守派在内的共和党认为这一判决"为极端性使用（平权法案）刹了车"，民主党则声称这是"美国全体国民的胜利"，从各自的角度予以了肯定，从而避免了美国舆论的分裂和平权法案制度的瓦解。

美利坚合众国联邦最高法院的政治作用、平衡感和形成妥协的功能也值得赞赏。理想主义与现实主义共存——《"五月花"公约》以来作为三权分立核心的美国的DNA在联邦最高法院得到了集中体现。

这一幕也再次表明，在美国致力于民族融合这一建国以来重要问题的过程中，军队内部取得的民族融合成果占据了重要地位。2月最高法院判决书中写道："军队内部实施平权法案，不仅是基于歧视本身既不公正也与美国价值观格格不入这一原则，从实际需求的角度出发，为了确保军队的人力资源及其有效运用，实现民族融合也是必不可少的。"这段直率的表述也切实证明了这一点。

为了维持美军的功能,"确保其人力资源",在改善工资和雇佣条件的同时,通过平权法案增加少数民族志愿兵的人数必不可少,也是至上命令。多民族之力正是成败的关键。

今天,在100%志愿兵制度下的伊拉克战争中,令拉姆斯菲尔德国防部长头疼的部队轮换问题最终也只能依靠美军的多民族之力。

征兵制下的越南战争中,最高峰时的1967年美军总数是现有兵力一倍多的3546100人,这是因为约翰逊要向越南派遣超过50万兵力的大军。但同时,如前所述,征兵制激化了国内的反战运动,也葬送了约翰逊的政治生命。

布什政府在志愿兵制度下发动的"拉姆斯菲尔德的战争"要持续到何时,能持续到何时?这是伊拉克"国家建设"潜在的考验,也是围绕"常备军"永恒的讽刺。

与埃德蒙德的相识

之所以我对多民族之力抱有兴趣,是因为通过与1964年作为驻纽约特派员第一次赴任时的美国进行对比,对今天的美国进行观察,特别是从对黑人问题进行采访的经历中,我深深感受到了民族融合的巨大发展。

特别是对我而言,第一次赴任三个月后发生的马尔科姆·艾克斯暗杀事件(1965年2月)、洛杉矶瓦茨区黑人骚乱(同年8月)以及马丁·路德·金牧师暗杀事件之后的华盛顿黑人骚乱(1968年4月)等20世纪60年代后半期白人与黑人之间的对立之激烈,是今天难以想象的。

1967年,我采访了当时处于顶峰的主张黑人比白人优越的黑人过激派、黑权运动(黑人民权运动)领导人斯托克利·卡迈克尔(Stokely Carmichael)。当我走进房间时,向我走过来的他突然抓住我的领带说:"日本人也是有色人种,为什么要模仿穿白人的衣服?"

我马上回答,"要是这么说还可能真是这样",并解下了领带,于是得以进行了友好的对话。当时，不仅在种族隔离政策下享受"名誉白人"待遇的南非，在美国的生活中、在与房东的交往中都被默契地给予这种待遇的我，仿佛命门被狠狠踢了一脚，这种感受仍记忆犹新。

在此，就必须讲讲帮助我实现这次采访的我的黑人朋友赖斯·埃德蒙德的故事。埃德蒙德是在马尔科姆·艾克斯被暗杀之后不久的1965年春天，在联合国总部的记者俱乐部经印度尼西亚安塔拉通讯社分社社长、已故的索美尔森介绍认识的。当时正是印度尼西亚总统苏哈诺宣布退出联合国，与加纳、几内亚等亚非国家开展不结盟运动的顶峰时期。

知识分子的埃德蒙德是马尔科姆·艾克斯的朋友，在马尔科姆·艾克斯的自传中也印有两人的合影。20世纪60年代末激进派天主教神父发行的《堡垒（ramparts）》刊登了他对哈雷姆骚乱的报道。他还担任了在联合国记者俱乐部中表现活跃、四处传播关于非洲消息的黑人彼得·艾华德经营的《艾华德新闻》的顾问，并持有联合国的记者证。也是由于和我同岁，所以迅速成为了朋友，也教会了我很多当时黑人社会的事情。还带我去过我一个人无法去的地方。

当时，我们在哈林区中心125号莱诺克斯大道（Lenox Avenue）街角的书店"米修"和其附近被称为黑人村一角的黑人知识分子经常聚集的咖啡馆"真实"（truth）见过多次。"米修"书店里都是有关格瓦拉和第三世界的书籍。

我还带着已故作家有吉佐和子来过埃德蒙德介绍的"真实"咖啡馆，同行的还有当时已在联合国崭露头角的日本职员明石康。有吉佐和子在美军占领下的东京与黑人士兵结婚，随后来到美国并住在东哈姆雷，是描写日本女性的名著《非色》的作者。在有吉的小说中爽快地提到了125号："不知道这是有两条车道的大街，我只是坐着公交车路过一次哈姆雷。"也由此想起了《非色》中栩栩如生的描写，再次感叹有吉的才华。

当时埃德蒙德送给我一本《非洲历史》，这本已显陈旧的小册子就摆放在面前。小册子主要讲述了世界文明中的很多东西都是在非洲诞生的，配有插图的说明告诉读者，埃及、加纳等非洲各地的古代帝国是如何创造了化学、医学、制鞋、酒精饮料、大学制度、图书馆、建筑、纺织物、速记技术、数学、齿科、炼铁、造纸等。

小册子发出了一种信息，即"作为来自非洲奴隶的子孙，不应有劣等感，而要觉得自豪"，这也成为黑权运动原点的宣传文件。

马尔科姆·艾克斯的运动也好，黑权运动也好，其根源都来自于这一"保持非洲人自豪"的号召。在社会上，20世纪60年代以后爆炸头"afro look"等都对时尚界产生了很大影响。但是在政治上，由于存在着黑豹党等激进组织的武装斗争，这些运动已无法胜出已故的马丁·路德·金牧师的非暴力运动，因而逐渐走向衰败。

卡迈克尔也于1969年在其知己几内亚共和国总统塞古·杜尔的邀请下移居该国，改名"夸梅·杜尔"（Kwame Toure），不断发表泛非主义的著作，并坚持在美国开展讲演活动，1998年因癌症去世。看着面前的《非洲历史》，仿佛又感受到了当时的蓬勃热情。

我和家人搬到华盛顿后，埃德蒙德也前来拜访，我太太还做了日本料理加以款待。现在想起来，第二天当时华盛顿郊区的安灵顿公寓管理办公室就对我进行了拐弯抹角的抗议，我说"他是非洲外交官"后，对方才不情不愿地不再抗议。1969年3月，我的第一次驻美记者工作结束回国之际，他还特地从纽约赶来，帮我把我的旧车卖给黑人青年，并把我送到了杜勒斯机场。

埃德蒙德仍然健在，那以后取得了博士学位，现在在总部位于纽约市皇后区、于1870年创立的天主教会大学、以篮球著称的圣约翰大学（St. John's University）担任多文化民族研究所所长一职。2003年11月与他重逢之际，埃德蒙德津津乐道地说，他发现了写于1835年帮助逃亡黑奴的"地下铁路"组织的亲笔文献，并准备在近期内成书出版。对于我的多民族之力的看法，他的回答是："在黑人的上层社会的确如此，但是下层社会与20世纪60年代完全没有变化"。

黑人民权运动的残照

1968年4月6日马丁·路德·金牧师被暗杀后，华盛顿发生骚乱，为了应付一时之间逼近到白宫只有几条街的黑人骚乱，国民警卫队发射的催泪弹猛烈至极。亲眼目睹打砸抢的我很长时间内都如同在云山雾绕之中。前文已经提到过，与此相比，一个月后为了采访终于启动的美国与北越之间和平会谈而在巴黎遭遇"五月革命"时，警察发射的催泪弹就像小儿科一样了。

1968年墨西哥城奥运会之际，获得200米赛跑金牌和铜牌的两名美国队黑人选手托米·史密斯和约翰·卡洛斯在领奖台上，面对奏美国国歌和升美国国旗的荣誉，却带着黑手套握紧了拳头以示抗议。除此之外，获得1600米接力决赛冠军的美国队戴着黑色贝雷帽，跳远比赛冠军鲍勃·比蒙和铜牌得主拉尔夫·波士顿也特地穿上了黑色袜子，在领奖台上，美国的黑人运动员多次进行了"黑色抗议"。而史密斯和卡洛斯两位选手则因此被驱逐出了奥运村。[6]

36年后的今天，挥舞着星条旗的黑人选手绕场庆贺成了奥运会的一道风景线，而这已是1984年洛杉矶奥运会卡尔·刘易斯之后的事情了。

1947年，杰克·罗宾逊第一次打破美国棒球职业大联盟歧视黑人的壁垒之后，篮球、美式橄榄球、田径等运动领域中黑人运动员的队伍切切实实地得到了扩大。必须承认这一事实。而高尔夫的泰格·伍兹、网球的威廉姆斯姐妹等表明，即使在以往歧视严重的体育项目中，这种壁垒在今天也已荡然无存。

2000年，在网球界豪取温布尔登、全美公开赛和悉尼奥运会三项冠军的维纳斯·威廉姆斯和她的妹妹塞雷娜·威廉姆斯并驾齐驱，成为美国女子网球界的公主。她们的教练兼经纪人、也就是她们的父亲梦想从5个女儿中培养出女子职业网球冠军，于是从维纳斯4岁时就开始逼着她在洛杉矶黑人聚居区对着墙壁用捡来的旧网球练习，用自己的斯巴达式训练方式而没有借助白人教练的帮助。随后，中学就让维纳斯退学，完全靠着一家之力培养出了维纳斯。在五个同父异母的姐妹中，除了维纳斯和塞蕾娜之外，还有一位未来的律师和一位未来的医生，而正在做护士的老大在本书写作过程中因在洛杉矶卷入纠纷而中枪身亡。

我从将五个女儿抚育成人、并将维纳斯培养为冠军的爸爸的思想和执着中看到了通过埃德蒙德接触到的黑权运动的残照。也可以说这是从黑人角度而言的具有高度自豪感的种族主义。

接着要提到泰格·伍兹。威廉姆斯姐妹出道前3年的1997年，泰格·伍兹获得美国名人赛冠军后一气登上了美国职业高尔夫球界的顶峰，至今仍保持着领先地位。从他身上也可感受到与威廉姆斯同样的对身为黑人的自豪感。众所周知，他的超群球技得益于从他出生后其父就对他进行的精英教育。但是，除了他的球技之外，我强烈地感到，自从名人赛夺冠后，泰格·伍兹在大场面中充满自信的冷静，这与以往黑人的英雄感觉完全不同。可以说这代表了多民族之力时代中优等生和精英的出现。

专心积攒巨额奖金和广告收入的扎实作风，以及将这些资金用于建设培养黑人贫民区少年高尔夫球教室的使命感，再加上对混有印第安血统的黑人父亲与有华人血脉的泰国母亲的孝顺，泰格·伍兹甚至有了修行者的意思。在美国名人赛夺冠之际，纽约时报的专栏刊登了一篇评论，认为伍兹父子间的亲密关系使美国国民认识到了父权的重要性。

现在，美国总统等政府正式发言和文件以及媒体的报道中，并不使用"黑人"一词，而称黑人为"非裔美国人"。这表明美国不再使用"大熔炉"的说法，而是每一个国民都明确拥有自己的"根"，并引以为荣，在此基础上共存共生，沙拉碗型多民族之力得以巩固。如果按照这种说法，泰格·伍兹的正式称谓应是"非裔美国人与亚裔美国人"。

2002年9月，时隔十年再次访问哈林区之际，从第二次世界大战前开始就经常组织黑人灵歌演出，并向世界输出了众多黑人音乐家的阿波罗剧场正在上演著名音乐剧"哈莱姆之歌（harlem song）"，座无虚席的剧场中有众多的白人观众。

"哈莱姆之歌"是哈林区起死回生的故事，在介绍诞生众多音乐家的光辉时代之后，讲述了经过其后的衰落，追求浴火重生的梦想，是一部非常稳健的作品。原封不动地利用福音音乐发声创作出的扣人心弦的歌曲与音乐，巧妙使用幻灯手段的演出和精彩的舞蹈，使观众产生了超越人种的狂热并为之经久不息地站立鼓掌。

与埃德蒙德一起第一次来的时候，尽管哈林区因为1963年的骚乱而开始走向衰败，但感受到的仍然是被称为"哈莱姆共和国"的从第二次世界大战前就作为"黑人解放区"的安稳氛围。但其后，经过多次骚乱和黑人中产阶级的流失，哈林区逐渐沦为贫民区，十年前再度来访时的荒废程度令我十分震惊。当时在依赖黑人灵歌业余歌手演出维持惨淡经营的阿波罗剧场，是绝对不可能想到会在今天上演被纽约时报等大加赞赏的音乐剧的。

站在125号与莱诺克斯大道的交叉点、所谓的哈莱姆"银座四丁目"向远望去，街角的"米修"书店已无踪影。荒废的楼房依然十分醒目，离城市再开发还为时甚远。

但是，人们已经开始回流，商业街也有了生气。除了只有在哈林区才有的马丁·路德·金大街、马尔科姆·艾克斯大街的道路标志外，被称为"非洲之旗"的红、黑、绿三色旗也与星条旗一同飘展。从非洲各国来的黑人新移民引人注目。对于追踪20世纪60年代表现出对白人憎恶之情的黑权运动发展的我而言，这种变化感触很深。前总统克林顿则在哈林区的一角设立了自己的办事处。

如何看待松井秀喜和铃木一朗（ICHIRO）

我随后去了华盛顿，正赶上召开世界银行年会。市内戒备森严，代表团出行都是前后摩托车鸣笛开道护卫，充满了异样的感觉，也让我想起了1968年4月马丁·路德·金被刺杀身亡后我到这里采访激烈的黑人骚乱时的情景，感受强烈。

这是因为此时华盛顿警察与特警队，还有联邦政府管辖的国立公园警察，乃至全套防爆装备的防暴警察的指挥官等，基本上都是黑人。而1968年向示威黑人发射强力催泪弹的警察和国民警卫队中却没有黑人。现在，在各地发生重大犯罪时，在电视台新闻中出现、发表谈话的警察干部几乎都是黑人，国民警卫队兵力的1/4也是黑人。

在最后到达的洛杉矶，七年前来时随处可见的墨西哥炸玉米饼（TACOS）餐馆，这次却几乎看不见了。为此问起旅居洛杉矶的日本人是什么原因，按照他们的说法，"西班牙裔居民的生活水平提高了，还有就是因为炸玉米饼已经上了所有餐厅的菜单"。同时，以塔可钟（tacobell）命名的大型资本支持的连锁店则将美国化了的炸玉米饼扩展到了全国各个角落。

包括加利福尼亚卷在内，与日本正宗寿司不同的"美国寿司"也变得名正言顺了。打公用电话时，在英语之后会自动附上西班牙语说明，一时之间在加利福尼亚被炒得很热的西班牙语公用语化的声音则销声匿迹了。

包括从非洲来的"新黑人"在内，世界各地源源不断而来的移民的能量和竞争依然是劳动力成本难以上涨的美国经济潜藏的底力。使互不见面的商务成为可能的网络革命则是多民族之力最大的"接盘手"。

在我看来，铃木一朗、松井秀喜等很多日本棒球选手在美国大联盟的活跃，从结果上看也不应忘记，这其中存在着被美国多民族之力吸纳并成为其一部分的侧面。日本人在大联盟如此活跃是值得高兴还是值得难过？我深深感到不应忘记从这个视角思考这一问题。

当然，并不是说美国所有的种族问题都得到了解决。如同2003年纽约时报黑人记者捏造新闻的事件最后发展成包括黑人在内的该家报纸两名编辑干部辞职一样，对过去半个世纪以来黑人和少数民族享受"平权法案"的抵抗正在暗流涌动，这也是事实。

但是，在2000年选举中只获得了不到10%黑人选票的布什总统，却在发动伊拉克战争时获得了超过60%的黑人的支持。而新保守主义派也把这一多民族融合的成功视为"自由帝国"美国的资质之一。绝不能忘记，至少现在支撑着美国一家独大的多民族之力所发挥的充满讽刺的作用，必须注意到这个日本所没有的能量之所在。

我只写了黑人的事情，或许还必须另外写一本全面讲述多民族之力的书。但是，最后我认为，犹太人的存在长期而言也应是这一巨大的多民族之力的一部分。

"犹太人阴谋论"始终有其市场。仅占美国全部人口2%、2003年仅有6155000人的超小型的少数民族，却在从制造核武器，直到电影、百货商场、先进医疗技术、化妆品、时装、金融等领域，甚至占美国科学、经济领域诺贝尔奖获得者的40%等，拥有着为"美国文明"主要部分作贡献的实力。从这一点看，引起担忧也属正常。

而宗教对立的历史，与以色列这个世界紧张起爆点的紧密关系，都是引发警惕的理由。

但是，根据我的经验，随着一代一代人的更替，犹太人被美国社会同化的进程也在发展，一位犹太人朋友曾自嘲地跟我说美国犹太人"已经完全'鸟散状'了"。从1654年第一位犹太移民到达纽约后的5个世纪里，不妨将在阿拉莫之战中、在南北战争中都出现了阵亡者的犹太裔视为多民族之力的"先驱者"。这对于理解今后美国的发展也是必不可少的。

据说，以前好莱坞电影几乎都是以"快乐结局"收尾的情况正是犹太裔占多数的电影制作圈为了表示对美国以及"美国生活方式（America way of life）"的感谢与忠诚的体现。如果按照同样的逻辑，犹太裔知识分子较多的新保守主义派强调"自由帝国"的责任，发动伊拉克战争，并充当主张中东民主化的排头兵也就容易理解了。

注释

1. 斋藤真、中野胜郎译：《联邦党人》岩波文库1999年。

2. 斋藤真：《美国革命史研究：自由与一体化》（东京大学出版会，2001年）。《原典美国史》第一卷（美国学会编译，岩波书店）中也收录了高木八尺的译文。

3. 富田虎男：《印第安人征服战争》，猿谷要编《美国的战争——从独立到世界帝国》第二章。

4. 第一次世界大战的征兵数为2810296人，第二次世界大战为10110104人，朝鲜战争为1529539人，越南战争为1857304人。富兰克林·罗斯福在日本奇袭珍珠港大约一年前的1940年11月签署了第一个和平时期征兵法的选征兵役法。

5. William Safire, *Safire's New Political Dictionary: The Definitive Guide to the New Language of Politics*, 1993 edition, Random House.

6.《田径杂志》别册，1968年墨西哥城奥运会特刊。

第八章 分水岭的1968年

约翰逊的悲剧

本章我将时间一气拉到1968年。因为我认为，这一年在美国发生的事，及其所象征的美国的挫折与转变是值得特书一笔的。

发狂的1968年是什么样的一年呢？这是谁都开始看出投入54.3万人大军、付出58898名士兵生命的越南战争仍将难逃最终失败结果的一年，也是自建国以来在行使武力这一DNA支持下不断扩展，坚信"命中注定"从大西洋到太平洋不断扩展的美国，在海外第一次遭遇失败的"大戏"拉开帷幕的一年。

在这一年总统选举中获胜入主白宫的理查德·尼克松总统一意孤行地将美国从"世界警察"转型为追求国家利益的"一名竞争者"，并利用中苏对峙通过实现中美和解改变了世界，为冷战的结束埋下了种子。同时，提出"不再让美国士兵流血""战争的越南人化"的尼克松主义，打造寻找接受失败"出路"的舞台。

布什政府尽管在打倒萨达姆政府的"政权更迭"上取得了成功，但却面临着在"国家建设"问题上四处碰壁、苦于应对"游击战"的局面。对于这样的现状，1968年也是极富教训的一年。通过对越南战争这个美国的旧伤进行探讨就会自然地看到冷战后美国一家独大以来，叫嚣作为"自由帝国"的责任，并推动布什总统发动伊拉克战争的被称为新保守主义的政策集团的真容。

首先从这一年的主角林登·约翰逊总统的悲剧开始说起吧。和布什总统一样，约翰逊也是得克萨斯州出生的总统。在我赴任纽约特派员时，约翰逊接任被暗杀的肯尼迪出任总统大约已有一年，正处于政权的巅峰。常年在参议院担任民主党领袖的他充分发挥了对议会的影响力，相继通过了在肯尼迪执政时期进退维谷的减税和社会福利改革法案，特别是公民权法、新投票权法等在今天也被肯定为历史性成果的有关废除种族歧视的各项法案。

由于这个被命名为"伟大社会"计划在内政上的成功，1964年的总统选举中，约翰逊总统以比共和党总统候选人戈德华特多1500万张选票的历史最大优势（至今仍未被打破过）实现了连任。《时代》和《新闻周刊》1965年的新年号都在报道总统命令手下绘制将美国建设为理想国的蓝图。

与晚上9点半就寝、早上5点半起床的现任总统布什不同，20世纪60年代末的约翰逊总统在战争期间厉行节约，晚上在不开灯的白宫彻夜讨论如何打开越南战争局面。当时记者在白宫内的通行还相当自由，我曾多次近距离观察过约翰逊总统。很多时候他在白宫总统办公室自己的办公桌前会见记者。体形魁梧、身材高大的约翰逊眼睛经常显得浮肿，谁都能看出他睡眠不足，和记者们说话时也总像是端着架子。

与高中开始就在东部精英学校接受教育的布什总统不同，约翰逊辛苦一番后才从得克萨斯西部的师范学校毕业。同样承担越南战争失败部分责任的当时的国防部长罗伯特·麦克纳马拉在其回忆录中如此评价约翰逊："他的人格就像万花筒一样。觉得他坦诚时他却搪塞，觉得他有爱心时他却故意刁难，觉得他有同情心时他却毫不留情，觉得他温文尔雅时他却极其残酷，他就是这样的一位人物。"[1]约翰逊似乎性格有些阴郁，并且是极端的秘密主义者。

1937年，29岁的约翰逊借着新政的春风当选为民主党众议院议员。担任六届之后出任参议员。由于其协调能力强，1953年当选美国历史上最年轻的参议院民主党领袖。1960年民主党总统提名竞选中败给肯尼迪后，由于其在南方的影响而成为副总统。肯尼迪被暗杀后，对于与肯尼迪政府时期的阁僚、特别助理等一同继承了肯尼迪政策的约翰逊而言，在议会的强大影响力既是加分，亦是失分。

约翰逊继承的对越政策是在肯尼迪为美军有效开展在南越的军事行动而同意发动推翻吴庭艳独裁政府的军事政变之后的产物。按照麦克纳马拉的说法，当时南越处于完全没有头绪的"莫名恐慌的混乱状态"。

此时约翰逊自己选择了走向泥潭之路。他用得克萨斯人的做派宣言将继承肯尼迪"美国是世界警察"的使命感:"中国将南越视为民族解放战争的一环,如果丢掉了南越,共产主义威胁就会向整个第三世界扩展。必须通过对此加以阻止告诉世界,美国不是纸老虎。"

出类拔萃之辈的登场

约翰逊故乡附近的圣安东尼奥有一个叫阿拉莫要塞的地方。在得克萨斯州加入美国之前,得克萨斯人在这里与墨西哥大军战斗到了最后一个人。约翰逊介入越南战争的决断继承了阿拉莫的战魂:"不希望被别人说为了和平而出卖国家。仅仅想到撤军等在全世界丢面子的事也会毛骨悚然。"这个判断认为,比起直接投入美军带来的危险,造成"丢掉越南"的状况在政治上更不可取。在约翰逊看来,不希望失去议会对"伟大社会"计划的支持,也出于不想对已有成功抹黑的贪心算计。

另一方面,必须避免与苏联、中国爆发包括使用核武器在内的全面战争,约翰逊也继承了肯尼迪的这一认识。这是因为经过古巴导弹危机,和平共存,也就是回避核战争作为美苏两国的共同利益已经逐渐扎下根来。

为此,摆在约翰逊面前的方法只有一个,就是争取在与游击战对手进行长期且痛苦的有限战争中取得胜利,以证明美国不是"纸老虎"。具体而言就是仰仗麦克纳马拉的灵活反应战略。麦克纳马拉引以为荣的这一战略以核大国相互威慑以回避核战争为前提,其目的在于对世界上的任何冲突都以"绝对军事优势"予以"灭火"式的应对。现在的反恐战争中再次被大书特书的特种部队就是作为这一战略的主角而得到大肆宣传的。

当然,在约翰逊这一决断的背后,存在着被大卫·哈伯斯塔姆揶揄为"出类拔萃之辈"的东部名校、或享受塞西尔·罗兹(Cecil Rhodes)奖学金在英国牛津大学学习的权力精英们。其中包括肯尼迪时期的国防部长麦克纳马拉、国务卿腊斯克、总统国家安全事务特别助理迈克乔治·班迪、当时还是班迪副手但最后取代班迪的华尔特·罗斯托等。约翰逊之所以可以力压在美军直接干涉问题上犹豫不决的职业军人以及持慎重态度的CIA，正是由于有这些人在背后的强力支持。

哈伯斯塔姆在其名著《出类拔萃之辈》中，对当时的高昂斗志进行了如下描述：

"他们带到华盛顿的是美国选民（上帝选中之民）思想的高昂和兴奋。兴奋的是，比起在国内实现美国的梦想，为了在世界各地实现美国梦，为了国际社会中美国的作用注入新的强力且跃动的精神、开辟美国民族主义新的一页，他们是被从美国各地召唤在一起的最佳和最充满智慧的人"。

"支配这个时代的是桀骜不驯般的过度自信。肯尼迪团队将艾森豪威尔政府的人视为遇到挑战畏缩不前之辈。班迪的助手罗斯托就认为前政权没有看到发展中地区的可能性，即这一地区潜在冲突的各种可能性以及由此带来的胜利的各种可能性"。

"新政权认同理念，想将美国的传统与发展中国家的结合理解为历史性的团结。我们是伟大革命的孩子。我们也在反殖民战争中进行了战斗。而今天，我们比他们更加富裕，并拥有比他们更加先进的技术。但这不是问题，我们与他们之间也没有鸿沟。为了他们，使用我们的技术就可以。特别是罗斯托，认为如果在世界的椰子林中装上电视，就有可能找到解决问题的线索，并非常热心地思考这种可能性。"[2]

今天，这些"出类拔萃之辈"又重现江湖了，就是被称为新保守主义的人们。在下一章我将详细介绍。

直到1964年8月议会通过东京湾决议、1965年2月开始轰炸北越、海军陆战队登陆岘港为止，加上约翰逊对议会巧妙的控制，约翰逊－麦克纳马拉路线始终得到了国民的支持。其后对约翰逊及其越南政策进行严厉批判,并在1968年总统选举中倒戈支持共和党尼克松而令世人震惊的民主党自由主义派著名评论家沃尔特·李普曼在这一时期也说:"即使在游击战中没有胜算,但美国有压倒性优势的海军和空军。我们应该利用这些军力,让中国知道美国绝不是纸老虎。"

但是,由于与生俱来的面子意识和秘密主义,就在约翰逊踌躇于如何向国民解释这种走钢丝般的游击战争的困难之际,死伤者的数量开始飙升。"言行不一",也就是失信成为流行语,冒着最高可以判刑五年的风险烧毁征兵证的运动开始出现,各种形式的反战运动一夜之间在全国范围内扩散。

1965年11月6日,我在纽约联合广场采访了天主教教徒反战联盟、非暴力委员会、非暴力纽约委员会等行动派和平组织主办的"抗议越南战争烧掉征兵证"的活动。五名青年挨个走上讲台表达烧毁征兵证的决心。每个人都十分紧张,面色苍白。在检查了记者团代表的《纽约时报》记者是不是真记者之后,五个人一起用打火机点燃了征兵证。在这一瞬间,从观众中不断传出"你们还是男人吗?!"的嘘声,在我面前的一个男子还拿出藏在大衣中的家庭用灭火器喷射液体,并遭到了逮捕。

在这五个人手中,当与日本月票大小相差无几的淡褐色征兵证冒出奇妙的白烟时,《我们终将战胜》的大合唱不知不觉中开始在会场上响起,拥挤的观众和担任警戒的警察都屏住呼吸看着这几团橙色的火苗,大家的脸上都流露出阴郁的表情。

一个星期后,联邦调查局逮捕了这五名青年。至今我还保存着这时候的采访记录。参议院外交委员会委员长富布赖特召开越南问题的听证会,开始公开向约翰逊发出挑战。1966年末,纽约时报记者索尔兹伯里从遭到美军轰炸的河内现场直接进行报道,揭露轰炸的无效与非人道性。此时也出现了美军死伤人数超过南越士兵的报道。

不好对付的胡志明

现在必须说一说令美国头痛的,由胡志明率领的越南共产党领导层的对美战略了。

邀请美国记者和各种和平运动的代表到河内，动摇美国舆论，在美国国内发动了"另一场战争"。尽管越南南方民族解放战线实际上是在越南共产党的指挥之下，准确地说是其一部分，但却通过对外宣传被神话成了民族解放运动的旗手，并始终作为单独一方参加了巴黎和平会议。

政治上，导致约翰逊最终命运的1968年2月春季攻势也是河内指挥部无视前线部队的反对，在做好付出重大牺牲的思想准备后强行开始的。3 越南巧妙地利用已经严重对立的中苏两个东方阵营的核大国，将超级核大国美国拖入被严重束缚住手脚的游击战中，从而证明了美国就是一只纸老虎。

约翰逊越南政策的悲剧也可以说是在这场大戏中成为被河内摆布的角色。必须承认，在这一点上，萨达姆政府与以前的河内领导层完全不在一个可进行比较的层面上。

1967年10月，在2001年"9·11"事件中遭受被恐怖分子劫持客机攻击的五角大楼完全按照河内设计好的剧情，成为"另一场战争"的舞台。从反战游行中涌来的白人激进派学生试图从正门闯入五角大楼，与出动阻拦的一个排陆军士兵发生冲突，双方各有不少受伤者。1966年1月从纽约调到华盛顿工作的我凭借我的记者证，在五角大楼内彻夜观察了这些小规模的摩擦。在包括从越南归来者在内的士兵的刺刀面前，学生们一个一个地烧毁征兵证，在红色的火苗之间，摇曳着越南南方民族解放阵线红蓝两色的旗子。看到这些恐怕是华盛顿建都以来都未曾有的景象，我仿佛已经看到了直接干涉越南的坟墓。

由于越南战争军费的增加，"伟大社会"政策标志性成果的学校伙食补助费被削减到了以前的五分之一。这一现实为大城市黑人贫民区的不满点燃了暴动之火。这个夏天被称为"又长又热之夏"。为了筹措战争费用的增税案又使约翰逊更不受欢迎。10月，从肯尼迪时期开始主掌战争的麦克纳马拉国防部长以转任世界银行行长的形式辞了职。

就在同月一个下着小雪的日子里，在德森参议院办公大楼（Dirksen Senate Office Building），曾当过天主教修道士，在华盛顿以美男子和总是不忘挖苦言行小有知名度、却在全国没有名气的民主党参议员尤金·麦卡锡召开了记者招待会，提出早日结束越南战争的口号，并宣布将参加第二年民主党总统候选人初选。招待会既没有电视转播，也没有公关公司的助力，就像草根中的一块石头默默无闻。这是对仍然坚信必将再次当选的约翰逊只身一人的叛变。

苍白的胜利

在麦卡锡的带动下，美国迎来了最终导致尼克松入主白宫的"疯狂的1968年"。

越南南方各地1月到2月的春季攻势让"约翰逊战争"中非现实的一面一瞬间暴露在了美国国民面前。麦卡锡挑战约翰逊的运动此时得到了在此之前始终与学生争取民主社会组织（SDS）等激进派学生反战运动保持一定距离的一般学生、其中还包括哈佛大学等东部名校全优学生们的支持，支持如滚雪球般越滚越大。在3月的新罕布什尔州预选中，麦卡锡获得了超过40%的支持，可谓约翰逊总统在政治上的失败。

陷入绝境的约翰逊决定以部分停止轰炸越南北方和同意参加和平会议为交换条件承担战争的责任，并不再参加总统连任的选举。阿拉莫战魂般的固执宣告结束。

就如同等着这一天到来一样，血腥事件在美国社会蔓延，马丁·路德·金被暗杀，黑人骚乱直逼白宫附近。

5月，在七叶树装饰的风景如画的巴黎，终于开始了与越南的和平谈判。乘着车身略有刮痕的保时捷的越南北方代表团，和乘着卡迪拉克的哈里曼美国代表平等地握了手。就像等着美国衰退一样，"五月革命"席卷巴黎街头。但是，越南和平会议却迟迟没有进展。

等待约翰逊"禅让"过程中不断被麦卡锡抢占地盘的罗伯特·肯尼迪在陷入苦战的加利福尼亚州民主党总统候选人初选前夕遭遇暗杀。在电视辩论中，为了获得犹太裔工会的支持票，肯尼迪特意表明了支持以色列的立场，从而招来了阿拉伯裔移民的愤怒。

这是五年内第三次政治暗杀。葬礼的电视转播时间也很长。在参议院记者俱乐部一起看葬礼转播的美国记者突然喊道"不要再有葬礼"后起身离开了。

尼克松时期盛行的反体制的"反文化运动"在这时也已初现端倪。在华盛顿搭建帐篷村的贫困者运动出现了被逮捕的人，全国各大城市也再次出现骚乱。民主党芝加哥大会在全国电视转播时发生了大混乱。10月的墨西哥城奥运会上，获得奖牌的黑人运动员拒绝接受升美国国旗和奏国歌的荣誉。学生也开始占领大学。

维系了八年的民主党政治走向了末路。

1968年，尼克松趁混乱之际拿到了入主白宫的钥匙。面对民主党的分裂和自我否定，尼克松只要打出"法的秩序"的口号就基本上万事大吉了。而作为民主党总统候选人的汉弗莱，只有无条件停止轰炸北越才是逆转形势的突破口。但是，开始意识到其"历史评价"的约翰逊却没有松口。

颇具讽刺意义的是，尼克松这次赢得了八年前败给肯尼迪的伊利诺伊州的26票，从而决定了选举的胜负。现已停刊的《华盛顿明星晚报》的专栏将尼克松当选称为"苍白的胜利"。"尼克松的美国"就此诞生。

自由派的自毁长城

必须认识到一个历史事实，即尼克松当选总统受惠于1960年总统选举中惜败的对手肯尼迪及其继任者约翰逊的自毁长城。

1968年的自灭意味着自罗斯福实施新政摆脱经济大恐慌以来，包括第二次世界大战和八年艾森豪威尔共和党政府在内的36年期间，始终成为美国政治核心的民主党自由派"大政府"政治被赶下了主流地位。1960年集结在肯尼迪政府之下、肯尼迪被暗杀后与其特别顾问们一同被约翰逊政府继承的民主党自由派政治在1968年后完全处于了守势。

新版的"出类拔萃之辈"、即现在的新保守主义者们就是在自由派自毁长城的过程中出生的，其源泉就是与自由派决裂的前自由派。

第八章 分水岭的 1968 年

代表新保守主义的《周刊标准》总编威廉·克里斯托的父亲、被称为新保守主义教父的欧文·克里斯托，在20世纪30年代从托洛茨基主义者转变为自由派后，在这个时期思想出现第二次转变而成为新保守主义者。

为了理解现在的美国，追溯到1960年肯尼迪总统大选胜利时的因果关系十分重要。再继续介绍一下自由派崩溃时的现场报道吧。

"民主党主流的进步派，在通过肯尼迪时代的'新边疆'政策、约翰逊时代的'伟大社会'政策等朗朗上口和高大上的口号来倾销梦想与公约的同时，却在结果上加深了种族间的紧张，并导致了肯尼迪兄弟和马丁·路德·金牧师被暗杀和各地的黑人骚乱。而以干涉越南为代表的对国外事务的过度干涉，为反战运动造成的国内分裂埋下了种子，并进一步降低了由于经济通货膨胀而变弱的美元的地位。他们在政治、外交、财政、社会等所有领域开展通货膨胀政治，实际上毁了美国。进步派喜好的喧哗政治'不要再继续了。豪言壮语的政治也已令人厌倦。今年将支持尼克松'。"

1968年总统选举渐入高潮之际，在东部支配层的一角、长年执掌进步评论界的沃尔特·李普曼出人意料地没有支持汉弗莱，而是发表了支持共和党尼克松的声明，上述发言震动了美国社会。

的确，尼克松当选总统是美国对李普曼所言的肯尼迪、约翰逊"通货膨胀政治"的表演已经厌倦后的新选择。特别是肯尼迪和其继任者约翰逊政府潇洒的英雄印象和使命感，如果按照李普曼的形容，就是其豪言壮语导致了自毁长城。

这种豪言壮语是从八年执政的艾森豪威尔手中接管政权的肯尼迪政府在面临着被苏联追上的危机感、也就是艾森豪威尔政府后期苏联率先发射人造卫星后的军事扩张，美国经济增长的钝化，慢性美元危机，在第三世界影响力的下降等情况时，意识到"美国内外都在走下坡路"后开始出现的。这种意识唤起了肯尼迪的使命感："美国在本应充当先锋的民主主义的世界革命中落后了"，也成为干涉越南的导火线。

在与苏联的关系中，在经历了古巴导弹危机等事件中的针锋相对后，终于历经曲折建立了基于核大国"共同利益"的现实性和平共存体制。但是，在结果上美国却被拉上了苏联的轨道，继续对中国奉行敌视和遏制政策，并将自己置于与"支援"第三世界解放势力的中国相对抗的地位，自己为自己打造了干涉越南的一盘菜。

直到今天，仍有很多人认为如果没有遭到暗杀，肯尼迪在第二个任期中也会在对华政策上做与尼克松同样的事情。担任肯尼迪和约翰逊两任政府国防部长的麦克纳马拉是这种观点的代表。

但我认为，实际上，民主党为了安抚军方和议会保守派对维持与苏联和平共存体制的不满，为了防止再次遭到麦卡锡时代被大肆攻击并十分狼狈的"丢失中国（lose of China）"的指责，作为代价，将只能搁置改变对华政策。1961年6月在维也纳与赫鲁晓夫的会谈上，肯尼迪在保证不干涉当时的老挝危机的同时，甚至提出了排除中国仅利用美国和苏联的影响力来维持东南亚现状的想法。

"肯尼迪的战争"

特别值得一提的是，迈出军事干涉越南第一步的是肯尼迪。1962年2月，肯尼迪无视1954年日内瓦条约规定的685名越南美国军事顾问团的限制，决定增兵，并在西贡建立了美国驻越南军事援助司令部。在遭到暗杀仅仅22天前，还默许了推翻吴庭艳的军事政变以"构筑与解放阵线进行斗争的体制"。"只要确保美国在冲绳、关岛、菲律宾、日本等地的基地，美国军事力量应有充分把握去阻止中国与北越发动对东南亚整个地区的军事侵略"（国防部越南秘密报告），而否定了中央情报局的客观分析，可以说是带着"世界警察"自豪感而采取的行动。

在以肯尼迪老部下为中心的人们当中，至今也存在善意解释肯尼迪越南政策的发言。与对华政策一样，肯尼迪也认识到"仅靠军事行动救不了越南"[西奥多·索伦森（Theodore Sorensen）前特别顾问]，[4]如果他能够坚持到任期结束，也许就可以避免越南战争的"泥潭化"。

但是，根据几乎与我同时在华盛顿进行采访工作的优秀的越南、

第八章 分水岭的 1968 年

中国问题新闻记者斯坦利·卡诺（Stanley Karnow）在制作PBS电视纪录片同时撰写的大作《越南》[5]记述，在就任总统立即策划的进攻古巴计划（猪湾事件）遭到惨败后不久的1961年6月，肯尼迪曾对纽约时报记者詹姆斯·雷斯顿说过："现在我们的问题是要显示美国的实力。而越南就是这个地方。"

欧文·克里斯托的老友、支持新保守主义的知名评论家、2003年11月去世的华尔街日报名誉编辑罗伯特·巴特利也曾分析道："肯尼迪并没有首先将军事干涉老挝以切断胡志明小道这一从艾森豪威尔总统继承下来的政策付诸实施，而是关心进攻古巴的失败、苏联重启核试验等执政初期的负面印象，在决定是否从越南撤退的问题上犹豫不决。"[6]

肯尼迪、赫鲁晓夫会谈四个月后，马克斯韦尔·泰勒（Maxwell Taylor）将军和华尔特·罗斯托被派到越南，并向肯尼迪提交了判断越南将是"与共产主义最后一场大决战之地"的报告，美军首次在越南投入了直升机，事实上决定了开始军事干涉的方针。

随后，现在在伊拉克战争中使用的"国家建设"一词也出现在了支援南越的政策之中。占南越人口33%的430万人被迫离开祖先世代居住的村庄而搬进"战略村"，结果民心尽失、臭名远扬的"绥靖计划（pacification plans）"等大型计划相继实施。

在这里要介绍一位人物，即在耶鲁大学学习后，得到罗兹奖学金前往牛津大学学习，在34岁出任麻省理工学院经济学教授的罗斯托，从艾森豪威尔时期开始就与政治建立了强烈的关系，并将肯尼迪新政府的各项政策命名为"新边疆政策"。

罗斯托是一贯支持加强军事干涉越南的强硬派人物，从西贡被攻陷直到2003年2月86岁时去世为止，始终坚持"正是由于美国在越南的不懈努力，才阻止了多米诺骨牌的出现。今天东南亚的繁荣皆源于此"的观点。同样的发言还有历任肯尼迪和约翰逊政府国务卿长达八年、与罗斯托同属强硬派且也获得过罗兹奖学金的迪安·腊斯克。在1994年12月同样是86岁去世之前，始终在为越南战争辩护。在这些"出类拔萃之辈"中，第一章提到的麦克纳马拉的忏悔之旅十分特殊。

在达拉斯被子弹暗杀两个半月前的1963年9月，肯尼迪在接受沃尔特·克朗凯特的电视采访时，强烈批评吴庭艳脱离民众的同时，也坚决地表示："我不同意应从越南撤退的意见。这是非常大的错误。我们必须坚强地忍耐。我们必须参与。"

而几乎完全继承"肯尼迪战争"的约翰逊则在比肯尼迪更胜一筹的得克萨斯风格的使命感下，持续按着最终向越南派出50万大军的不断升级的按钮。

对约翰逊而言，越南战争不知从什么时候开始成为了旨在将他的伟大社会计划扩展到亚洲土地上的圣战。大量投入美军一时间稳定了处在崩溃前夜的西贡政权，加上中苏对立激化、"文化大革命"中中国外交混乱等因素，罗斯托甚至产生了对胜利充满自信的幻觉："美国在南越流血牺牲期间，亚洲开始刮起了扎实稳健地建设国家和推动地区合作向前发展的春风。尽管中国发展了核武器，但是美国对中国的政治遏制却正在取得成功。"

而1968年的春季攻势却在一瞬间使人们认识到这仅仅是一种错觉和虚幻。

最后再对肯尼迪进行一下总结。肯尼迪家族依靠其雄厚财力实施了全新的总统竞选战略，即有效运用电视与民意调查并有组织地获得黑人选票的政治战略，的确为美国政治翻开了新的一页。作为个人的肯尼迪英俊潇洒、能言善辩，充满了魅力。作为第一位爱尔兰移民和天主教徒的总统，也毫无疑问地体现了"美国梦"的新天地。

但是另一方面，这种非常牵强生硬和人工性的胜利，也点燃了美国国内种族、地区和思想对立的火花。在"新边疆政策"的口号下，通过电视等成功地在国民间灌输形成的英雄形象却剥夺了在议会对策和外交谈判中被迫进行政治妥协的自由，结果反而埋下了招致各方面不满的种子。

1963年11月访问达拉斯就是肯尼迪为了抱着修复与南方关系的政治任务而深入"敌营"。

总而言之，肯尼迪被暗杀本身就是在美国种族阶层中位居下位的爱尔兰裔国民实现雄心壮志而给美国社会带来社会紧张的产物。

第八章 分水岭的1968年

被中国理解了的堪萨斯城演讲

本节将简单叙述从1968年总统选举获胜后执政了大约五年的尼克松时代。因"水门事件"辞职而在美国历史上留下污点,所以真实的尼克松并没有完全呈现出来。

但是,我认为如果无法正确理解尼克松时代留下的遗产,就无法理解在"布什的美国"中充当主角之一的新保守主义,或直到2004年总统选举中也许实现换届之前的美国。了解其中的连续性至关重要。

尼克松时代是美国从"世界警察"一意孤行地转型为"竞争者"的时代。这一转型的集大成者就是与中国的和解。

1971年7月6日,也就是将基辛格秘密送往中国后不久,在密苏里州的堪萨斯城,尼克松向中西部13个州的媒体代表发表了一次演说。正如尼克松在其回忆录中所说的那样[7],这次演说除了对即将到来的基辛格的北京之行给予了莫大关心之外,在美国国内外几乎没有引起什么关注。

中国没有忽视尼克松在"尼克松美国"的心脏堪萨斯城发出的这份看似轻描淡写的信息。7月9日,中国方面首先询问了已抵达北京的基辛格"总统在堪萨斯城演说是什么意思",得知基辛格"还没有看到"后,第二天早上中方送来一份写着笔记的演说稿抄件并告诉基辛格"我们只有这一份,请阅读后归还"。这也是基辛格在进行完这次历史性秘密访问回国后在记者面前说的为数不多的轶事之一。

的确,演说中含有对中国具有重要意义的内容,表达了将决心实现对华关系正常化当作以"竞争者"身份的美国进行斗争的一环。尼克松的思路如下。

①美国在军事、经济领域均为世界第一的时代在25年前已经结束。两个超级大国支配的时代也结束了。

②从经济上看,美国、西欧、日本,再加上苏联和中国等五大经济体的激烈经济竞争将形成五年或十年后支配世界的局面。

③长期看,摆脱孤立状态的中国存在着成为巨大经济强国的可能

性。现在,拥有一亿人口的日本在生产上比八亿人口的中国大。但是,中国人是世界上最优秀的民族之一,将来极有可能成为重要大国。

④为了结束中国孤立于世界共同体之外的状态,尼克松政府有必要采取第一步行动。只要现在苏联不采取这样的措施,我们就必须去做。美国是苏联以外唯一可以采取这种措施的国家。

⑤目前为止我们已经做的只是在旅游和贸易方面打开了大门。但现在的问题是,他们一侧有没有其他可以打开的大门。至少必须打开这扇大门。美国长期的政策目标是结束中国的孤立化,实现关系正常化。在今后15年到20年的时间里,美国将结束与苏联的对峙。那时如果将中国孤立,对于中国以及全世界而言都是不可容忍的危险。

⑥因此,必须现在就采取这样的措施,并且必须根据对方的反应进行极为准确且极为慎重的其他措施。

⑦现在,美国已经不处于第二次世界大战后可将自己的扑克牌发给各家进行游戏的地位,必须通过挑战与这些大国进行竞争并取得胜利,确保在五年后美国建国200周年之际成为政治、经济、社会和道德方面世界第一大国的地位。不能走上现在只剩下残垣断壁的希腊、罗马文明的没落之路。

演讲是一份美国将转变其行为方式的宣言,宣布美国将主动交出以反共和民主主义守护者自居、"把牌发给各家进行游戏"的肯尼迪、约翰逊时代的"世界警察"地位。最重要的是表明美国将以本国利益优先,并转型为现实和利己性的"竞争者"。

这也是一份战斗宣言,即必须巩固在仅仅依靠美苏冷战对峙解决不了众多问题的多元化竞争、即"五大国"竞争中取胜的态势。至少大胆主动地实现与朝鲜战争爆发21年以来持续敌对状态的中国的和解,这将有助于在这场竞争中建立美国的优势地位,并且也是仅仅属于美国的机会。

战争"越南化"的"出路"

尼克松就任总统后马上就开始摸索与中国的和解。从1970年的阶段起,尼克松就主张接近中国的好处在于牵制苏联:"苏联采取了通过生产导弹赶超美国的政策,并把海军部署在了地中海和印度洋。欧洲苏军也是和平时期最大规模的。但是苏联的一个弱点就是中苏边境,因此,为了防止苏联打破世界均势,就有必要采取改善中美关系的行动(1970年7月接受ABC电视台采访)。"

这一"竞争者"宣言意味着,与基辛格秘密外交手段一样,尼克松采取了最大限度利用中苏对立的古典现实主义政治。对华政策的转型,高调宣布了美国将采取基于"竞争者"战略的彻底的现实主义路线。

必须认识到,这一现实主义路线突如其来且并不仅仅服务于对华政策,同时也是尼克松执政以来推动的,被称为尼克松主义的所谓对外义务"合理化"政策的证明。

这一政策的背景中还包括尼克松在内政上的基本战略——"南方战略",即将被称为"沉默大多数"的反城市、反联邦政府、反黑人运动、反学生运动、反战运动、反东部的反进步派汇集为稳定支持尼克松的新主流派。

反言之,迎合这一"沉默大多数"的现实主义、利己主义和面子而推出的外交政策就是尼克松主义。其典型就是通过"不能再让美国士兵流血"的战争越南化来寻求从越南撤退出路的政策。

面对从民主党政府接手的在越南失败的现实,尼克松搭建了"光荣撤退"的舞台:"侵略被赶了回去,承诺也充分得以履行,美国士兵的血已经流得够多。以后将接力棒交给意欲保护自己的(南越)政府军即可。绝对不是输着回来",并成功地平息了反战运动。

加强轰炸越南北部、侵略老挝和柬埔寨等实质性扩大战火的举措也是为了给"不让美国士兵再流血"创造条件。越南战争战死者中近一半27623人的血实际上是在尼克松政府推行的战争越南化中流的,也验证了这一利己主义的可怕。今后美国在寻找伊拉克战争出路之际,这也是不能忘记的先例。

对华政策的转型只有在这种强烈的现实主义和利己主义的延长线上方有可能。堪萨斯城演讲中的"竞争者"宣言就是集大成者,也是句号。日本受到"尼克松冲击"的伤害是再自然不过的了。

基辛格踏上北京的土地是在堪萨斯城演讲三天之后。尼克松本人和中国国际广播电台同时发布这一历史性的消息是在九天之后。而美国放弃美元金本位制并毫无顾忌地保卫美元则是一个月后，美国的转变可谓神速。

对华和解如果说是在外交上放弃"世界警察"角色的证明，那么停止金本位制则是位居世界货币霸主地位的美元的退位宣言。五个月后的1971年12月通过史密森协议促使美元贬值。与因"水门事件"辞职同样应被历史记住的是美国转型为"竞争者"的轨迹。接下来要进一步谈谈利己主义。

"南方战略"的剧本

必须指出，支持尼克松制定的通过战争越南化以实现从越南"光荣撤退"的国内政治战略就是"南方战略"。对此加以了解将有助于我们展望伊拉克局势。

"南方战略"是总统特别顾问约翰·米歇尔的助手凯文·P. 菲利普斯在1969年11月出版的《崛起的共和党多数派》(*The Emerging Publican Majority*) 一书中雄心勃勃推出的战略。

这个战略要将充满爱国心、默默地工作、拥有强烈道德感和宗教心、将美好生活的梦想寄托于西尔斯公司 (Sears, Roebuck and Co) 零售商和新车、喜爱白干酪 (cottage cheese)、苹果派和波旁威士忌的人们——也就是被尼克松称作"沉默大多数"的白人中产阶层培养为共和党政府稳定的新支持层。

即使战火继续蔓延，亚洲继续流血，但只要美军能撤兵就可以——尼克松主义正是凝缩了这种"沉默大多数"利己主义思维的"南方战略"的一部分。从奴隶制时代开始始终是民主党地盘的南方各州逐步演变为新的产业地区，新的中产阶级从全国各地源源不断地涌入，在关注到这一形势后，出于让这些人支持共和党的雄心和计算，才命名为"南方战略"。

第八章　分水岭的1968年

菲利普斯将这一从南方各州经由新墨西哥、科罗拉多半沙漠地区到加利福尼亚的新产业及能源的新兴地区命名为"阳光地带"。

"南方战略"不仅作为共和党的战略取得了成功，也促使直至今日的美国政治权力整体性向南方和西方的转移。在"阳光地带"产生了互联网产业革命，并成为美国一家独大的支柱。在这个意义上，"南方战略"是成为分水岭的1968年的主角。

也是在这个时期，尼克松政府开始对在华盛顿根深蒂固的东部统治阶层发动攻击，指责他们是一小撮进步知识分子、工会、黑人组织、三大电视台、《纽约时报》和《华盛顿邮报》以及联邦政府永久在职官僚等"组成的高调少数派的专职机构"。其中充当尖兵角色的是副总统阿格纽，他因发表强烈抨击东部媒体和东部统治阶层的演说而大受欢迎。

但是，不能忘记一个事实，不管是"南方战略"还是尼克松主义，都是以当时美国社会存在尖锐分歧为前提且是消除这些分歧唯一可能的路线。

也就是说，黑人发动骚乱，学生留起长发，发动游行并同警察发生冲突、践踏星条旗、烧毁征兵证、吸食大麻、乱交、解禁色情行业、主张容忍同性恋等"反文化"运动越活跃，"法与秩序"的重要性就越被关注，保守化的白人中产阶层就越有可能团结为"沉默的大多数"，这就是"南方战略"。黑人运动、学生运动和反战运动实际上是作为维持政权的挽救措施而存在的。

事实上，当时学生运动的中心SDS就曾谴责，从SDS分裂出去并发动炸弹袭击等激进反体制运动的气象员组织（Weather Man）是联邦调查局按照尼克松的战略进行佯攻作战的走卒。

真假另当别论，但毫无疑问，"无论怎样努力，怎样对话，黑人和学生还是要闹事"的无奈姿态，对于尼克松的战略而言，是有正面作用或至少绝对不是负面的。这一时期自由派最左翼的杂志《Nation》曾做分析道："犯罪上升、种族骚乱、通货膨胀、毒品泛滥、激进派的出现、妇女解放运动、世代间的割裂，面对日益恶化的社会、政治、经济形势，尼克松政府一定在暗自窃喜吧。"

自掘坟墓

尼克松在被动的基础上大获成功，却因此走上了自掘坟墓之路。穿梭于荣誉与失败之间的尼克松的总统故事必须予以记录。

勤奋学习并成为律师的尼克松在第二次世界大战中抓住了机会。得益于他母亲朋友们的介绍，以海军少校身份退役后的1946年，他马上就在二战后第一次众议院选举中作为故乡加利福尼亚州的共和党候选人出马参选，并一举当选。从结果上看，他顺利地迎合了民主党新政的修改以及世代更替大潮涌动下的战后政治潮流的变化。随后，在东西方冷战激化、美国国内反共狂潮和西部政治影响力上升的大背景下，仅仅用了六年，年仅39岁的尼克松就从参议员一跃成为艾森豪威尔政府的副总统。

但是，成功故事的第一幕十分短命。在1960年总统选举中，他败给了第一次当选众议员时的朋友、民主党人约翰·F.肯尼迪。肯尼迪与尼克松一样也是爱尔兰裔，是在华尔街大获成功的资产家的儿子，并在东部接受了精英教育。他依靠雄厚的财力，运用电视、民意调查等新的政治技术，以微弱优势击败了尼克松。总统竞选中首次举行的电视讨论成为确定肯尼迪优势的关键一手。

尼克松在1962年加利福尼亚州长选举中也遭到了失败。但是，他绝没有放弃。在不事声张地走访共和党基层组织期间，荣誉的第二幕拉开，"疯狂的1968年"到了。随后，尼克松作为历史上第一位西部加利福尼亚出生的总统入主白宫。但是阻碍尼克松脚步的是败给肯尼迪之后沾染上的对东部民主党建制派过度的对抗意识和戒心。

"为了防止民主党有组织的进攻"而开始在政府部门内窃听，并作为这一措施的延续而组织了实施"水门事件"的工作小组"水管工"。这是宣布历史性访华两天之后的事情。"要正确地记录尼克松政府的功绩"——最后对尼克松形成致命一击的白宫内部对话录音也正是从这个时候开始的。

我是第一个来自"西部"的总统！这种与威胁感相似的紧张感逐

渐变成了对"东部"的骄傲,在获得压倒性支持而轻松连任的背后,尼克松也在失败的路上急速前行。

尼克松之后,卡特、里根、克林顿等"非东部"的总统无不如此。在这个意义上,充满故事和讽刺的尼克松一生也是在多民族之力之上、多元性不断加深的"美国"深刻转型的一个篇章。

尼克松辞去总统职务后,出版了八本专著,并作为外交元老级人物参与了承认"叶利钦的俄罗斯"等事件,对冷战后美国外交的构建作出了贡献。1994年4月22日,81岁的尼克松因脑溢血去世,克林顿总统和其他健在的历代总统及夫人、几乎所有的美国政界要人都参加了为他举办的庄重盛大的葬礼。担任总统期间与他严重敌对的媒体此时也没有仅仅提起"水门事件",而始终公正地介绍了尼克松的一生。 296

揭开民主党的伤口

1968年后,美国也在转型的道路上继续前行。"尼克松的美国"在"不让美国士兵流血"的利己主义之上找到了从越南撤退的"出路",实现了与中国的和解,从而突破了东西方冷战的框架,这一成就导致了自由派在国内政治中领导权的丧失,即使在美国一家独大的今天,仍可看到这一成就留下的政治基础。

布什政府在遭遇"9·11"恐怖袭击后,作为报复,发动了对阿富汗和伊拉克的先发制人的进攻,这也是利己主义的产物。毫无疑问,"布什的美国"正是在扣动越南战争扳机并扩大战火的肯尼迪约翰逊政府受挫中诞生的"尼克松美国"的延长线上。

在这个意义上,必须结合肯尼迪王朝自毁长城的过程才能对至今仍然健在的肯尼迪神话的虚实予以正确的理解。

在那个时期,我有幸获得了接触民主党党内伤口之深的机会。

这个机会就是我曾对与李普曼同属自由派政治评论家、以名著《孤独人群》为世人所知的哈佛大学教授大卫·李思曼进行了两次采访。 297

第一次是1967年8月在波士顿的剑桥,这是默默无闻的尤金·麦卡锡在反对越南战争的口号下宣布参加总统提名竞选、向自信能连任的约翰逊总统竖起反旗，从而为第二年民主党自毁长城扣动扳机的三个月前，也是预感华盛顿"要出什么事儿"的"又长又热的夏天"。第二次是一年半之后的1969年3月在旧金山郊外的帕罗奥图（Palo Alto），那是在我最后采访新执政的尼克松政府后结束前后大约五年驻美特派员工作的回国途中。

回国以后，我将这两次宝贵的采访汇总为一份报告，由共同通信社文化部发给了加盟新闻社的学术艺术专栏。现在重读这份报告，仍要感谢当时的文化部同事原文照发如此长文的好意。同时再次感受到了李思曼教授以敏锐的洞察力栩栩如生地传递了当时的临场感。为此笔者将原文转载这份完成于1969年7月21日的报告。

追踪"转变中的美国"
——李思曼教授访谈录（上下两次连载）

在越南战争的"失败"日益成为现实的今天，美国正在发生重要的变化。"新孤立主义的崛起""一意孤行不顾利己主义的复活""从理想主义到现实主义的转型""回归法与秩序的常态"等。尽管有各种文字可以予以表现，但仅仅举一个事实就足以说明政局恰如气象中的不连续线。四年前作为"共和党的肯尼迪"获得胜利的纽约改革派市长约翰·林赛在最近的共和党总统提名选举中，面对强调"法与秩序"的保守派候选人却一败涂地。

但是，正如变化自如、如变色龙一般的尼克松政治所象征的，美国的变化充满了自我矛盾、悄然无声，令人难以捕捉。从民主党到共和党交替更换白宫标签就可以说明美国的一切，这一"古老和美好的时代"已经渐行渐远。

在纽约、华盛顿度过四年三个月的特派员生活后，现在印象最为强烈的就是庞大无比、幅员广阔、富裕、复杂且多元的美国这个"怪物"正在悄然发生着变化。我接触过一些指点迷津的人。这些经验对于与每天接踵而来的新闻进行苦斗的我而言，其新鲜感如同发现沙漠中的绿洲，至今仍历历在目。

第八章 分水岭的1968年

访问剑桥

与哈佛大学教授大卫·李思曼的相遇就是其中之一。李思曼教授含蓄表达的一个预言至今难忘。

第一次与这位久负盛名的美国社会学大家见面，是1967年8月末一个闷热的傍晚，教授在位于波士顿郊外哈佛大学所在城镇剑桥的家中接待了我。穿过比纽约更早传递欧洲时尚的哈佛广场的小商店街和在哈佛大学女生部拉德克里夫学院（Radcliffe College）对面历史久远的洲际酒店（Continental Hotel），然后拐弯经过几个街区，正好在现代设计风格的拉德克里夫学生宿舍对面，教授和他的妻子贝林夫人一起在他们古老的、新英格兰特有的涂着油漆的二层家中等着我的到来。

我们在摆放着音乐家儿子使用过的三角钢琴的宽敞客厅里谈了足足三个小时。一边品尝着凉红茶和夫人亲手做的小糕点，一边从那年春天夫妇二人出版的日本纪行《与日本的对话》（李思曼夫妇从1961年9月到12月曾旅居日本）和认识的众多日本友人聊起，直到越南战争，对总统选举的展望，甚至包括当时世界关注的中国"文化大革命"和红卫兵运动和中苏关系的未来等，直到夏日夕阳洒满房间才告一段落。

基本上都是教授在不断提出尖锐的问题，第一次见面的我完全像是在接受面试一样。

腋下已经被冷汗浸湿的我终于提出了最想听到回答的问题："您觉得约翰逊政府会倒台吗？"

没有想到的预测

在稍微停顿了一下后，李思曼教授说道："现在还什么都不好说。但是，在下次总统选举中，美国国民感情绝对会保守化。因为大家都对越南战争感到了疲倦，对种族骚乱感到了疲倦，对肯尼迪以后自由主义的虚幻感到了疲倦。这一点毫无疑问。但自由派的人们还没有意识到这一动向。"可能是感觉到了我的困惑，教授像自言自语般地继续说道：

"不应忘记的是，借助这股保守化情绪，在保守派中间产生了风格一新的领导人。加利福尼亚的里根州长、佛罗里达的柯克（Krik）州长是其典型。他们可以毫不介意地走进黑人游行的队伍中，甚至会开始演说而主动参与。他们掌握了戈德华特（Goldwater）等完全无法比拟的操纵民众的新政治技巧。对于这一现实，自由派仍然学习得不够。可以说，他们在基本上还没有超越1960年肯尼迪运动阶段的时候，就开始了先行一步的工作。即便是保守派，也与之前在东部建制派框架内所理解的保守派不同。这种不同就好比如果说昔日的保守派憧憬海军，那么现在新的西部和南部保守派则以空军和导弹为象征。"

美国是一个复杂的国家

当时，成为反对越南战争原点的富布赖特参议院外交委员等议会鸽派的运动，在罗伯特·肯尼迪也参加之前已经开始有所发展，以《纽约时报》为首的反战舆论也终于扎根，自由派反约翰逊运动的崛起令人瞩目，哪怕仅仅是这些动向，就给我留下了教授是不是有什么不好明说的强烈印象。我对"保守化"这个单词的具体意思就没有太搞清楚。在告别之际，和夫人手牵手送我到我的车时，教授紧紧握住我的手说："以后能在华盛顿工作的你真是幸运。一定会发生很多事。因为美国是一个复杂的国家。……"

回到华盛顿后，新闻的浪潮毫不留情地席卷而来。1967年秋天日美之间开始了冲绳回归日本的谈判，从9月日美经济联合委员会上三木外相的"事前准备工作"到11月佐藤尼克松会谈，我在追踪表里动向都摩擦不断的日美交涉的同时，也总是在脑海里想着李思曼教授"保守化"的预测。

对约翰逊的一击

看上去现实中发生的事情越来越向相反的方向发展。约翰逊强行推动的继续轰炸越南北部的政策依然没有带来胜利，与英镑贬值同步，美元出现严重危机的可能性浮出水面，随后越南战争名副其实的推动者麦克纳马拉国防部长辞职，约翰逊政府的根基终于开始出现动摇之际，通过1968年总统选举成为自由派魁首的麦卡锡参议员以让约翰逊下台为口号，突然宣布将参加民主党的总统候选人选举。作为爱好诗歌的知识分子风格的议员受到尊敬，但离"总统"的形象还相差甚远的"堂吉诃德般的"麦卡锡的"勇气"尽管可以感觉出某种犹豫，但民主党内外的自由派却从中看到了打倒之前被视为绝对无法动摇的约翰逊总统的可能性，突然开始充满了活力。

仅仅是表面上的造反

第二年的1968年，现在回想起来，在成为美国解决苦恼欲绝的越南战争的起点——春季攻势冲击全美期间的3月份，新罕布什尔州举行了州民主党总统候选人初选，麦卡锡参议员取得了对约翰逊总统的实质性完胜。通过看似"奇迹"的麦卡锡"马萨诸塞运动"的打击，约翰逊体制出现了显而易见的动摇，这是因为被认为真正可以对抗约翰逊的罗伯特·肯尼迪终于放弃了长期犹豫不决的态度而走上了竞选舞台。看似与"保守化"十分遥远的强烈的"造反空气"笼罩在了华盛顿上空。

我不禁暗想，难道李思曼教授对"保守化"的强烈预感是因为始终以教授为中心的《通讯（Correspondence）》所遭受的挫折有关吗？这份《通讯》使用美国独立运动时期有名的战斗组织"通讯委员会（The Committee of Correspondence）"的名称，从自由主义立场交换独特的政策批判信息与资料，在日本也有些名气。但是在1965年由于工作人员不足而无法继续发行，在与教授会面之前的书信交流中看得出对这份《通讯》情有独钟的教授对此非常遗憾。

不要再有葬礼了

但是，这显然是我只看到局部的粗浅观察。约翰逊3月31日以部分停止轰炸越南北部为条件明确引退之意后，李思曼教授的"预测"一步步成为现实。颇具讽刺的是，约翰逊"最后这场大表演"的冲击一时间被缓解后却日渐清晰的是，麦卡锡与肯尼迪及汉弗莱副总统这些"自由派朋友"之间摩擦不断，造成了民主党内部严重的争斗，而约翰逊修改越南政策也加强了指责民主党政府"失败"的共和党的立场。特别是约翰逊在演说中明确表示"越南战争没有胜利"的前景令人感到不快和挫折，而这种情绪导致美国舆论和国民感情向利己主义化、即"保守化"的急剧倾斜。

致命一击却来得意外之早。在约翰逊演说后不到一个星期的4月4日夜，突然发生了黑人运动领袖马丁·路德·金被暗杀，以及由此引发的由华盛顿蔓延到全美国各大城市的黑人骚乱，在两个月后的6月6日，全美国的电视台因罗伯特·肯尼迪参议员遭遇暗杀再次被"黑屏"覆盖。在美国参议院记者俱乐部观看持续不断的葬礼节目的美国记者朋友感叹："哎！暗杀和葬礼已经够了！英雄也已经够了！"

在斯坦福的重逢

阴郁、动荡和漫长的1968年终于在似乎是刻意安排的阿波罗8号成功环绕月球飞行的捷报中放下了帷幕，新年伊始就迎来了尼克松的总统就任仪式。

彻骨寒冷的阴天、气温零摄氏度左右、在国会正面特别设置的平台上进行的新总统就职宣誓上，除了尼克松夫人鲜艳的橙红色外套之外，哪里都见不到华丽和高调，尼克松尽管在第一时间就提出了比预想更积极的"和平路线"，但也只得到了礼节性的九次鼓掌，平淡且没有兴奋。这也是用"例行公事"一词即可囊括所用内容的"世界最强权力"转移的瞬间。

就职仪式结束后，当我从布置了防弹玻璃的就职平台正下方由木板搭成的记者席排长队走向出口时，想到这就是那时李思曼教授所说的"保守化"形成之日时，突然想再和教授见一面，问问教授如何看待今后美国的发展。但其后和教授只通过两三次电话，却没有机会飞到波士顿。1968年秋天新学期开始后，教授夫妇前往斯坦福大学的行动科学高等研究所担任任期一年的客座教授。这次我却比较幸运，因为作为记者回国的日子正在临近。在回程中去一次旧金山，以采访教授为五年的驻美特派员生活画上句号,实在是非常圆满的事情。

进入2月份后,我写了希望安排见面的信,并在最后写道:"去年一年里,我从新罕布什尔州采访到休斯敦,得到了更加了解美国的机会,但好像对美国的事情知道得越多,写美国反而就越困难了。"不到一周后,就收到了教授热情周到的回信:"恭候光临。您是坐火车来还是开车来?如果坐火车来,我们可以到车站去接您。"在信的最后,教授写道:

"您说对美国的事情知道得越多,写美国反而就越困难,我完全赞同。现在我也遇到了同样的烦恼,日本SIMUL出版会翻译出版了我的《学术革命(The Academic Revolution)》(日文版书名为《学生革命》),并让我写一个日文版序言。但是,在很短的篇幅里能做到将一个如此千差万别且表情丰富的国家的大学介绍给在完全不同环境中生活的日本人吗?我真的感到十分棘手。"

让人头疼的黑人问题

3月1日,从还是被大雪覆盖的华盛顿飞到了阳光明媚的西海岸。斯坦福大学行动科学高等研究所在旧金山郊外帕罗奥图的小山丘上,苍翠欲滴,各种小鸟的啼鸣更衬托出了宁静的氛围。从研究所迎出来的李思曼教授对我说:"到昨天为止一直是大雨,你太幸运了。"尽管看上去教授神采奕奕,但与第一次见面相比明显苍老了,或许是心理作用,感觉背也驼了。教授开着特意从剑桥运过来的老式英国车载着我和一家一边往山下开,一边自言自语"我想见纳桑·赫尔,可还没见过呢"。

纳桑·赫尔是教授母校芝加哥大学毕业的黑人社会学者,旧金山州立大学教授。黑权运动领袖的他因要求开设黑人问题的课程与日裔语言学家早川(Hayakawa)校长持续对立。和去年年底前在华盛顿的我也是故交。

那个时候在旧金山周围,从州立大学、伯克利的加利福尼亚大学到斯坦福大学，黑人学生要求学校改革的运动如火如荼，李思曼教授似乎对如何看待这一问题上很是苦恼，他略显伤感地说："这段时间里在一个黑人聚会上，有人提议从黑人研究开始，开设包括亚洲和非洲问题在内的第三世界讲座。我非常赞成，并说如果能请来日本学者就好了，但是对方驳斥说日本人已经没有资格说第三世界的事情了。他们一天比一天激进。"他随后又笑着说："华盛顿可是在遥远的彼岸啊。"

机会主义者尼克松

但是，把我的家人送到教授夫人等着的家中后，教授请我到斯坦福大学洒落的学院俱乐部吃午饭，话匣子一打开，就发现教授离华盛顿的距离并不远。当听我说"您两年前的话真是灵验啊"之后，教授深深地点着头说道："大家太过利己和保守，连新左派的激进分子们都仅仅满足于巴黎四方会谈，而忘了越南战争仍在继续。这可不是好事。但是，即便这样，过小评价尼克松也是错误的。在总统竞选一开始，我就觉得尼克松会赢，但尼克松可能会意外地作为一名好总统名垂历史。之所以这么说，是因为他拥有作为顶级机会主义者的技巧。比如为了停止越南战争，作为对军方的补偿他做出了同意开发ABM（反弹道导弹）的妥协。尼克松可以干两届八年吧。"教授的思路和分析敏锐且流畅。

不了解西部的美国

教授一定是对毫不兴奋、"静悄悄"的就任仪式后一个半月里尼克松治下的华盛顿进行了清晰的整理与思考。

教授进一步说："这是美国历史上第一位出身于西海岸的总统。这一点很意外地被大家忽略了。美国人，或者美国政治对加利福尼亚人独特的活力和能力还一无所知。当然，我也一无所知。"这种无奈至今印象深刻。

"美国人还不了解美国自己""美国发生的问题基本上还没有答案"（1961年9月访问日本时，教授在所有的讲演中都会反复说起这句话），这一态度是教授美国社会观和政治观的根本，其中所包含的对"未知国度"美国无限潜力的强烈感情和对自身理解局限性的谦虚自觉，在李思曼教授对尼克松的"肯定论"中也表现无遗。

连李思曼教授都"无可奈何"的美国的多样性，日本人能理解多少呢？通过前后大约五年的特派员生活，我又能在多大程度上尽到正确介绍美国的义务呢？在回到日本后，必须做出多大的努力呢？

"很想去看看大阪世博会，但恐怕没有时间""希望日本人对中国永远充满浪漫情怀"，与依然毫不掩饰对日本的欣赏的教授告别后，我的心情又一次因深切体会到日美之间的鸿沟而变得沉重。

（松尾，共同通信社前驻华盛顿特派员）

分水岭的证据

李思曼教授没有预测到尼克松会因为"水门事件"下台。但是，被教授评价为拥有"顶级机会主义者技巧"的尼克松实现了美国与中国的大和解。

教授在1967年8月就指出"保守化情绪"，并将当时加利福尼亚州州长里根作为借助这股情绪"在保守派中诞生的新型领导人"，这足以令人惊讶。现在再次理解"美国人还不了解美国自身"的美国多元论时，仅与我有两面之交的教授的教诲仍值得细细品味。

李思曼教授从20世纪50年代末开始，因在剑桥附近的各种研讨会上成为后来出任总统特别顾问的麻省理工学院教授罗斯托的"论敌"而知名，后来从大卫·哈伯斯塔姆的《出类拔萃之辈》得知，教授是这样评价罗斯托的："这个家伙是个农民。头脑敏锐，但却是一个只知道大西洋的农民。"2002年5月，92岁的教授离开了人世。很后悔在教授的晚年与他失去了联系。

那之后美国政治中保守化情绪一路攀升，直至今日。被李普曼和李思曼两位大家抛弃的民主党，特别是自由派经过了36年仍没有完全从后遗症中恢复出来，也没有摆脱守势地位。必须在这一大方向中观察2004年的总统选举。

哈里斯民意调查的最新结果显示，自认为属于民主党的有权者与同样自认为是共和党员的有权者之间的差距在这30年期间不断缩小，愈发形成并驾齐驱之势。2003年7月21日《洛杉矶时报》刊登的该民调数据显示，尼克松总统第二个任期中的1973年，与民主党48%、中立26%相比，共和党只有26%。到了里根总统第二个任期的1988年，比起民主党39%、中立25%，共和党追到了31%。而到了布什总统的2002年，相对于民主党的34%和中立的24%，共和党为31%，仅与民主党相差了3个百分点。

这也清晰地表明，以1968年为分水岭，美国政治毫无疑问地开始沿着新的轨迹向前发展。

最后笔者介绍一个有关民主党守势的故事。希拉里·克林顿参议员在2002年参议院选举中当选纽约州参议员后，与预想的不同，主动强烈要求担任参议院军事委员会委员，以努力与军队构筑密切关系。

她不仅在2002年秋参众两院承认对伊拉克使用武力的表决中投了赞成票，2003年3月伊拉克战争开始后不久美军受到沙尘暴等影响而进退维谷、拉姆斯菲尔德国防部长因此受到国内媒体和退伍高级将领们批评而处境困难之际，希拉里议员在参议院军事委员会秘密会议上仍支持并发言鼓励拉姆斯菲尔德国防部长。

11月，希拉里前往阿富汗和巴格达访问，慰问美军士兵并一同吃饭，时刻不忘宣传自己。在对伊拉克政策上，希拉里主张与联合国合作，与布什政府划清界限，但同时却对共和党以及布什政府具有压倒性影响力的美国军方、士兵以及"9·11"事件后依然占多数的爱国主义性质的舆论采取了拉拢态度。这也是为了要消除民主党以往的自由主义色彩。

不管2004年总统选举是否出马，被外界认为且自诩为民主党强力总统候选人的希拉里所采取的政治战略本身就表明了民主党的守势。民主党1968年的伤口至今仍没有愈合。

还有一个数据也可说明这一点，民主党的重要支柱、工会的组织率在1945年达到35.5%的峰值后逐渐下降，1985年跌破20%达到18%，

1990年16.1%。2000年则跌至13.5%。

注释

1. 罗伯特·麦克纳马拉:《麦克纳马拉回忆录——越南的悲剧与教训》，仲晃译，共同通信社1997年。

2. David Halberstan, *The Best and the Brightest*, Randon House, 1969. 日文版参见浅野辅译,《ベスト＆ブライテスト》，サイマル出版会，1976年。

3. 唐·奥伯道夫（Donald Oberdorfer）著:《春季攻势》，铃木主悦译，草思社1983年。

4. 西奥多·索伦森著:《肯尼迪之路——开拓未来的总统》，大前正臣译，サイマル出版会1987年。

5. Stanley Karnow, *Vietnam: A History: The First Complete Account of Vietnam at War*, The Viking Press, 1983.

6. Robert L. Bartley, *Kennedy's Vietnam, The Wall Street Journal*, 2003.6.16.

7. 松尾文夫、斋田一路译:《尼克松回忆录》，小学馆1978年。

第九章 新保守主义的真容

"国家建设"的考验

从写作李梅对日焦土作战开始，在对美国行使武力的DNA进行跟踪调查之际，布什政府与英国布莱尔政府联手于2003年3月对伊拉克发动了李梅想必也会羡慕的"先发制人"进攻。世界上最强大的常备军——美国军队通过最大限度使用高科技武器的"拉姆斯菲尔德的战争"，一夜之间就推翻了萨达姆政府。

美国未得到联合国的同意，也漠视了法国、德国和俄罗斯的反对。其理由是消灭曾有过使用生化武器劣迹，并据称隐藏大规模杀伤性武器的萨达姆政府，将防止对美国本土诸如"9·11"事件般的恐怖袭击，并在中东地区点亮民主化的希望之灯。这正是对行使武力DNA的"持枪民主主义"的忠实实践。

但是，对于布什政府而言，"政权更替"成功后的"国家建设"却是一连串的误算，主要包括：

①由于美国占领初期行政政策的失败，伊拉克建立新政府的进程被拖延。

②电力和水道设施在"拉姆斯菲尔德的战争"中受到了超出预测的破坏，生活基础设施的修复成为长期性课题。

③由于强行全面重组军队和警察组织，出现了以前军人和公务员为中心的大规模的失业队伍，结果导致了治安的恶化。

④前伊拉克军队几乎没有以成建制部队为单位的投降，因此完全销毁或回收武器的努力以失败告终。

⑤估计约有5000名萨达姆"余党"以及从国外潜入伊拉克的恐怖组织对美军、英军、其他国家驻伊部队和伊拉克方面的占领军合作者

进行着游击战。

如何调停开战前就已明朗的什叶派和逊尼派之间的对立，这个基本问题在现阶段已经频出状况了。

国防部副部长沃尔福威茨在2003年8月到伊拉克视察后坦率地承认，"发生了比开战前所预料的更多的问题，出现了以治安问题为中心的超出预想的严重事态"，暴露了依赖高科技武器的"拉姆斯菲尔德的战争"在最终关头的轻敌。

著名智库兰德的专家在2003年11月的报告《国家建设中美国的作用——从德国到伊拉克》中坦率承认伊拉克"国家建设""准备不足"，对美国进行了自我批判。[1]

当然，报告也以"成功案例"的形式介绍了美国对日本的占领，指出占领当时日本的既有体制对占领持合作态度，朝鲜特需也成为经济复苏的契机等。但是总体而言，报告的语气是严厉的。报告分析认为，在过去的十几年里，克林顿政府下索马里（1992年）、海地（1994年）、波斯尼亚（1995年）和科索沃（1998年）等四次、布什政府18个月执政期间的阿富汗和伊拉克等两次武力干涉都说明，美国在参与"国家建设"的同时，部分是由于国务院和国防部内部存在的制度性抵抗，在历代美国政府内部都没有将此置于工作的核心地位，也没有进行必要的支出。

报告最后建议，任何一次"国家建设"都应随时被视作"第一次也是最后一次的工作"，在美国成为唯一超级大国的今天，有必要将国家建设作为"无法逃避的责任"。如果这一认识被广泛接受，美国就可以为这一任务很好地进行准备与组织。

的确，美国在为"准备不足"付出代价。

现在已经决定设立由伊拉克人组成的临时管理委员会，并在2004年7月接管由联盟驻伊拉克临时管理当局移交的权力。联合国出台了新的决议，伊拉克重建国际会议决定由77个国家出资375亿美元。美国议会则基本上按照布什总统的提案同意追加总计875亿美元的预算用于处理伊拉克问题。萨达姆也终于被逮捕。

但是，治安始终没有恢复。本应作为解放者受到欢迎的美军不但成为反美游行的被攻击对象，为了应付游击战，还有必要在伊拉克长期驻扎10万美军，从而陷入了恶性循环。比起占领伊拉克时的战斗，2003年5月1日布什总统穿着战斗机飞行员服在林肯号航母降落并精神抖擞地发布胜利宣言后，美军出现了更多的死亡士兵，这可是不祥的兆头。

大规模杀伤性武器也依然没有找到，盟友布莱尔首相涉嫌开战前捏造情报而陷入苦境，更是雪上加霜。对布什政府的民意支持也出现了阴影。伊拉克石油资源的重建迟迟没能步入正轨，每年消耗的200亿美元军费和总计高达1300亿美元的重建资金等超出事前预测的成本增加，使得2004会计年度的财政赤字预计将突破5000亿美元，逼近了布什总统自己决定的不超过GDP5%的上限。

双高赤字正在再次成为美国经济的沉重负担。在伊拉克民主化之后作为中东新秩序路线图而制定的以色列巴勒斯坦和平进程也在一瞬间止步不前。排斥联合国单独行动的账单巨大，参加多国部队的国家也是有限的。

面对2004年总统选举中志在连任的布什总统，民主党总统候选人竞选的参加者们都将伊拉克战争的"越南化"和"泥潭化"放在嘴边，并要追及其责任。作为布什政府而言，"持枪民主主义"的实践场所一下子变成了经受磨炼之地。

伊拉克战争会成为第二场越南战争吗？伊拉克的沙漠会变成第二个湄公河三角洲吗？西贡被攻陷28年后，尽管政权更替成功，但美国是否会在国家建设上失败？是否也会逐渐寻求与"战争越南化计划"同样的出路？布什总统是否会用2000年选举同样的"低空飞行"方法获得连任呢？这些正是美国现在面临的问题。

作为一名亲身目睹了美国对越南战争的扩大与终结、在战争越南化的名目下寻找失败的出路，并最终与毛泽东握手言和尼克松的大转变，以及里根"伟大美国"素颜的记者，我能做的就是力求给出自己的答案，寻找并明确其中相似与不同之处。

我从2002年5月重新干起新闻工作者老本行后，始终关注"9·11"事件带来的震撼，牵引布什政府制定伊拉克政策的新保守主义动向，还曾经直接与一些新保守主义者有过接触,下文将以此作为写作的线索。

重逢"高亢"

时隔一年后的2002年5月,我第一次来到"9·11"之后的美国,最大的感受就是高亢的氛围。与我曾担心会不会因威胁和不安而全民紧张相反,随处都充满着即使冒着第二次、第三次恐怖袭击、出现一定数量的牺牲者也要横下一条心斗争的空气。

"上!"留下这最后一句话后冲进驾驶舱,从而避免了第四次自杀式撞机的乘客们的勇气被四处宣扬。在机场、车站、饭店、餐厅等地方接触到的老百姓比一年前亲切了,多次感受到了因越南战争而导致国家分裂前的美国人的大度。我觉得美国社会在传统的互帮互助精神下又重新团结了。

在这其中,为了加强安全,理所当然般地实施着在第二次世界大战中也没有先例的网罗罪名逮捕起诉和预防性拘留等公权力侵犯人权的事情。抗议这些措施违反美国宪法的声音并没有足以影响议会和媒体。

为了与恐怖袭击的元凶——海外的敌人"邪恶轴心"对决,并阻止其开发和拥有大规模杀伤性武器和生化武器,在世界任何地点行使权力也在所不惜的布什路线则超越了党派,获得了近70%的高支持率。

华尔街日报的高管、也是我的老友对我说:"请相信,在今天,为了报复恐怖主义而动用美军行使武力,已经成为了美国日常生活的一部分。"可以说在推翻朝鲜、伊朗,特别是伊拉克的萨达姆政权这一点上,已经形成了超越党派的国民共识,而进入了仅仅在方法上存在意见分歧的阶段。

此时恰逢俄罗斯总统普京与美国的想法一致,同意削减战略核武器,尽管存在着一定的温度差,却再次印证了冷战胜利时随处弥漫着的"今天美国必须对全世界有所承担"的高亢情绪。

这一刻让我感觉仿佛又回到了39年前刚到美国工作时的原点。正如我在第八章的详细叙述，1964年12月我作为特派员第一次踏上美国大地时，巅峰期的美国在约翰逊治下正处于两个月后扩大军事干涉越南、坚信美国拥有作为"世界警察"之实力的亢奋之中。

特别是高调讨论对伊拉克行使武力的选择，这与当时几乎一模一样。布什总统宣称"历史召唤美国和美国的盟友行动起来，为自由而战既是我们的责任，也是我们的殊荣"（布什总统2002年国情咨文）的使命感，正如肯尼迪和约翰逊之修辞的重现。

也出现了新的"出类拔萃之辈"。他们自称新保守主义者或新帝国主义者，以《周刊标准》《国家评论》和《评论》等杂志为根据地，在迅速推翻萨达姆的"好的军事政变（clean cut coup）"和包括使用战术核武器在内的先发制人进攻论等方面展开了热烈讨论。

他们与过去班迪、罗斯托等通过个人推动肯尼迪和约翰逊的政策不同，都是有组织地发挥影响。人数多、范围广，正如公认为新保守主义教父的欧文·克里斯托所言"新保守主义不是运动"一样，的确新保守主义的主张并非铁板一块。[2]

但是，在高调宣扬"美国责任"这一点上，与20世纪60年代可谓完全一致。在我看来，仅仅这样，他们就有资格被称为新版"出类拔萃之辈"了。

与"新美国世纪计划"（PNAC）相识

实际上从2002年初我就开始关注新保守主义组织的高调动向了。这是因为2001年12月9日纽约时报周日版的《纽约时报杂志》上，介绍了2001年诞生的"100个观念和新趋势"，其中之一就是推动"新帝国主义"的组织"新美国世纪计划"（Project for the New American Century，以下简称PNAC）。

这份杂志的报道将PNAC定义为主张"美国不仅在军事方面，还通过实现市场经济、扩展女性和少数民族权利等成就，在当今世界构建值得自豪的真正帝国"的组织，其主张主要包括以下四个方面。

①不追求任何领土统治的新型自由主义性质的帝国主义，并将美

国通过在缔造后冷战时代新世界秩序中发挥积极作用作为新的"命中注定之命运"。

②有必要大幅度增加在克林顿时代被削减的国防预算，也应考虑在将来推动新的马歇尔计划。

③美国以及美军应全面参与策划阿富汗联合国多国部队和行政机构、即国家建设的工作。

④必须将推翻伊拉克萨达姆政权作为目标。

PNAC委员长威廉·克里斯托在接受这份杂志采访时表示："现在美国的实力是货真价实的。将美国的实力用于尽到何种责任和义务是今后最大的课题。"

查阅资料后发现，PNAC是在克林顿政府下的1997年6月3日成立的，成立之际发表的《有关基本方针的说明》概括了该组织的核心思想。

①美国外交与国防政策正在漂流之中。保守派在批评克林顿政府的政策没有一贯性的同时，也必须抵制内部出现的孤立主义冲动。也就是说，保守派并没有提出美国外交政策的指导方针，没有为确保旨在促进新世纪美国权益的国防预算而进行战斗。

②由于外交、国防经费的削减，以及对国内政策的漠不关心和领导力的不连续性，维持美国对世界的影响力正在迅速变得困难。我们似乎正在忘却里根政府成功的本质，即维持强大的军事力量，开展大胆且忠实于美国价值的外交，以及发挥美国的全球性领导力。

③当然，美国必须慎重地运用权力。但是，我们不能逃避发挥全球性的领导力以及为运用权力而付出代价。20世纪的历史告诉我们，我们必须继续维持美国领导力所发挥的重要作用。

2001年"9·11"事件后推动布什政府发动2002年阿富汗战争和2003年伊拉克战争的新保守主义的逻辑在这里一览无遗。按照2003年末布什政府中的官职，副总统切尼、国防部长拉姆斯菲尔德、国防部副部长沃尔福威茨、副总统特别顾问刘易斯·利比等25名位居布什政府中枢的保守派人物在这份计划上签了名。[3]

PNAC是非营利财团组织，其活动的中心内容除了每天在主页上介绍其成员在《周刊标准》杂志和各大报纸上刊登的论文之外,还包括对舆论、政府、议会等开展院外游说活动,并进而以"新国民计划"之名举办向一般国民宣传增强军力以加强美国领导力之必要性的讲座等,是网络时代以新保守主义为名的新版"出类拔萃之辈"的根据地。

"自由帝国"的责任

这次访美的第一天,我首先与在第五章中已介绍过的迈克斯·布特见面,那时他才33岁,还是《华尔街日报》意见版的编辑。在加里福吉亚大学伯克利分校和芝加哥大学学习后,又在耶鲁大学著名历史学家、1987年畅销书《大国的兴衰》的作者保罗·肯尼迪教授的门下深造。

他的专著《为了和平的残酷战争：小规模战争与美国的崛起》以介绍美国第一届总统华盛顿在建国后不久,为了救援在北非被当地酋长抓住的美国商人,而不顾议会反对创立美国海军的故事为开端,详细论述了从义和团事件、出兵西伯利亚、进驻古巴、菲律宾、越南战争直到最近波斯尼亚、科索沃冲突等美军除世界大战之外发动的"小规模"军事行动的历史。他对每一个案例按照成功案例和与旧殖民地帝国主义犯同样错误的历史进行了分析,并得出结论,美国今后不应逃避作为"自由帝国"责任之一的这些"小规模战争"。[4]

之所以想和布特见面,是因为PNAC的主页转载了他在《周刊标准》2001年10月15号上发表的题为《美国帝国——美国愉快接受帝国之角色是反恐最现实的解决之策》的论文。我对这篇论文的以下内容很感兴趣,在"9·11"事件冲击之下,论文明快地说出了容易让美国人接受的逻辑。

①现在美国将要接受的帝国性使命,与以往的帝国主义非常不同。欧洲的帝国主义是为了迫使"原住民"屈服而战。而美国人是为了给他们带去民主主义和法制而战。

②正如克莱将军在德国、麦克阿瑟将军在日本的成功一样,历史上,美国曾成功地单独建立过众多的统治机构。今后,在联合国、一

部分伊斯兰国家和重要盟国的支援下,如果美国可以领导占领军实现具有启蒙性质的国际帝国主义,则可以大幅改善反恐对策。

③美国不发动军事进攻和进行占领,将可能无法推翻萨达姆政权。更重要的是,推翻萨达姆政权后伊拉克会发生什么。如果放任推翻萨达姆后的伊拉克于不顾,将如同对"希特勒"后的德国与"东条"后的日本不管不顾一样愚蠢。我们对伊拉克也负有当初对德国和日本同样的义务。

④长期以来,美国一直在支持阿拉伯世界中的专制独裁者。但是,现在伊拉克将是在阿拉伯世界建立第一个民主主义制度并体现美国也关心阿拉伯人民自由的良机。

在接受我的采访时,布特也坚决主张行使武力推翻萨达姆是美国的义务。

当然,他并不了解越南战争,"伊拉克军队的战斗力正不断下降,与海湾战争中在是否向巴格达进军的问题上犹豫不决、并对其后萨达姆屠杀库尔德人和镇压叛乱故作视而不见的老布什政府和其后的克林顿政府不同,如果美国显示出决心,伊拉克人民就会挺身而出。美军不必动员海湾战争时的50万兵力应该就可以解决问题了"。布特反复重申着这种明快且乐观的局势判断。

"如果推翻了萨达姆,就有可能在阿拉伯世界建立第一个民主主义国家,并将具有为沙特阿拉伯、约旦,甚至穆巴拉克政权下的埃及在内的独裁政府压抑政治下的阿拉伯世界点燃希望之灯的历史性价值。只要美国不改变自己的决心,中东的机会主义者们就会转向与美国合作。"

也就是说,推翻萨达姆是为了民主主义的战斗,这就像是从越南战争时期穿越来到今天的逻辑。仅仅是主语从推翻共产主义变成民主主义的逆向多米诺骨牌理论。

特别是布特屡次提到"珍珠港""东条""麦克阿瑟",面对日本人的我,布特将第二次世界大战后的日本民主化作为例子,向我说明在中东做同样的事是美国的义务,也是美国的责任。

布特描绘了宏大的剧情,在做好了为整个中东,甚至整个伊斯兰世界民主化而沙特阿拉伯、约旦等王制可能被颠覆的心理准备之上，为了构建冷战后的世界新秩序，美国将履行发挥作为"自由帝国"和"没有领土野心的自由人道帝国"的义务与责任。在这个蓝图中，以色列被定位于中东唯一的民主主义国家。以巴勒斯坦自治的改革、即排除阿拉法特为条件，承认巴勒斯坦国家——在伊拉克战争后匆匆推出的路线图的框架也出现在此时布特的言语中了。

新版"出类拔萃之辈"的集团

在采访布特之后，我又在华盛顿采访了当时PNAC的副委员长、现任美国企业公共政策研究所（AEI）研究员托马斯·唐内里（Thomas Donnelly）。美利坚大学毕业后，在伯克利、普林斯顿等学习的托马斯·唐内里选择了在《军队时报》（Army Times）、《国防新闻》（Defense News）、《国家利益》（National Interest）等保守派杂志做编辑的道路。美国推翻巴拿马诺列加政府，即1989年美国出动海军陆战队进攻巴拿马，将当时巴拿马独裁者、被称为毒品王的诺列加将军逮捕并至今仍关押在美国监狱里，这被视作美国通过军事手段实现民主化的成功案例之一，托马斯·唐内里还为此写了一本书。

他和布特的观点几乎完全一样。只是有一点值得注意。他们描写的亚洲版剧情中，存在着在亚洲也应建立以民主主义联盟为核心的诸如北约型的新国家联盟构想。他表示："台湾（地区）是民主主义，但中国就难说了。"亲台立场十分明显。尽管其后布什政府的对华政策与这样的亲台路线一线划开，但应该认识到PNAC的真实想法是亲台的。

2002年5月，我在听取这些新保守主义者的想法时有一点十分明确，就是他们仍和布什总统保持着一定距离。给我的感觉是，根据他们的逻辑，"9·11"事件是一家独大的美国没有发挥作为"帝国"之责任的结果，布什总统会不会作为对这一结果"反省"的第一步而推翻萨达姆？他们在观察布什总统的动向。2000年总统选举中，主张对外政策采取"谦虚"态度并反对参与国家建设的布什总统在"9·11"事件后是否会改变？是否真的会行使武力？新保守主义此时抱着观望和等待的态度。

但是5个月后的2002年10月再次见面时，新保守主义者的态度出现了变化，百分之百地支持布什。布特也转职成为了外交问题评议会（也称外交关系协会，CFR）主任研究员。

如果2004年布什能够连任总统，作为PNAC年轻领袖有可能进入白宫的布特走上了权力精英的阶梯。

布特表示"从6月份布什总统在西点军校提出先发制人战略的演讲后，就与我们的路线基本一致了"。给我印象深刻的是布特更加担心行使武力之后的事情："政权更替之后的国家建设才是今后最大的课题。在阿富汗美军的参与不足，导致进展并不顺利。不知为何布什政府在阿富汗拘泥于联合国的框架。进而言之，当前在美国军队内部，也没有培养出像占领日本的麦克阿瑟、占领德国的克莱两位将军那样可从事国家建设的有能力的行政官，这也是问题。可能是西点军校和安纳波利斯军校（海军军官学校）的教育质量出了问题。"

实际上从这个时期开始，布特等PNAC与帕特里克·布坎南等代表的孤立主义集团产生了激烈冲突。布坎南直率地提出了反对意见："'9·11'事件的发生，是美国违背建国之父们对外不干涉主义的遗训，不惜在海外冲突和战争中投入巨资、不断进行愚蠢干涉的'浪费国家'的产物，只要继续这种对外干涉的路线，恐怖主义行为总是会袭击美国本土。总有一天会出现大规模杀伤性武器在美国国内爆炸的事态。今天，美国不应该作为'帝国'，而应回到作为'共和国'的原点再次启程。"

与同样是保守派、过去也在反共路线上相互合作，坚持自由、平等、民主主义等美国建国后的传统价值观，在"小政府"政治原点上也有共鸣的布坎南发生激烈对峙，也说明新保守主义所受关注度之高。

布特在2002年12月30日《华尔街日报》上刊文，将布坎南派称为"古代保守主义"，同时将尽管同意推翻和解除萨达姆武装但却把随后占领和国家建设以及中东民主化称为"傲慢的梦想"而犹豫不决的亨利·基辛格、詹姆斯·贝克以及作为这一派领袖的布伦特·斯考克罗夫特等人称为轻视美国实力与责任的"现实主义者"。

文章称，如果不占领伊拉克和在中东推动民主化，"9·11"事件的恐怖就不会消失，并建议美国回归处理第一次世界大战后遗留问题时高举建立国际联盟和民族自决的理想主义大旗、提出美国干涉政策的威尔逊主义。并且，布特主张不是只有理念先行的"软威尔逊主义"，而应实践以行使武力为支持的"硬威尔逊主义"。在这篇文章中，布特的高亢情绪贯穿始终。

鲍威尔的监督作用

下文将介绍新版"出类拔萃之辈"、即新保守主义集团的人物。其代表人物就是国防部副部长沃尔福威茨。他可以与过去的班迪、罗斯托相媲美。

他出生于从波兰移民而来的犹太人数学家家庭。在康奈尔大学学习数学。但他深受在芝加哥大学执教、基于核威慑理论反对美苏缓和并主张通过建设导弹防御网以在对苏"核战争中取胜"的艾伯特·沃尔斯泰特教授的影响，还从师过因专著《美国精神的封闭》(The Closing of the American Mind)而闻名的艾伦·布卢姆教授。他曾先后出任过里根政府的国务院政策计划委员长、主管东亚太平洋事务助理国务卿、老布什政府时期切尼国防部长的首席助理、驻印度尼西亚大使、克林顿政府时期约翰·霍普金斯大学高级国际研究院（SAIS）院长等职务。

我也曾在里根政府时期他主持的国务院记者会上见过他一次。在白净文雅学者风貌的背后，对苏联强烈批判的发言让我有些吃惊。事实上，他是里根将苏联称为"邪恶帝国"发言的信奉者，还曾因实际建议"核进攻苏联"而引起过争议，始终强调应通过增强军备履行作为"自由帝国"的美国的责任，并构建世界新秩序。2002年布什总统在国情咨文中提出了"邪恶轴心"，在华盛顿谁都会感受到他在其中的影响力。

在越南战争的问题上，沃尔福威茨副部长一方面批判花费了过多的成本，一方面对战争本身持肯定立场，认为如果美国没有做那么多，

第九章　新保守主义的真容

东南亚是否是今天的样子还不一定，[5]不断重复着与"出类拔萃之辈"、腊斯克、罗斯托两人直到去世前仍坚持的同样的主张。仅仅从这个意义上，沃尔福威茨就有成为新版"出类拔萃之辈"的充分资格。

除了以沃尔福威茨副部长为首的担任政府内要职的成员外，还存在着在政府外提供强力支持的"同志"，这是新保守主义集团的特点。其代表是欧文·克里斯托之子、兼任PNAC委员长和《周刊标准》总编的威廉·克里斯托。前民主党自由派的他毕业于哈佛大学，并曾在母校的肯尼迪学院和宾夕法尼亚大学讲授过政治学。20世纪70年代中期他加入了民主党内独具特色的对苏强硬派、已故亨利·杰克逊参议员（华盛顿州）的派系，并在此认识了杰克逊参议员的亲信、培养了现在PNAC主力成员的理查德·帕尔。

在一起转投共和党后，他在里根政府中作为贝内特教育部长的首席助理崭露头角，随后又担任老布什政府的丹·奎尔副总统的首席助理，被称为"奎尔的大脑"，在新保守主义阵营中占据重要位置。1995年他创办《周刊标准》杂志，并是成立PNAC的核心人物。

如果说在电视上出镜的克里斯托是PNAC的招牌，那么外号"黑暗王子"的幕后实力派则是帕尔。在洛杉矶长大的犹太裔的他在读高中时，同学的父亲正好是沃尔福威茨副部长在芝加哥大学从师并敬仰有加的鹰派战略理论大家艾伯特·沃尔斯泰特教授，这使帕尔也逐渐成为了信念坚定的鹰派。

在普林斯顿大学拿到硕士学位后，帕尔经过AEI成为杰克逊参议员的助理。其后率领现在的新保守主义者加入了共和党，并成为里根政府的国防部副部长。现在他是拉姆斯菲尔德国防部长咨询机构"国防政策委员会"的成员，并担任该委员会委员长直至2003年3月。他在很早的阶段就主张进攻伊拉克，至今仍批评鲍威尔国务卿在海湾战争期间做出的停止向巴格达进军的判断，并公开表示自己是"鲍威尔的监督者"。帕尔作为拉姆斯菲尔德国防部长、切尼副总统和沃尔福威茨副部长组成的所谓强硬派三驾马车的无可争议的核心，推进着布什总统的对外强硬路线。

帕尔的人脉关系除了三驾马车之外，还包括副总统助理埃里克·埃德尔曼、国家安全委员会成员埃略特·阿布拉姆斯（Elliott Abrams）、罗伯特·约瑟夫、威恩·唐宁（Wayne·Downing）、扎勒米·哈利勒扎德等人，在国防部中有负责政策的道格拉斯·费思（Douglas Feith）副部长，国务院内则有博尔顿副国务卿。

特别是作为华盛顿"压力集团"的存在感是以前"出类拔萃之辈"所无法比拟的。

与自由派决裂的集团

如果只将新保守主义集团理解为是对外政策中的强硬路线，则可能会一叶障目。重要的是，新保守主义集团竖起大旗的起因是大约在40年前民主党自由派内部在内政、社会政策上的路线对立，这个事实必须记住。

《萨菲尔新政治词典》1993年版[6]在"新保守主义"的词条中对其进行了如下定义：

> "犹太裔知识分子欧文·克里斯托与丹尼尔·贝尔一同于1965年创办了杂志《公共利益》，并在此发表他们的主张，这是新保守主义的源流。其特征是，在与新政以来自由主义主流派信奉的乌托邦主义和平等主义决裂的同时，在承认社会保险、补助贫困者等一定的社会性安全网络（safety net）这一点上，与拒绝国家参与的以往保守派也一线划开。他们主张，对于美国而言，在现有民主主义之上的资本主义终究是其最佳选择。而导致'集结在《公共利益》下的人们'最终与自由派分道扬镳的是自由主义主流派对在1968年达到巅峰的反战游行、黑权运动、解禁色情行业、容忍同性恋等反文化运动的容忍态度。"

萨菲尔所说的乌托邦主义和平等主义正是继承了肯尼迪时代的"新边疆政策"、约翰逊时代的"伟大社会"政策等自由派的"大政府"政治。新保守主义是凝缩在狂乱的1968年的民主党自由派自毁长城过程的产物。特别是1972年总统选举中民主党指名麦戈文成为决裂的决定性理由，也再次证明1968年是美国政治的"分水岭"。

冷静的欧文·克里斯托

欧文·克里斯托出生于1920年，现在依然精神矍铄。战前一个时期曾作为年轻的托洛茨基分子在纽约活动，二战中参军，战后加入了民主党自由派。

但是，以1965年创办《公共利益》为契机，他转变为共和党的保守派。隶属AEI，将新政以来的自由派政策作为攻击对象，一边在纽约大学讲授经济学，一边促成了很多前自由派犹太裔知识分子的"叛变"。他以常设评论员的身份经常在《华尔街日报》评论版撰写文章，将该报的论调统一到了支持新保守主义之上。

这一时期在克里斯托影响下"叛变"的民主党自由派著名人士有尼克松、福特政府时期的总统顾问、驻印度大使和驻联合国大使丹尼尔·莫伊尼汉和里根政府时期的驻联合国大使珍妮·柯克帕特里克等人。[7]

克里斯托被誉为新自由主义的教父，也是今天新保守主义呈现盛况的奠基人。他从保守派企业和富豪那里筹措资金，对于华盛顿的保守派智库而言可谓宝贵的"经纪人"般的存在。而《周刊标准》和PNAC的大赞助商中还包括从澳大利亚移民而来，在1985年取得美国国籍的报业大亨鲁伯特·默多克。与CNN对抗、拥有明显新保守主义色彩的有线电视新闻频道福克斯广播公司就是默多克的系列资产之一。

克里斯托夫人格特鲁德·海默尔法布是研究维多利亚王朝的著名历史学家，夫妇俩经常去的沙龙据说就是犹太裔知识分子商定与自由派决裂的地方。

2003年76岁时去世的丹尼尔·莫伊尼汉也发挥了特殊作用。在担任哈佛大学政治学教授的1968年，他说服了偶然在他家住宿、当时属于左翼学生的戴维·斯托克曼转投新保守主义麾下。这段轶事中的戴维·斯托克曼在当选众议员后，于1981年里根第一届政府时出任白宫管理和预算办公室主任一职，当时年仅34岁。他将所学的供给学派经济学大胆运用于政策，是一位可在历史上留名的人物。这一政策就是通过大型减税和均衡财政，通过废除对民营企业活动的限制扩大投资、供给和消费，以控制通货膨胀和实现经济增长的里根经济学。

改变了新政以来的经济政策，这个功绩使他成为里根时代的功臣。有关丹尼尔·莫伊尼汉和斯托克曼两人投奔新保守主义这一充满讽刺的过程，在曼谷和华盛顿都进行过采访报道的已故《读卖新闻》记者饭沼建真在《美国——新保守主义的时代》[8]中进行了敏锐的分析。

1967年莫伊尼汉在各种场合的演说中都会讲述自己是如何从自由派转投新保守主义的。"由于自由派的乐观主义，美国正在危险且耗费巨资努力向海外输出美国的制度""自由主义因个人主义而使社会处于混乱状态""社会秩序的安定才是最重要的，自由派不应该袒护黑人的行动"，等等。也就是说，尽管表面上强烈反对"反文化运动"，但在对外关系上，却是可以令现在的新保守主义目瞪口呆的孤立主义，具体而言就是在扩大干涉越南问题上的怀疑态度。对于曾经时而在现场采访20世纪60年代末"反文化运动"的我却很能理解，新保守主义的启航是以反对宽容对待反文化运动为核心的。

"命中注定"的影子

当然不应忘记，与莫伊尼汉对民主党自由派的过激化和左翼化产生怨恨心态一样，在最深处支撑新保守主义的是欧文·克里斯托放弃托洛茨基主义之后产生的强烈的反共、反左翼和反自由路线。准确地说，1997年PNAC成立后直到今天，新保守主义在外交政策、国防政策方面活跃的言行都是在这种反共路线延长线之上的。

现在新保守主义的"自由帝国"责任论也可以这么去理解，这种论调是与杰克逊强烈的反苏、反共和反对美苏缓和立场产生共鸣、和民主党自由派决裂并集结在老克里斯托麾下的帕尔、沃尔福威茨以及小克里斯托等新一代人的精力和能量在东西方冷战胜利后美国漂流感中失去了消耗之处，而如火山般一气喷发的产物。

对犹豫是否占领巴格达的老布什政府海湾战争的批判，对并其后八年期间的克林顿民主党政府下被动外交政策的不满，这些能量在冷战后一家独大的美国遭到攻击的"9·11"事件后爆发了出来，并把通过"9·11"事件取得总统领导力而"重生"的布什总统拉入了阵营，最终发动了伊拉克战争。

正如在第八章所述，其背景就在于越南战争时期的"出类拔萃之辈"因"我们认为美国传统与发展中国家相结合将是历史性的结合。我们是伟大革命之子"而对游击战充满热情，从而在武装干涉的道路上不断升级。

而更深层的思想则是在第五章所介绍的，美国信仰"我们是旨在人类进步的国家，谁也无法阻止我们的前进。神与我们同在"的"命中注定"的路线。

在此之上的则正如欧文·克里斯托在1976年论文中所说的："普通的领导人、绝不是英雄的华盛顿等建国之父们取得了革命的成功，与此相比，浪漫且自由奔放的英雄辈出的法国革命，在王政复辟、并为社会主义、共产主义提供了基础这些点上，却是失败的。"即毫不掩饰地始终赞美美国革命的美国第一的意识。

为此，新保守主义者和被布特称为"古代保守主义"的布坎南等以《American Conservatism》为据点的孤立主义集团、以古罗马时代主张共和制的元老院长老卡托为缘由的卡托研究所（Cato Institute）为中心的追求彻底的"小政府"的自由主义者集团以及其他保守派集团的对立不断加剧。这些在里根、老布什政权时期还维持着一定的合作。在2004年总统选举中，卡托研究所甚至出现了支持民主党总统提名竞选候选人迪恩的声音。

这些保守派难以接受新保守主义在高调保持积极对外干涉立场的同时，对因伊拉克战争军费、老龄患者医疗补助等无限增大的布什政府财政赤字所持的"现在也是没有办法"（欧文·克里斯托）的旁观态度，而对新保守主义有较大情绪。

因此，新保守主义集团虽然同样是反自由派、反"反文化运动"

立场，但却与在国内政治中主张以"小政府"、对外政策主张"孤立主义有限不干涉主义"两大行动为中心的传统保守派划清着界线。根据我的分析，或许将他们称为"命中注定"路线的纯真信奉者最容易理解。

但是，关于这一点，必须介绍欧文·克里斯托自我宣称"新保守主义不是运动"的2003年8月25日《周刊标准》中的论文。他在文中含蓄地指出了以下几点。

首先，"大约20年前，美国突然且奇异地拥有了军事大国的实力。这是与第二次世界大战后50年里欧洲贪图和平、苏联则大打代理人战争相比，美国历经朝鲜战争、越南战争、海湾战争、科索沃战争、阿富汗战争和这次伊拉克战争等经常进行战争的结果。与将金钱投入到社会福利的欧洲不同，这是军事支出在总体上随着经济增长而扩大的结果。美国军事大国得益于其科学、技术性研究的不断积累"，强调了美国并没有军事大国化的意图。

其次，论文以调侃的语气冷静地分析了新保守主义现在所处的地位："但是，不管是不是在追求权力，也不管是不是受到欢迎，都将伴随着责任。美国如果拥有现在这样的实力，是自己寻找运用的机会，还是世界促使我们使用这些实力？这一点是不言而喻的。共和党老派的传统分子将很难接受外交问题中这一新的现实。这与经济保守主义无法和社会、文化保守主义妥协是一样的。面对这样的新政治环境，尽管自身完全没有预测到，但现在的总统和政府很凑巧地比整个共和党更好地予以了应对。因此，新保守主义就算是出现在死亡报道中也不稀奇的这个时期里，愉快地开始了第二人生。"

按照欧文·克里斯托的逻辑，年轻的第二代新保守主义现在高声强调作为"自由帝国"责任而主张对外采取行动是一种宿命性的现象。这一点很有意思，也就是说，他们并不是坚定的对外干涉主义，存在着如果情况发生变化将在一夜间回归莫伊尼汉式孤立主义的可能性。

但我们应该看到，被欧文·克里斯托肯定为"更好地予以了应对"的布什总统自己在2000年总统选举中，还有直到"9·11"事件之前，都是"完全不介入他国"地主张孤立主义。因为我认为，这对于预测现在美国疲于奔命的"国家建设"的前景是十分重要的材料。我已感觉新保守主义已经开始借着欧文·克里斯托的"宿命论"开始寻求"出路"了。

注释

1. James Dobbins, Jhon G. McGinn, Keith Crane, Seth G. Jones, Rollie Lal. Andrew Rathmell, Rachel M. Swanger, Anga Timilsina, *America's Role in Nation-Building—From Germany to Iraq*, RAND, 2003.

2. Irving Kristol, *The Neoconservative Persuasion*, *The Weekly Standard*, August 25, 2003.

3. 1997年6月3日在PNAC《有关基本方针的说明》上签名者为以下25人：Elliott Abrams, Gary Bauer, William J. Bennett, Jeb Bush, Dick Cheney, Eliot A.Cohen, Midge Decter, Paula Dobriansky, Steve Forbes, Aaron Friedberg, Francis Fukuyama, Frank Gaffney, Fred C. Ikle, Donald Kagan, Zalmay Khalilzad, L,Lewis Libby, Norman Podhoretz, Dan Quayle, Peter W. Rodman, Stephen P. Rosen, Henry S. Rowen, Donald Rumsfeld, Vin Weber, George Weigel, Paul Wolfowitz。

4. Max Boot, *The Savage Wars of Peace: Small Wars and the Rise of American Power*, Basic Books, 2002.

5. Bill Keller, *How Paul Wolfowitz's Agenda Became the Bush Agenda*, New York Times Magazine, Sep 22, 2002.

6.《田径杂志》别册，1968年墨西哥城奥运会特刊。

7. 佐佐木毅的《美国的保守与自由》（讲谈社学术文库1993年）将作为新保守主义"教父"的欧文·克里斯托与戈尔前副总统等的民主党新自由主义动向相结合进行了分析。

8. 饭沼健真:《美国——新保守主义的时代》，三省堂1983年。

9. Irving Kristol, *Adam Smith and the Spirit of Capitalism*, Public Interest, 1976.

第十章 "反击"与"出路"

"拔河"比赛中的总统

当然，新版"出类拔萃之辈"并不是万能的。特别是在国家建设上的分歧公开化后，他们的实力也打了折扣。更正确而言，"不是运动"的本质显现，出现了内部分裂和对立的苗头。在这其中，有些人开始摸索从越南战争教训中学习到的"出路"。

在布什政府外交政策的开始阶段，以帕尔为首的新保守主义集团与以老布什政府国家安全事务助理斯考克罗夫特为代表的共和党传统国际合作路线的集团之间暗地里进行着"影响力的拔河比赛"，可以说，布什在拔河绳上开始了外交。

与斯考克罗夫特有关系的除了前总统老布什和基辛格、贝克两位前国务卿这三位重量级大人物之外，还有以现任国务卿鲍威尔为首的包括国务院政策计划委员长理查德·哈斯、理查德·阿米蒂奇副国务卿、职业外交官出身的马克·格罗斯曼（Marc Grossman）副国务卿以及从克林顿政府留任的中央情报局局长约翰·特尼特和联合国大使约翰·内格罗蓬特等人。

现在，与布什总统关系密切的国家安全事务助理赖斯被称为她在老布什政府时期的上司斯考克罗夫特雪藏的王牌，现在也是在斯考克罗夫特的推荐下进入政府的。但是，赖斯和她的辅佐斯蒂芬·哈德利（Stephen J. Hadley）时而站在新保守主义一边，时而站在斯考克罗夫特和鲍威尔一边，摇摆不定。部分也是因其黑人女性的身份，受到布什总统重用的赖斯的言行成为了"拔河"的定位标。

1954年，赖斯出生于到最后阶段仍顽固歧视黑人、已故马丁·路德·金牧师抗议运动主要舞台之一的亚拉巴马州伯明翰。在丹佛大学取得博士学位后担任斯坦福大学政治学教授，并以苏联问题专家的身份进入白宫，可谓登上权力精英阶层的多民族之力的优等生，现在也肩负着重要职责。

在赖斯的背后，是布什总统担任得克萨斯州州长以来的政治导师、为布什政府维持、发展和争取连任而被授予"无所不可言"权限的总统首席顾问卡尔·罗夫（Karl Rove）。伊拉克战争等外交政策都要经过罗夫首席顾问的筛选，因此新保守主义和斯考克罗夫特之间"拔河"的结果需要考虑到赖斯和罗夫的影响力。

2002年中期选举后，共和党在参众两院都成为多数党，罗夫首席顾问功不可没。在阿诺德·施瓦辛格当选加利福尼亚州州长、2003年11月肯塔基州、密西西比州州长选举共和党完胜中罗夫也作用巨大，尽管共和党在路易斯安那州州长选举中惜败，但却将50个州中27个州的州长收入囊中。

据说现在罗夫描绘的蓝图是，布什总统在2004年大选中连任总统，共和党继续保持在参众两院的多数席位并获得50个州州长中的多数，在各州议会中维持多数派地位，换句话就是打造共和党完全胜利的局面。

在观察进入2004年总统选举战的布什政权外交政策，特别是判断伊拉克战争中"国家建设"时，一定不能忘记赖斯—罗夫不易被攻破的双重结构。

早睡早起的总统

说到这儿，就一定要聊聊布什总统的为人处世了。作为"布什王朝"的后继者，布什总统先后在菲利普斯学院、耶鲁大学、哈佛商学院等东部精英学校接受教育。但是在校园生活中，布什却始终保持着故乡得克萨斯人的气质，不拘小节、和谁都能成为朋友的他很受欢迎。成绩大多是C，对自己的定位也是"非知识分子"。但是，却以见过一次就能记住对方名字的惊人记忆力而出名。

读书期间，他对当时风靡校园的越南战争反战运动连看也不看，对志在成为精英的刻苦学习也没有兴趣,而是专心于组织派对和体育活动,属于不问政治的学生之一。

在2001年"9·11"事件后全国惊慌失措的状态中,布什以运动员般的豪迈、简明易懂的语言以及以短句子为主的得克萨斯牛仔风格的演说获得了国民的信任,特别是来自一般民众的支持巨大。这对于在此之前部分由于2000年总统选举中的问题而一直被称为"50%总统"的第二代布什而言,是个一气增加国民凝聚力以东山再起的机会。2000年总统选举中只获得了8%黑人选票的布什在演说后却得到了75%的支持,证明了总统已经起死回生。

作为利用这个唯一机会的领导,是否具备这样的资质,这个问题美国国内舆论极端分化。但必须指出的是,多年混迹华盛顿的职业政客们却不分党派、也不管是否支持包括伊拉克战争在内的国内外政策,均对布什给予了一定的肯定。

布什最晚也会在晚上十点左右就寝,早上五点起床跑步晨练。自42岁时在罗拉夫人帮助下成功戒酒后滴酒不沾,与喜欢着装朴素并不愿佩戴服饰的罗拉夫人一起只保持着最低限度的社交活动。结婚时,在宗教上布什就由布什家族传统的圣公会改宗为罗拉夫人的卫理公会,此后每个周日都一定参加礼拜,是一位虔诚的教徒。据说布什每天早上都要背诵第一次世界大战时苏格兰传教士奥斯瓦尔德·钱伯斯流传下来的祈祷词。

与前任总统克林顿形成鲜明对照,对布什牢固私生活的信任感和稳定感提升了政权内部的凝聚力,从而形成了白宫几乎不会泄露任何消息的良好纪律,在历史上都很难找到先例。前里根政府的高管曾对我说,在里根时代的白宫,包括里根夫人南希也参与进来的三派人物不断进行着半公开的争斗,与现在不可同日而语。

"9·11"事件后,布什转向以在PNAC上签名、并与新保守主义关系甚好的切尼副总统和拉姆斯菲尔德国防部长二人为中心强行发动伊拉克战争的同时,也让曾作为步兵营副营长参加过越南战争、并拥有"行使武力时必须考虑出路"信条的鲍威尔出任国务卿,在联合国和朝鲜问题上竭力周旋,这种用人能力是里根总统和老布什总统都不具备的。布什总统利用个人信赖关系的平衡感的确超群。

与此相比,在华盛顿还有一种声音,担心布什会不会像很多成功戒酒者所表现出的那样,性格变得超级认真,行动力与决断力最终变成唯我独尊。当然,这是敌对的民主党人的发言。

但是,在"国家建设"上明显出现误算的2003年末,共和党内也没有出现越南战争时期拖了约翰逊后腿的麦卡锡参议员出马参加党内总统候选人提名竞选的苗头。反而在筹措连任竞选的选举资金方面,从一年前开始就收到了超过10亿美元的空前规模的政治捐款。在判断新保守主义与斯考克罗夫特派之间"拔河"结果时,有必要考虑到这位早起早睡的CEO型总统的实力。

拿"柏林空运"做例子

2003年11月9日,布什总统发表了重要演说。在华盛顿纪念"民主主义国家基金"设立20周年的讲话中,布什表示"在中东的心脏建立自由伊拉克将成为世界性民主主义革命的分水岭",并将伊拉克"国家建设"受到萨达姆支持势力和恐怖主义进攻的考验比喻为第二次世界大战结束后不久的柏林空运和希腊内战。布什宣称:"自由人民的力量和意志正在世界面前经受着考验。我们将在考验中胜利。"对我而言,宣言充满了仿佛由布特起草的新保守主义色彩。

布什称赞道,1982年6月里根在英国议会发表演讲时称苏联为"邪恶帝国"预言了共产主义的终结,里根发起的世界民主主义运动表明,美国在民主主义践行200年的基础上决心将其向世界扩展。随后布什从第二次世界大战后日本和纳粹德国作为民主国家成功复兴这一令人难以置信的话题说起,将古巴、缅甸、朝鲜和津巴布韦四个国家称为与压迫斗争的最前线,并宣称将与之战斗。同时还表示中国"只有碎片性的自由,希望中国实现真正的全体自由"。

接着布什声称伊拉克民主化如失败,将会熄灭中东地区几百万人民希望的火种,不仅要求沙特阿拉伯,还要求埃及也推动民主化,并提出了一张路线图,即通过以伊拉克为突破口,成功推动既非西方化亦非美国化，而是结合伊斯兰世界传统的民主化运动，并以此向伊朗和叙利亚发出警告。

通过将在伊拉克国家建设过程中与困难的斗争比喻为打破苏联对柏林封锁的"柏林空运"，布什试图获得美国舆论对死伤者和军费不断增加的理解与耐心，也是为了在2004年总统选举中争取连任而采取的"正面突破"战术以一决胜负。

布什总统会不会与两代总统建立紧密关系的新版"出类拔萃之辈"一同在伊拉克走上第二条"越南战争"的悲剧之路呢？会不会遭遇与得克萨斯州老乡和前辈约翰逊同样的命运呢？可能性不能说完全没有。

但是，笔者认为必须避免轻率地从越南战争推断现在的局势。布什的"正面突破"战术有其自身的打算，不能断言完全就不可能实现，美国舆论认可这一政策的概率绝不算低。

因此不能否认布什政府本身、或者说新保守主义派从越南战争失败中不断学习的可能性，实际上我已经开始隐隐约约地在现状中感受到了通过"越南化计划"而实现"光荣撤退"的尼克松"出口"战略的机会主义。

我在第九章中已经提到过，不能将萨达姆·侯赛因和胡志明相提并论。进而言之，这两者在三个方面似像实不像。

首先，以前约翰逊因直接干涉而被套上的枷锁，即在越南丛林中进行游击战的同时必须维持与苏联的核共存状态，这一条件现在已经荡然无存了。

这是因为东西方冷战以美国的胜利而结束，在阿富汗战争和伊拉克战争再次得以证明的压倒性军事优势，以及在此基础之上的包括经济、社会各领域一家独大、傲视群雄的美国权力正在成为现实。

现在，俄罗斯和中国都支持美国的反恐战争。就连越南也对第七舰队靠港持积极态度。以前越南北部遭受轰炸后的损失可以马上由苏联和中国的援助来弥补，残存的萨达姆支持派则完全无此可能。当时作为应对游击战的苦肉之策而培养出来的特种部队却在阿富汗和伊拉克大显身手，并在美国的军事战略中发挥核心作用，这也是历史的讽刺吧。

第十章 "反击"与"出路"

"自由之鹰"的存在

其次,美国国内并未出现越南战争期间的声势浩大的反战游行。2002年9月我访问华盛顿时,在切尼副总统官邸也有抗议游行。不过正如在第八章中所描述的,对于曾经采访过20世纪60年代末反战游行的我而言,这次看到的游行找不到节奏也没有迫力,更像是每年惯例举行的针对在华盛顿召开的国际货币基金组织和世界银行大会的反全球化游行"转战"到此的感觉。

与此同时,进入巴格达的三名民主党自由派议员在电视节目中表示"布什总统过度夸张了伊拉克的威胁"。我马上就想到,这是萨达姆·侯赛因正在学习以前越南领导人邀请美国记者到轰炸现场并使其报道轰炸没有意义,以此在美国国内开辟所谓反战运动的"第二战场"的成功案例。

但是,萨达姆的谋略却是竹篮子打水一场空。由于当时民主党众议院领袖格普哈特旗帜鲜明地表示"不赞成",与这种观点划清了界限,第二天的早报也只用了极小的一部分进行了报道。而且现在,哪里也没有出现20世纪60年代反战运动和与其同步发展的黑人民权运动和暴乱的迹象。在监视游行的警察队伍中有很多黑人警察,越南战争时期赶跑年轻人的征兵制也没有了。

2002年12月8日《纽约时报杂志》刊登了一篇自由派作家乔治·帕克撰写的文章《自由派在伊拉克问题上的苦恼》,明快地解释了这种苦恼的背景[1]。文章详细披露了以下事实,即在越南战争时组成反战运动领导层的民主党自由派以及其外沿的左翼集团内部,存在着被称为"自由之鹰"的认同对伊拉克行使武力的支持派。

这里所称的"自由之鹰"派与依然反对美国所有武力行使行为的诺姆·乔姆斯基等人划清了界限,他们属于拥有从人道主义立场出发认同美国可将武力用于保护人权和防止种族灭绝这种思想的集团。

在他们看来,从1992年北约军队武力干涉塞尔维亚人在波斯尼亚镇压波斯尼亚穆族开始,其后美国陆续在海地、东帝汶、科索沃以及阿富汗等地的武力行使行为，在保护少数民族、废除歧视妇女等很多尊重人权方面有所贡献，因此均持肯定立场。

换言之，持这种立场的人认为军事干涉伊拉克不同于帮助傀儡政权的越南型，而是打倒纳粹德国和日本军国主义的第二次世界大战型。积极参与联合国活动、本应是自由派的人权保护组织"Human Right Watch"的干部在同一时期也说过："如同在波斯尼亚、科索沃取得的成功一样，为了真正地保护人权，美国的军事力是必要的。"

前文提到的布特唯一肯定克林顿政府的成果就是在没有联合国安理会承认的情况下派出以空军为核心的美军解决了科索沃危机，至今，仍有5500名美军作为北约军队的核心驻扎在科索沃。这反映了"自由之鹰"与新保守主义之间的交汇点。

"逆袭"的深层心理

最后则是根植于"9·11"事件对美国巨大心理打击的美国舆论强烈支持着布什路线，也就是支持为了早日摘掉萨达姆政权可能使用大规模杀伤性武器这一"恐怖萌芽"而不惜采取先发制人进攻的布什主义。截至2003年9月，参众两院都授权布什总统最终可以对伊拉克行使武力而无须经过联合国的决议。在授权的决议中，除了不是议员的前佛蒙特州州长霍华德·迪恩之外，不仅与工会关系密切的自由派领袖民主党众议院领袖格普哈特，连2004年是否会代表民主党出战总统选举仍众说纷纭的希拉里·克林顿参议员在内，所有议员出身的参加民主党总统候选人竞选的民主党人都表示了赞成。

在外部看来有些主观臆断的布什路线为何在美国国内能够获得支持？带着这个疑问，从2002年9月中旬起，我花了三周时间从洛杉矶、尼克松图书馆等南加利福尼亚各地，经由纽约、华盛顿、波士顿直到"五月花"号登陆的普利茅茨，最终访问了剑桥的哈佛大学。

在广阔的空间中，通过接触各种草根的生活和老百姓，并连续阅读报纸和观看电视节目后，就发现布什总统"美国不会在恐怖中生活，为了保护国土安全将不惜先发制人"的逻辑还是很具有说服力的。

第十章 "反击"与"出路"

　　这是因为，现实使人们深感到自己的安全必须自己保护的责任。哪儿都没有派出所和岗亭，警车也不会马上来，如果发生了什么事情，能保护自己的难道只有在这次旅行第一站洛杉矶买的手机吗？想到这些，瞬间产生的恐惧感到现在也难以忘怀。我也明白了在这个国家枪械管制很难彻底推动的现实，似乎还理解了宪法第二修正案为何被神格化的理由。再次深深感受到了一个事实，美国果然是一个带着行使武力DNA、至少是与保持武装一同诞生的国家。

　　有一天，为了去马里兰大学附近的美国国家档案馆新馆，我从地铁站上来就在一天前使华盛顿近郊地区陷入恐慌的连续狙击杀人事件最先发生的现场附近停车场站着，等着来接我的朋友。与作为旅行者不同，当想到说不定我也会成为狙击枪手的目标时，更感觉到对于被迫总是带着保护自身安全紧张感的美国人而言，"9·11"事件带来的冲击的确十分巨大。

　　自1812年美英战争中英国海军陆战队登陆首都华盛顿并烧毁白宫以来，"9·11"事件是首次对美国本土的进攻，并且纽约、华盛顿等美国经济和政治中心同时遭到恐怖袭击，在与当地人的直接接触中体会到了这带给美国人难以形容的冲击。特别是当时听到被劫持的第四架飞机仍在飞行中的新闻时，很多人真的抱定了赴死的决心。在华盛顿和波士顿有一些人还想到"可能会遭到核攻击"，而几乎所有人都给亲朋好友打了电话。

　　反而言之，已经习惯并适应了自己保卫自己的持枪社会的秩序与规则被突然打破，这正是"9·11"事件带来的恐惧。此后，在至今仍未破案的炭疽菌事件、连续狙击枪手杀人事件等所有事件中，人们最先想到的都是"是不是恐怖袭击"，真切地感到这种遍布全身的恐惧感的循环仍然在静悄悄地延续着。

　　来接我的朋友对我说，希望我能真正理解美国人的深层心理，即打倒萨达姆、早日解除其使用大规模杀伤性武器的危险。布什总统的这一强硬路线被非知识分子的普通国民、并逐步被大多数国民支持的背景正是出于对"9·11"事件的最初感受，并希望对自己经历过的恐惧进行报复，进而防止再度发生。在这个意义上，"9·11"事件可谓是对美国"持枪社会"的挑衅，并成为美国"逆袭"的契机。

不管是不是美国自己意识到了这一点，美国老百姓支持对伊拉克行使武力正是恐惧点燃了武力行使DNA的"逆袭"过程。

现在，在伊拉克仍没有发现布什政府发动战争的理由，即所谓的大规模杀伤性武器。尽管舆论对此的批评依然强劲，但民主党的战略制定者却在2003年11月告诉我"不可能在选举战中把这用作批判布什的材料了"。这是因为根据民调结果，面对"至少萨达姆下台是件好事"这一布什的说辞，上述批判是无法获胜的。

可以认为，国家建设即使举步维艰，这种"逆袭"的深层心理仍然难以动摇。而布什政府的"正面突破"战术正是在这种状况下形成的，这也是2004年总统大选的重要看点。

在这次旅途中看到过一则《今日美国报》的报道，称根据CNN和盖勒普联合进行的民调结果，58%的女性支持投入美国地面部队打倒萨达姆，男性的支持率是56%。与1991年海湾战争时67%男性支持和45%女性支持相比，这次男女支持率出现了逆转。

为何出现了这一"令人吃惊的结果"？该家报纸认为原因在于"9·11"事件所体现的对国土安全的巨大不安；不让孩子们遭受恐怖主义生化武器伤害的愿望；如同进攻阿富汗时一样，进攻伊拉克美军死伤人数不会很多即可解决问题的想法等，布什"为了保卫美国儿童"的说法成功地得到了女性的信赖，"发言始终诚实，从而获得了好感"。

2003年11月保守系的福克斯新闻民调显示，为了维持在伊拉克的秩序，武力行使"仍不充分，应进一步加强"的意见占44%，排在首位，"现有程度尚可"占33%，"过度行使"的意见只占了2%。

这些现象的政治含义是不言而喻的。民主党在议会决议中处于下风，不能发起真正意义的反战游行的理由即在于此。这种支持"逆袭"的心理结构无法轻易被动摇，恐怕将要在与死伤者人数和军事支出增加规模的"拔河"中决出胜负了。

第十章　"反击"与"出路"

布特的转变

"万事俱备。在美国必须行动时，各位并不是去征服，而是为了解放去战斗！"——2003年1月3日，布什总统在故乡得克萨斯州沃思堡基地的新年第一次演讲中，面对士兵们发表了上面的豪言壮语。

终于被那个组织带到这么远了啊！抱着这样的感慨，就在同一个月我前往华盛顿和纽约，与新保守主义的朋友们重聚一堂。

当然，他们依然强硬。没有联合国的支持也无所谓，其实这样更好，在政权更替后反而可以不受联合国干预就能解决伊拉克的民主化建设问题，这就是他们的态度。此外，在对待伊朗、朝鲜这两个剩下的"邪恶轴心"国家时，也必须保留行使武力的选择。

但是，伊拉克战争七个月后，当我为搜集本书所需资料而再度访美时，布特等人的语调有了微妙变化，锐气已经不足了。还是同样的这些朋友，都坦率地承认通过最大限度使用高科技武器的"拉姆斯菲尔德的战争"尽管轻松地实现了政权更替，但其后的国家建设却十分棘手。为此，必须避免当时14万伊拉克美军驻留的长期化，而要确保维持美军士气所需要的轮替，就必须立即召集9个旅的国民警卫队部队（约4.4万人）。其中的一人更是直言"太理解占领日本是多么的特殊了"。

因此，目前无论是理论上还是现实中，美国都没有对朝鲜行使武力的兵力准备，唯一有可能的是在公海上对朝鲜的导弹和毒品走私进行临检。这种发言与以往可是不同了。

就在我回到日本后不久，布特在8月3日《纽约时报》意见版上发表评论，称"如果无法派出更多的部队和付出更多的资金，那么美国就应在联合国寻求一个其他国家也可以参与占领的新决议"。[2] 保持联系一年半有余的布特在这篇投稿中所表达的思路在观察今后动向时十分重要，对于向伊拉克派遣自卫队的日本而言也是不可忽视的。

布特写到"在伊拉克重建问题上，单边主义仅仅是实用主义性的，还是神学性的，对此保守派正在显露出很有意思的分裂"后，详细阐述了自己的观点。

①美国在努力给伊拉克带去民主主义和稳定之际，正面临着兵力和资金不足的问题。14万伊拉克美军中的很大一部分从去年就开始驻扎，其中一些更是公然出现了要求回国的不满。但是，由于在阿富汗、科索沃、波斯尼亚、韩国以及其他地区也有必要部署美军，因此可以进行轮换的部队数量是有限的。

②根据可信的推算，现在重建伊拉克的资金缺口在1000亿美元以上。美国每个月在伊拉克花费40亿美元用于战争，由于本会计年度将会出现4500亿美元的赤字，因此布什政府不可能再对议会和财政部提出更多财政支出的要求。

③目前为止国际社会提供的财政和军事支援十分有限。美军之外只有1.3万名英军。9月也只有波兰指挥的9000名多国部队到达。而埃及、德国、印度、巴基斯坦、俄国、土耳其则均表示需要联合国的承认才可以派兵。

④他们是不是真心想派兵呢？可能不想打一场令人头痛的游击战才是本意。不过，考验一下他们的诚实并无害处。如果新的联合国决议可以减轻美国在军队和钱包上的压力，那么尝试一下也并非坏事。我们在波斯尼亚、科索沃、阿富汗以及其他地区与联合国的合作不也很顺利吗？

⑤如果担心这样会导致占领指挥系统的混乱，那么考虑到波兰指挥下的部队由12个国家的军人组成这一事实，就会发现这不是什么大的问题。联合国的参加可能会提供富有国家建设经验、自如运用阿拉伯语的随员和专家。的确，美国可能会丧失一定的支配权。但是，众多美军仍驻扎在伊拉克，联合国安理会的新决议不会改变美国指挥的实质，并有助于抵消掉美国统治着伊拉克这种看法。

⑥没有联合国的祝福即进攻伊拉克的布什政府的决定本身完全没有问题，只是做了和克林顿总统与北约在科索沃做的同样的事情。是否和联合国建立关系，美国应该就事论事，在判断每个具体问题是否有助于美国实现其外交政策的各种目标的基础上进行决策。

⑦不幸的是，由于美国政治存在的感情过剩倾向，因此长期且合

理地思考这个问题变得困难。自由派自动地就将联合国视为解决问题的场所，而大部分保守派则反射性地对此予以批判。

⑧尽管联合国不是万能药，但美国并没有担负起国家建设这一长期问题的意图，从利比里亚的情况可以看出，现实中联合国具有利用价值。将伊拉克列入这一范畴为时尚早，还有待于会形成何种形式的安理会决议。但是，保守派不应全盘否定联合国并阻挠这一进程。主要目标并不是要伤害联合国，而是帮助伊拉克，帮助美国。

翻译了这么多，是因为在我看来，2003年8月3日这段新保守主义年轻才俊直率的推论，对于理解他们在国家建设问题上是如何考虑解决所面临的与越南战争相同的"泥潭化"危机是十分重要的，笔者认为，这些论断说出了他们的真心话。

布什总统接受了鲍威尔国务卿的建议，公开开始寻求联合国新决议的动向就是在布特这篇投稿后不久。

实用主义的单边主义

必须注意到文章将排除联合国、强行政权更替的单边主义定义为不是"神学"而是"实用"性的，即只要在伊拉克重建问题上美国的军队和资金不足，那么再次利用联合国进行尝试并非坏事的逻辑。把所有事务都交由联合国处理的"利比里亚方式"也成为了长期性的选择之一，这一点十分重要。

在这篇投稿中，还谈到了保守派内部在对单边主义看法上的分歧，明显"缺乏高昂的士气"，与伊拉克战争开始前的2002年5月和10月两次采访时的发言相比，其差异一目了然。

我之所以关注他的"实用单边主义"，是因为在2002年5月第一次见面时，我与他深入地讨论了单边主义的定义，对他强烈的雄辩逻辑印象深刻。

布特对尼克松"不让美国士兵再流血"的战争越南化计划及使其正当化，并通过中美和解实现了从越南"光荣撤退"给予了肯定。他认为尼克松时代作为"竞争者"的美国向国家利益优先主义的转变正是单边主义，并称"即使我们与布坎南等独立主义者意见对立，但并不否定单边主义。在和自由派的口号政治以及盛宴政治诀别的意义上，尼克松时代的转变是正确的。今天，我重视伊拉克战争的支出也是出于同样的想法。但是，以前那种仅限于对行使权力犹豫不决的单边主义是错误的，恐怖袭击就是其结果"，明确了寻求新型单边主义的态度。

这种新型单边主义就是"不让美国士兵再流血""为在五极竞争中取胜的国家利益优先主义"等尼克松的实用主义和履行作为"自由帝国"的责任这两张面孔时而分开使用，时而一起使用，由此可见布特雄辩的逻辑。

实际上，布什政府执政后的标志性政策单边主义在"9·11"事件后，"自由帝国"责任论不断高昂的势头中已经出现了我行我素的变化。

美国迅速交上了一直拖欠的2001年会计年度5.82亿联合国会费，决定了空缺的联合国大使。长期被视为问题的巴基斯坦和印度的核计划也不再过问，制裁也被解除。与克林顿前政府时期相比，布什政府曾因"漠视人权""不是民主主义"而与中国保持距离，反而采取亲台路线。但"9·11"之后，双方情报部门也在恐怖主义情报方面实现了合作，2002年江泽民国家主席被邀请访问得克萨斯州布什总统的牧场，中美发表了"反对台湾独立"的联合声明，双边关系正在进入蜜月期。

但同时，退出京都议定书的方针、撤回对克林顿政府签署的建立国际刑事法院（ICC）的支持、单方面退出《反弹道导弹条约》、根据在不同州的竞选战略实施或解除对进口钢材的限制措施、民主党也吃惊的农业保护政策等保护美国国家利益、或者说为了维持政权的我行我素的态度并没有改变。新保守主义对这种实用主义性的单边主义并没有表示反对。

实用主义的经历

我觉得可以从布特开始出现的、与以前尼克松同样的将战争"当地人化"的态度中观测到新保守主义中单边主义的真实状况，至少深切感受到了它与尼克松主义的实用主义思路"本是同根生"。我曾偶然亲身体验了这种实用主义。

第一次赴美工作结束后,从1972年到1975年4月西贡陷落为止的三年期间,我以曼谷为根据地对中南半岛三国的战争进行了采访。1973年3月29日,我在南越的"首都"西贡,即现在越南社会主义共和国的胡志明市郊区的新山一(Tan Son Nhat)机场采访了美利坚合众国军队的撤退仪式。

我听到了时不时卡带的录音带播放的美国国歌,也看见了显得寂寥的星条旗。我把这一天的见闻写成稿件发送给了东京的共同通信社总部。1962年2月设立美国驻越南军事援助司令部后历经11年的这一天,美国在这场美国历史上为时最长的战争中向失败迈出了一步,同时也是开始在越南化计划名义下抛弃西贡亲美政权的一刻。那天的报道是这样写的:

西贡29日电　松尾共同特派员

美军就这么轻轻地走了。剩下的是越南人时隔一个世纪以来获得自决权利的解放感和同胞之间依然在战斗的苦痛。

美军消失的29日,在西贡近郊新山一机场体会到的是等待越南南部大地上毫无疑问发生着的变化以及伴随着的奇妙且错综复杂的紧张感。

最后一任美国驻越南军事援助司令部司令弗雷德·韦安德(Fred Weyand)上将飞往夏威夷前,在南越政府军高文园总参谋长为首的南越政府高级官员面前,用准备好的越南语发表了道别演说,尽管慷慨陈词地宣讲"美国的任务已经结束""期待光荣的和平依然继续",但得到的只是越南人特有的充满礼貌、但却不会反映内心想法的笑容和矜持的鼓掌。红色地毯、金光闪闪的军乐队和仪仗兵。在蓝天映衬下垂挂着写有感谢美军字样的五彩缤纷的条幅。

与在此之前举行的、连播放美国国歌的录音带都坏了的美国驻越南军事援助司令部解散仪式相比,这个欢送仪式可谓格外豪华热闹,但却远没有凯旋回国的狂热和兴奋。

这里还有一些用锐利的目光看着美国兵的越南人,他们是检查美军出发的四方联合军事委员会越南北方代表和临时革命政府代表团的八名代表。北越代表团和发言人吴钦（音译）中校用无限感慨的语气说："一年前连相信都不敢相信美国会离开越南，而现在变成了现实。外国人离开我们的国土已是时隔100年了。"

下午6时（日本时间7时）前，一队美军士兵准备乘坐经由横田基地飞往加利福尼亚特维斯（Travis）空军基地的最后一班C141运输机时，迎来了蜂拥而来的美国记者们的一连串提问，"你认为越南战争有什么意义吗？""你觉得美军撤退后南越能支持住吗？""回国后还会在军队吗？"士兵们尚未回国就已遇到这些令人不愉快的问题，应感受到了回国后将面对的美国社会"脱越南"的变化。

尽管也有军士涨红着脸高叫"为了战斗我还要回来"，但其他人都默默地走进机舱。尽管最后一位登机的333基地航空团司令大卫·奥德上校在走上舷梯前用力摇开香槟使气氛活跃了起来，但这也是一天中美国大兵们唯一一次宣泄感情的瞬间。

临时革命政府代表团的阮生新（音译）中尉眼睛湿润着说道："从今天开始，民族开始了新的征程，尽管将面临众多困难，但正因为如此，这次必须由我们自己来实现真正的民族和解。"

北越和临时革命政府的代表们都在欢声谈笑，还笑容满面地宽慰美军士兵"结束战争啦，今后是友谊的时代"，并向最后的士兵赠送了印有胡志明画像的明信片和精巧的竹帘。

与此相对照的是，南越军队军官们的态度无论在什么地方都很僵硬。有人突然叫来摄影记者，并指着飞机场的方向说"那儿停战了"，而那里正是刚刚运达的政府军士兵遗体和哭红了眼睛的几组家属，而离乘坐最后美国军机的美军士兵们只有500米远。

这一幕也说明了美国军事干涉留下的深深伤痕和摆在南北方越南人面前的民族自决和解之路的凶险。

被抛弃的南越政权

在发出这篇报道三天后，也就是1973年4月1日，关押在河内的以飞行员为主的400名美军俘虏全部被释放，最后一队俘虏从河内出发登上了归国的路途。美军撤退仪式就是释放美军俘虏的交换条件之一。

这一年的1月，尽管遭到了南越阮文绍总统的强烈抵抗，基辛格和北越的黎德寿特别顾问还是在巴黎签署了巴黎和平协定。释放战俘也是这次交易的一部分。对于正在为"水门事件"焦头烂额的尼克松而言，实现释放美军俘虏、停战、在成功推动越南化计划名义下的美军"光荣撤退"——这些和北越军队之间"相互撤退"相距甚远的一揽子交易成为国内政治的最高指示。寻找"出路"是最重要的。为了让河内接受这些条件，1972年末尼克松对河内和海防进行了为期11天的大规模轰炸。

在新山一机场，南越士兵甚至都没有表情也属当然。他们知道，我在报道中写的"南北越南的自决与和解"是不会到来的。等待他们的只是两年后美国抛弃南方亲美政府和北方吸收南方的冷酷剧情。在采访撤军仪式后，我沿着海边一号公路从西贡一直走到进行南北双方交换俘虏的南北交界城镇广治时，一路上就看到有些村庄已经挂上了南越解放战线的旗帜。

从这个时期起，美国国会陆续通过了禁止美国在中南半岛的军事活动经费、对南越援助上限定为10亿美元等一系列限制美国军事行动和援助南越的决议。总统的否决权也被推翻了。1974年8月9日，被迫辞去总统职务的尼克松总统最后签署的法案之一就是对南越援助10亿美元上限法。这真是历史的讽刺。尼克松辞职几天后，这10亿美元又被削减到了7亿。尼克松秘密动用B52对柬埔寨境内胡志明小道的轰炸也因议会决议而停止。

到了1975年春节，对南方渗透已经全面到位的北越军队在南越各地发动了压倒性优势的进攻，古都顺化、岘港等主要城市如雪崩般陷落，阮文绍的亲美政府一瞬间灰飞烟灭。在西贡的美国大使馆屋顶，70架美军直升机将大约6000人运到了航母，记录这一悲惨逃亡的电视画面在全世界扩散。这是在1962年肯尼迪总统设立美国驻越南军事援助司令部13年后，"持枪民主主义"一败涂地的一天。

在西贡陷落一个星期前的4月23日，尼克松的继任福特总统表示：

"今天，我们已经可以恢复在越南战争前所拥有的自豪。但是，这并不是通过再次发动已经结束的战争来实现的。而这一悲剧性的发展也不是预言世界末日的到来和美国世界领导力的终结。"

与新保守主义对立的国防部长

我之所以花了一些篇幅讲述我在四分之一世纪前写的"越南化计划"谢幕的采访报道，是因为除了布特，国防部长拉姆斯菲尔德开始更加明确地表达了通过"伊拉克人化"解决国家建设的考验并最终减少美国占领军、寻求撤军"出路"的想法。

2003年11月6日，拉姆斯菲尔德国防部长宣布了将当时驻留伊拉克的13万美军从2004年1月到5月减少到10.5万人的方针。

其中他特别强调"由伊拉克人组成的各种治安部队已经增加到了11.8万人，其规模在向伊拉克派遣的多国部队中仅次于美军的第二位，超过美军成为最大兵力指日可待。现在美军的前线指挥官们谁都不寻求增派部队，这是因为与伊拉克人组成的部队的联合作战正在不断取得战果。此外再加上6万人的警察和保卫石油管道等设施的警备队、民间护卫队等，由伊拉克人承担责任的机制正在迅速完善"。

从拉姆斯菲尔德的发言中，我感受到了他与1970年首次提出"越南化计划"一词并大力加以推动的时任国防部长梅尔文·莱尔德的相似之处。更准确地说，看到了他"学习"莱尔德的效果。

而拉姆斯菲尔德部长在这个"伊拉克人化"构想上与本应是友军的新保守主义派发生了激烈的论战。

在2003年9月29日《华尔街日报》意见栏的投稿中，拉姆斯菲尔德首先承认占领伊拉克的美军和英军正面临着困难且危险的局面，同时也列举了占领开始后5个月期间报纸和电视台几乎没有报道的六点成绩。[3]

①组建了4万人以上的新的伊拉克警察部队；②开始了对新伊拉克陆军的训练；③主要医院和大学已经恢复；④建立了新的伊拉克中央银行并发行了新的货币；⑤伊拉克临时管理委员会开始运作并认命了

政府成员；⑥主要城市和几乎所有村镇都建立了议会。

这些在维持治安和民间重建方面取得的成果，是以远比二战后开始占领德国时快的速度实现的。因此，拉姆斯菲尔德断言没有必要向伊拉克增派部队。

在此基础之上，拉姆斯菲尔德部长表示："主张美国应增派部队的人们忽视了伊拉克当地美军指挥官和伊拉克临时管理委员会成员所说的、有必要的不是美军而是招募伊拉克人的意见，为了实现我们将管理伊拉克的责任交给伊拉克人民的目标，我们必须考虑什么才是真正有作用的意见。"

随后，拉姆斯菲尔德进一步声称："伊拉克人民承担起国家的管理和安全责任，为外国军队可以撤出伊拉克提供支援，这是我们的目标。重建伊拉克的不是美国而是他们，帮助他们开辟重建轨道之路则是我们的作用。布什总统要求为伊拉克重建提供400亿美元的援助就是为了这个目的。为了让伊拉克人民可以通过自己的双手保卫自己，如果我们早日提供支援，我们也就可以早日撤出伊拉克，伊拉克人民也就有可能自己决定未来。"

窥视"出路"战略

拉姆斯菲尔德国防部长提到的"主张美国增派部队的人们"是谁呢？正是新保守主义的论客们。他们这次与拉姆斯菲尔德可谓针锋相对。

更准确而言，拉姆斯菲尔德这篇投稿本身就是对新保守主义的主张提出异议，8月末以来在新保守主义旗舰杂志《周刊标准》等上，以该杂志总编威廉·克里斯托为首、包括罗伯特·卡根、汤姆·唐纳利从各个方面都对阿姆斯菲尔德提出强烈批评并要求增派美军。这也是正如老克里斯托所言"不是运动"的新保守主义派并非铁板一块的证明。

新保守主义派的主要观点如下。

"美军兵力不足，没有余力保护国境和高速公路。急于向联合国要求派遣多国部队和治安部队的伊拉克人化则缺乏足够的实力依托,实则放弃了在伊拉克建立强有力的民主主义并使其成为中东民主化突破口的美国责任。不应该在投入必要的支出和兵力上徘徊不前。"

"在进行占领之前的战争阶段,拉姆斯菲尔德国防部长运用减少兵力动员而依赖高科技武器的战略或许取得了成功。但是,在维持治安和游击战中,高科技武器未必能发挥作用,通过部署充分兵力施行传统意义上的统治是必不可少的。当地指挥官们在这一点上也有所不满。在现阶段,拉姆斯菲尔德部长推动的美国军事革命在伊拉克战争必须收获胜利应是次要性的问题。"

两者的差距相当之大。如果按照布特的说法,上述观点属于被他划清界限的"神学"单边主义。

对于拉姆斯菲尔德的反驳,两天后的10月1日,同样是在《华尔街日报》的意见栏,新保守主义理论大家、因《历史的终结》而闻名的霍普金斯大学教授弗朗西斯·福山在《"清淡"的国家建设》一文中进行了反击。[4]

"清淡"是酒精度低的清爽型啤酒之意,福山在文中语气激烈地指出:"真正的国家建设是让对方学习尊重人权、依法统治和政党作用等民主主义的基础,是极其复杂和需要时间的工作。仓促和仅仅强调在形式上将责任转让给伊拉克人,以启动新伊拉克为理由将美军撤退予以正当化,这种寻找'出路',如清淡啤酒般的简易型国家建设是错误的。为什么要打倒萨达姆?这会让至今为止的努力与投资都变得毫无意义。"

现在,一般认为拉姆斯菲尔德国防部长与寻求再次与联合国在派遣多国部队和提供支援方面进行合作的鲍威尔国务卿之间存在着明确的界线。但是,我甚至认为,试图在新保守主义反对的简易型国家建设中寻求干涉伊拉克"出路"的拉姆斯菲尔德,和反复强调在可以将责任转让给伊拉克人之前美军将驻留伊拉克的鲍威尔出人意料地一致。双方在最终回到联合国,将"伊拉克人化"的治安部队与成为"多国部队"一部分的美军进行组合的思路难道不是一致的吗?

我在想这应是布什总统的意思。与过去的越南政策一样,从中还是可以窥探到美国极为利己性的"出路"战略。当然,拉姆斯菲尔德部长也坚持确保伊拉克国内治安是美军的最大目标,"伊拉克人化"计划并不仅仅是为了"出路"。

但是,结合到布特的实用单边主义,我认为拉姆斯菲尔德国防部长的"出路"意识和新保守主义"神学"派之间的分裂,正表明了"持枪民主主义"已经开始思考在"9·11"事件的冲击后如何走向终结。因此,应该了解新保守主义派的真实状况。

里根的安定感

如果说到真实情况,最后就要再提到一件事,就是对"里根的美国"如何评价的问题。正如PNAC在1997年联合声明中所表述的:"我们似乎正在忘记里根政府成功的本质,即维持强有力的军事力量,开展大胆且忠实于美国价值观的外交,以及发挥美国的全球领导力等条件。"毫无疑问,里根路线是现在布什政府以及影响布什政府的新保守主义派的"范本"。

布什总统在"民主主义国家基金"演说中只有对里根的赞美和对其路线的继承。毫无疑问,苏联称为"邪恶帝国",并在以往和平共存路线之上又向前迈进一步,从而带来今天东西方冷战结束和美国一家独赢局面的罗纳德·里根是他们的英雄。但是,与好战的鹰派发言和印象不同,我理解的里根总统和其政府是其背后极其冷静和脚踏实地的作风。

"为什么里根那么受欢迎?"1984年夏天,在第二次赴美工作结束回国后,很多人都在问我这个问题。为此,我从各方面进行说明后,总是会强调里根总统带给美国人的安定感是重要原因之一。很多人都露出了意外的表情。但是,今天我确信里根之所以被赞誉为美国复兴始祖,其中就是有这方面的原因。

这里说的安定感就是英语的secure,说是安心感亦可,翻译成带来安定感也未尝不可。

告诉我用这个词来理解里根总统的是1982年遇到的保罗·C.沃恩克。沃恩克曾任约翰逊政府的国防部副部长（负责安全事务）和卡特政府军备控制与裁军署署长等职，是民主党自由派，即所谓的华盛顿建制派的核心人物，也是当时与里根政府正面对立的核武器冻结运动的领导人之一。

将我介绍给他的是20世纪60年代末华盛顿特派员时代的朋友、当时的民主党参议院领袖麦克·曼斯菲尔德的助理弗朗西斯·瓦莱奥。1957年，瓦莱奥在曼斯菲尔德的授意下前往冲绳调查，并建议早日将冲绳的行政权归还日本。对日本而言，可谓是一位幕后恩人。对于我而言，他也是在震荡期的华盛顿进行采访的重要消息来源之一。1968年，就在约翰逊被麦卡锡赶上的新罕布什尔州预选后不久，巴莱奥就最早断言"这样的话尼克松将当选总统"。今天，86岁高龄的他仍然精神饱满，思维纵横驰骋。

沃恩克这么说道："里根政府的政策我基本上都不支持，但是，必须承认，里根总统具有作为总统、国家领导所需要的安定感。里根忠实于反共思想、保守主义的初心，还不乏激烈的措辞。但是，我注意到他的实际行动却极其现实，最后会让人感到安全。"从民主党领导人口中说出这样令人意外的对里根的肯定，在有些困惑的同时，也让我恍然大悟，至今仍记忆犹新。

沃恩克进一步表示："能有这种安定感的总统，可能是艾森豪威尔之后的第一位。从肯尼迪到卡特的各位总统各有所长。但是，他们都有一个共同点，就是都无法像里根总统这样在原则和真话之间保持绝妙的平衡，结果都缺乏安定感。作为民主党而言，还没有像里根那样难对付的对手。"

另外，沃恩克认为当时的国务卿黑格尽管能力超群，但在缺乏作为领导人的安定感这个意义上，和过去的麦克阿瑟元帅一样，不属于安全，而属于可带来不安定感型的典型。对于曾经在麦克阿瑟占领政策下生活过的我而言，沃恩克的分析犹如亲身经历般的敏锐。

瓦蓝瓦蓝的眼睛

的确，用这个标尺衡量里根的内外政策，可以认为里根是有安定感的，并且带有强烈的现实主义色彩。

比如，在自夸通过大幅减税实现了美国经济活性化的背后，为了解决迫在眉睫的财政赤字，实际上分别在1982年和1983年两次增税。最初大肆渲染的在石油天然气机械上对苏联的出口管制，当盟国和国内业界的反对不断高涨后，不知何时又回到了计算利害得失的路线。大吹大擂为保全黎巴嫩主权并在越南战争后第一次向海外派遣美国海军陆战队对黎巴嫩事态的介入，也因为兵营遭到恐怖袭击造成241名海军陆战队员牺牲的5个月后，完全撤退。其逃跑速度之快可见一斑。

自1982年6月在英国议会进行演说后，里根不断将苏联称为"邪恶帝国"，从而为里根外交树立了强烈的鹰派印象。尽管如此，鉴于决不能再犯让5.8万名士兵鲜血毫无意义地洒在越南同样的错误这一教训，里根并没有冒险。

但同时不能忘记，正如在1983年入侵格林纳达一样，美军士兵的血没有白流，只付出了18人阵亡的代价，让美国国民充分享受到了"强大美国"的快感，这也是亦可称为爱国现实主义的里根总统外交感的原点。"美国成功地恢复了对苏联的军事威慑力，其结果与苏联的谈判才成为可能"，这一"里根的缓和"路线也出自于此。

在谋求1984年连任的竞选演说中，里根总统自豪地宣称："在我执政以来，没有一个国家落到共产主义者手中，同时现在美国也没有出动到世界任何一个地方。"而在此期间苏联外交部长葛罗米柯却拜访了白宫。在竞选最激烈的阶段与葛罗米柯外长的握手是决定里根实现连任的秘密一手，因为这等于是苏联发出了配合里根外交的信号。在继续出口武器等方面保持与台湾友好关系的同时，还实现了对中国的正式访问，里根对华政策的安定感也极其出众。果然是一位很有安定感的总统。也想起当时我就感到这与总以"好莱坞二流演员出身"印象看待里根总统的日本存在着很大的差距。

1984年回国后,在被请去演讲之际,我都会竭力说服听众,如果一定要用在好莱坞的经历来形容现在的里根总统。那么"前美国演员工会主席"的称号更加符合其印象。

1947年起的5年时间里,里根总统出任演员工会主席,这也是好莱坞饱受麦卡锡主义旋风侵袭、众多演员和导演被扫地出门的最困难的时期。《华盛顿邮报》跟踪报道里根的记者罗伊·卡侬曾分析认为,"里根主席"(当时是民主党党员)通过巧妙的平衡感在左右两翼的夹击中保卫了工会,无意之中迈出了作为"实际上的政治家"的第一步。

里根1994年患上阿尔茨海默症(老年痴呆症),和至今仍陪伴着他的南希夫人也是在那个时候相识的,当时南希作为刚刚出道的年轻女演员,因为被左翼报纸介绍为"同志"而受到困扰,找到工会主席里根商谈,从而开始了两个人的人生旅途。

我在第二次赴美工作期间,一次在峰会前与各国记者的联合采访、两次在记者招待会、共三次有幸获得了和里根总统握手的机会。这三次机会都是当时作为新来记者的我到各处打招呼,每天早上准时出席9点在当时白宫发言人斯皮克斯白宫内小办公室召开的吹风会时自然遇到的。和里根面对面握手时,他柔软的大手、热情洋溢的笑容和瓦蓝瓦蓝的眼睛给我留下了深刻的印象。

与切尼、拉姆斯菲尔德的相识

实际上,当时在华盛顿跟我提到里根总统安定感的还有一位,就是现在的副总统、当时来自怀俄明州的众议员理查德·切尼。

这个话题还要追溯到1969年9月的下田。在华盛顿采访完尼克松政府诞生回到国内后,我接到现在国际交流中心理事长山本正的指示前往正在召开的第二届日美民间人士会议,即下田会议,采访来自芝加哥的第四任众议员、担任尼克松新政府"经济机会办公室"主任的拉姆斯菲尔德。在会议结束后,他和山本等人一同到下田市内的寿司店,就尼克松政府畅饮欢谈。37岁、普林斯顿大学毕业的海军飞行员、全海军的摔跤冠军——当时的拉姆斯菲尔德充满了权力精英对前程似

第十章 "反击"与"出路"

锦的自信与野心。

与拉姆斯菲尔德再次见面则是12年后的1981年5月，在芝加哥郊外西尔医药的总裁室。我作为共同通信社分局长再次前往华盛顿赴职途中特地去了芝加哥，希望他介绍在华盛顿可以详细告诉我刚刚启航的里根政府方方面面情况的消息源。

自从下田一别后，拉姆斯菲尔德被尼克松的白宫重用，1973年出任驻北约大使。为此也幸运地逃脱了"水门事件"的牵连，1974年福特政府成立时出任白宫办公厅主任，一年后成为史上最年轻的国防部长。但是随着1976年总统大选中福特败给卡特，拉姆斯菲尔德也很快下野，并出任西尔医药的总裁。

在听到我的请求后，他马上指示秘书打了电话，电话的那一端就是切尼众议员的办公室。他非常周到地对我进行了介绍："这位先生给尼克松写过书，还翻译了尼克松回忆录。"众议员宿舍的电话号码和秘书的名字也写在纸上告诉了我。我觉得他不取巧、亲切且踏实。至今我仍记得当问他会不会回华盛顿时，他眨着眼睛对我说"总会有一天的。"

切尼众议员马上就与我见了面。当时40岁的他与雷厉风行一词十分般配，第一面就感觉到将来他一定会是位人物。刚一见面，切尼就开门见山地说："拉姆斯菲尔德是我的恩师，既然他说了，您就随便问吧，问什么都行"。

怀俄明大学毕业后，尼克松执政期间在白宫担任实习生后第一个得到的职位是拉姆斯菲尔德的特别助理。按照日本的习惯，就有点像上司和部下的关系。不应忘记，即使现在权力关系出现了逆转，切尼和拉姆斯菲尔德分别是副总统和国防部长，但这种关系仍然在维持着。

在福特政府时期，切尼接任拉姆斯菲尔德被提拔为白宫办公厅主任，福特竞选失败后成为众议院议员，第一次与我会面时是第二个任期，到我1984年任期结束时一共见了四次面。每次的回答都是亲切且一语中的。

"不要瞧不起里根"

给我印象最深的是，他反复强调"不要瞧不起里根。忠实于反共思想、保守主义的初心，激进地将苏联称为'邪恶帝国'，但实际行动上却很现实，最后会带来安心感。美国恢复了对苏联的军事威慑力，其结果是与苏联谈判成为可能。里根的目标并不是激化冷战，而是终结冷战"。对我而言切尼的评论弥足珍贵。

众所周知，切尼作为老布什政府的国防部长，与鲍威尔国务卿（当时出任参谋长联席会议主席）联手成功赢得了海湾战争。现在再次与拉姆斯菲尔德恢复师徒关系，支持着叙说里根"强大美国"成功故事的布什政府。人们也知道，他们向布什灌输了很多新保守主义的主张。

但是不应忽视的是，这一组合都是担任过众议员的"政治家"。他们与理论家集团但不是"运动"的新保守主义还是存在不少的不同。前面提到的与鲍威尔国务卿的矛盾我觉得最后也会由布什总统调和的。与布特所言的实用单边主义的连接点颇有意思，也是今后对布什政府最大的关注点。

遗憾的是，1984年我结束了在华盛顿的工作后，与他们二位的联系就中断了。经过了19年的岁月，他们都可能发生了变化，也许会重复因成功产生的骄傲而自掘坟墓的故事。

从电视里看到的二人、特别是切尼明显苍老，流露出重责带来的压力，眼光也变得严厉了。但是，两人发言的尖锐与昔日并无二致。希望他们与里根一样，在最后可以"带来安定感"吧。

注释

1. George Packer, *The Liberal Quandary Over Iraq, The New York Times Magazine*, December 8, 2002.

2. Max Boot, *America and the U.N., Together Again? The New York Times*, August 3, 2003.

3. Donald H. Rumsfeld, *Help Iraq to Help Itself, The Wall Street*

Journal, September 29, 2003.

    4. Francis Fukuyama, *Nation-Building "Lite", The Wall Street Journal*, October 1, 2003.

尾章　可以实现"德累斯顿的和解"吗？

54个国家参加

在本书写作进入后半段的2003年8月，我到英国旅行了约一周。除了履行去鼓励留学英国的三女的承诺外，也是为了去访问分离派清教徒竖起反旗之地史克罗比。旅行回国时我的心情十分复杂，在感受到全称大不列颠及北爱尔兰联合王国的"英国"作为"帝国"之老练的同时，也仿佛在背后看到了诞生于往昔大英帝国的美国。

这不是我第一次访问英国了。第一次是1968年6月，在巴黎对越南和平会谈和"五月革命"采访后回华盛顿时途径伦敦，随后又去过五六次。在五年前访问时，某银行的朋友请我到伦敦中心刚开业的全是玻璃墙装饰超现代风格的"Bank，bannku"餐厅就餐，这里离追查布莱尔首相涉嫌操纵有关伊拉克情报时召开独立调查委员会的王立裁判所很近。

在这家餐厅，朋友请客吃到的炸鱼薯条和1968年大口大口吃的用报纸包起来的完全不像是同一种食品，味道和包装都十分雅致。我还坐火车通过1994年刚刚开通的穿越英吉利海峡的海底隧道到巴黎走了一圈。当时我想更加近距离地观察可以清晰感受到EU气息的新伦敦和新英国。

而这次给我印象最深的却是伦敦已经形成了各种肤色交杂在一起的多民族社会，甚至一瞬间让我以为到了纽约。全世界英联邦54个成员国的人的面孔都能找到相应的代表，以致我都产生了在此写下这54个国家名字的冲动。真是很不错的感觉。这54个国家中，有16个是由英国伊丽莎白女王二世兼任国家元首的。按照英文字母的顺序，他们分别是安提瓜和巴布达、澳大利亚、巴哈马、巴巴多斯、伯利兹、加拿大、英国、格林纳达、牙买加、新西兰、巴布亚新几内亚、圣基茨和尼维斯、圣卢西亚、圣文森特和格林纳丁斯、所罗门群岛和图瓦卢。

将过去通过军事统治的七个小国继续控制在英联邦这个"新帝国"之中，让我再一次看到了这个小岛国的实力。

我还去参观了暑假期间对外开放的白金汉宫。一边带着可听到查尔斯王子致辞的耳机导游，一边走过一间又一间金碧辉煌、可亲身感受集聚世界各地财富的时代的房间，使我想起了已故松本重治的话。

在1970年发表的《美国民主主义思想的原型》一文中，松本写道："回过头来看，将美洲殖民地逼向独立、革命与建国的英国对美政策明显是英国的大失策。以敏锐外交感为荣的英国如果在那个时期可以正确评估北美殖民地的实力、殖民地民族主义和反对欧洲专制的情绪，那么毫无疑问，此后的世界历史将会发生剧烈的变化。今天，英联邦中，加拿大、澳大利亚、新西兰以及独立后的印度等都包容在内，正是英国从当时对美政策失败中学到的教训。"[1]

站在英国的土地上想到远在西方的美国，就感到可以理解在美国和欧洲大学都学习过的松本为何总是念念不忘他的这个分析了。

根据销售给参观者的《白金汉宫官方指南》，作为"丢掉美国"责任者约翰三世的私家官邸，白金汉宫是1761年王室从当时的白金汉公爵手中买下后开始起步的。第二天的晚报报道，巴巴多斯出生的19岁黑人女性第一次被选拔为女王的皇家骑兵卫队队员。

访问史克罗比

史克罗比在伦敦正北，坐火车约一个半小时。是沿着罗宾汉传说中有名的舍伍德森林东北部广阔农村地区的一个小村庄。村庄面向通往苏格兰爱丁堡的老路北方大道，这里的庄园从十世纪开始就是国王和大主教的住所，亨利八世在此召开过枢密院会议，同时还是马车的驿站。

但是，使史克罗比庄园闻名于世的则是史克罗比出身的移民北美朝圣先贤中最德高望重的长老、实际领导人布鲁斯特从其父开始担任这里的管理人。也因此作为普利茅斯第二代总督并留下珍贵记录的布莱德福德、亡命荷兰后直到"五月花"号出航前负责与伦敦的风险基金交涉的罗宾森牧师等第一批移民领导人们，就是在这里秘密召开清教徒分离主义者集会的。在第四章中介绍了这些人的故事，大概是在1606—1607年间。

现在，史克罗比人口大约300人，可以被称为商店的只有一家店名叫"朝圣先贤"的小酒馆兼餐厅。这里完全没有被开辟为观光景点，只有三个地方竖立着介绍历史的牌子。现在在行政关系上隶属史克罗比的巴塞特罗地区博物馆馆长和地方史专家、本人也住在史克罗比的马尔科姆·德比先生为我做了介绍。

布鲁斯特等人在躲避国王和国家教会奸细的同时，讨论主张"通过自主开展教会活动直接与上帝沟通之信仰"的清教徒分离主义教义所在地庄园仍保留着一部分，现在的所有者也住在里面。德比先生告诉我，在古老的砖墙上镶嵌着普利茅斯协会等送来的纪念匾额，才第一次知道这是一座历史建筑。在这座房子的前院洗完的衣服随风飘舞，再往前的牧场上几匹马正吃着青草。

太过平静且普通的风景让我多少有些困惑，这时德比先生就像看到了我的心思一般说道："在那个时代，他们是因为纯粹才成为激进和异端的组织。因为他们处于比试图在教会内部改革国家教会的腐败与权威主义的清教徒更加边缘的位置，且寻求脱离秩序本身，因此真的受到了强烈的镇压。逃亡荷兰以及前往几乎所有英国人都无法正确理解其存在的新大陆，这些都是抱着必死决心的激进行动。在英国国内，这是令人窒息的宗教对立逐步发展为40年后血腥的清教徒革命，并最终导致国王查理一世被送上了断头台。"

因此，大约4个世纪前英帝国激进分子孕育的美国民主主义在东西方冷战一家独大后的今天，经过"9·11"事件的冲击，因为其作为"自由帝国"的使命感和义务感，所以还是那么激进。接触到英国的空气后，就可以看到还很年轻和不成熟的"美国"。在伊拉克"持枪民主主义"的实践难道不是一个极端的例子吗？

在想着上面这些的同时，站在庄园面前，我觉得应该去了解1688

尾章 可以实现"德累斯顿的和解"吗？

年资产阶级革命后成立的权利法案第七条在其后英国国内发挥了什么作用？正如美国宪法第二修正案至今仍然存在一样，现在的英国人如何看待第七条的存在意义呢？

如同在第二章所提及的，权利法案第七条通过文件的形式规定当时被称为"自由人"的一般市民拥有为了自卫而保留武器的权利，并将民兵组织制度化以防止拥有常备军的国王的专制化，从而支持了英国君主立宪制的实施。

当时这一极其激进的规定原封不动地越过大西洋，成为美洲殖民地民兵制度的基础，其"武力行使DNA"深深铭刻在民主主义之中，也是"持枪民主主义"的原点。美国独立正是这样的民兵部队战胜了英国国王派遣的常规军的结果。从权利法案第七条诞生的"武力行使DNA"变成了作为市民权利的认可持有枪支的合众国宪法第二修正案，并扎根于美国民主主义之中。

其后，这一"持枪民主主义"在对土著印第安人的"排除"和对黑奴的"歧视"中留下印记的同时，抱着对"命里注定"的坚信不断向西扩展。这支民兵部队最后改名为国民警卫队，经过南北战争后成为美国军队这支强大常备军的一部分，在历经两次世界大战和东西方冷战胜利、朝鲜战争平局和越南战争失败后，今天面临着一家独大的局面。在广岛和长崎首次投入实战的核武器也占有压倒性优势。

当看到在"9·11"事件带来的冲击中布什政府以这种压倒性实力为背景无视联合国而发动伊拉克战争这一激进的单边主义面对着国家建设的考验时，在维持着英联邦这一成熟"新帝国"英国里，美国继承下来的权利法案第七条身在何处呢？我其实就想问这个问题。

没有第二修正案的英国

在伦敦再次见到的英国朋友的回答很简单，"谁都不知道权利法案第七条。民兵这个概念也已经不存在很长时间了。原本英国就没有单一的宪法，而是依靠习惯法不断积累和发展的国家。甚至不会想要像美国那样还重视二百多年前的第二修正案"。

的确，一般的英国警察现在也不配枪，据说英国使用枪支的犯罪只有纽约的1/10。原本就与美国不同，市民需要所居住的地区警察署长经过严格审查才发放的许可证后，方可购买枪支弹药。枪支持有者决定保管场所，并必须保持随时上锁的状态。许可证可以简单地吊销，实际上持有枪支者非常有限。枪支制造者和销售者采用登录制度，必须记录向谁出售或转让了枪支。

这种管制是基于1870年枪支许可证法、1903年手枪法、1920年火器法和1937年火器法等制定的，对猎枪的管控也在1989年大幅度加强。总之，对枪支的管控之严是在美国无法想象的。并且也不存在诸如NRA这样的院外集团。最大的枪支组织"英国射击和保护协会"名字就像是一个可出现在福尔摩斯世界中的协会，其目的是维护对射击竞技和狩猎用枪支的拥有。

从历史上也可以看出，权利法案后，国王常备军与市民组成的民兵之间的对立结构持续时间并不长。这是因为在与法国和西班牙反复争夺海外殖民地的大战争过程中，民兵已经普遍被编入常备军派往海外作战了。与美洲殖民地的民兵部队作战并失败就是其工作的一部分。讽刺的是，在美洲殖民地以及随着与拿破仑的法国的战争相继结束，在1815年前后，英国的民兵制度就销声匿迹了。

与"排除"印第安人和南北战争等连续不断的激烈的国内行使武力、枪成为生活必需品的美国不同，英国最后一场国内战争是1746年在苏格兰镇压查理王子叛乱的克洛登（Culloden）战役。此后，对民兵和枪支的社会性依赖度就大幅度下降了。

被德比先生称为"抱着必死决心的激进行动"的朝圣先贤们在普利茅斯的殖民，建立当时可称为最激进运动的君主立宪制的权利法案第七条。吸收了英国本土激进行动的美洲大陆。在这里诞生的民主主义中，这些激进性依然在代代传承。"行使武力NDA"成为其生活的一部分，"持枪民主主义"也日益稳固。

在返回伦敦的火车上一边欣赏风光无限的英国田园地区，一边这么想着，算是说服了自己。而这种激进的结果，就是现在在伊拉克陷入了唱独角戏的境地。不知为何，觉得美国有点可怜。

尾章 可以实现"德累斯顿的和解"吗？

从史克罗比回到伦敦后，看到了《星期日泰晤士报》的报道，称"最近很多美国的大学向英国专门研究大英帝国历史的学者发出了授课邀请。可能是面对伊拉克战争后过于拙劣的国家建设，美国希望从英国学习维持帝国的技巧吧"。

在这篇报道中，应邀将在普林斯顿大学授课的英国政治经济学院琳达·柯里教授表示："美国人应该明白，无论对美国现在在做的事情有什么样的看法，帝国这块招牌都不是那么好挂的。不仅经济上要付出，还需要时间和人的生命。"

摆在美国面前的是一个选择，美国准备不准备为伊拉克的国家建设做出琳达·柯里教授所说的作为帝国在"时间和人的生命"上的牺牲呢？仅仅靠打倒和抓住萨达姆就能平息"9·11"事件带来的冲击吗？还是正如现在牵着布什总统走的新保守主义者们所称的，忍受作为"自由帝国"责任和义务的牺牲直到伊拉克实现民主化的那一天？还是再次利用联合国，如尼克松"越南化计划"那样通过伊拉克人化和多国部队化寻求"光荣撤退"的"出路"呢？斯考克罗夫特在与老布什总统合著的《变化的世界（A World Transformed）》（1998年出版）中宣称，美国建国后"首次经历"的一家独大所面对的考验是相当严峻的。[2]

但是，有可能进行挽救的是存在着总统选举这一美国独特的体系。给予国民选择领导人之机会的制度将会在2004年运用一次。2004年总统选举将毫无疑问是对发动伊拉克战争的布什总统的信任投票。

1787年在费城召开的美国宪法制定会议上，最初的提案是总统任期七年。建国之父中的一人汉密尔顿在宣传批准宪法的《联邦党人文集》第71篇中对之所以决定四年任期进行了解释，认为这一任期"在有助于行政府稳定化的同时，不必因之担心公众自由会受到损害"。与每两年改选一次的议会选举配套，每四年进行一次国民选择总统的选举制度创造出英国、法国都不存在的美国民主主义的建国之父们的智慧结晶，也是这一原创值得自豪的杰作。

2003年11月，在为了执笔本书最后一次去美国采访取材之际，与在第十章提到的前参议院领袖助理巴莱奥时隔五年再次会面，并一同进餐。近来妻子去世，与爱犬法国斗牛犬"巴迪"一起生活的巴莱奥精神头完全看不出已86岁高龄，1968年2月预言尼克松将当选的政治敏锐度丝毫不减当年。

巴莱奥如此说道："总有一天美国会出现女总统的。很多人说会是希拉里·克林顿。我是忠实的民主党党员，所以这样很好。不过，如果2004年布什总统可以连任，国家安全事务助理赖斯就会出任国务卿等要职。要是这样，2008年后赖斯女士就会和希拉里女士一样，在经过参众两院议员或州长选举的洗礼后，或许成为第一位女性且是黑人挑战总统选举的人。我是布鲁克林意大利移民的儿子，我父亲是英语都说不太好的修鞋匠。各民族的人不远万里来到这里。赖斯总统——作为'美国梦'并不是坏事。尽管可能在我的有生之年见不到了……"

总是想到，美国还是一个激进的年轻国家。在开始本章写作之际，1969年17岁时不会说英语且身无分文移民美国，并在好莱坞取得成功的施瓦辛格出任了加利福尼亚州州长，这个州是波尔克总统使用武力从墨西哥得到的。而施瓦辛格担任州长也是由于前任州长刚刚上任一年即遭罢免的这一激进体系。前任州长遭到罢免是1921年北达科他州州长被罢免后美国历史上的第二次。1783年乔治·华盛顿就说过，美国将成为全世界这一舞台上引人注目的"演员"。

想到这些轶事，就会深深体会到美国的激进和多元化之力。"持枪民主主义"就是其原点。

再一次回到赫尔佐克的演说

最后，我必须把话题重新引回到在第一章最后提到的"与德累斯顿的差距"。

1945年2月13日与14日，也就是李梅将军开始动用B29对日本各城市进行"无差别夜间燃烧弹轰炸"的东京大空袭约一个月前，德国的德累斯顿市同样遭到了战略轰炸。1995年2月13日轰炸50周年之际，德国与前盟国之间举行了"和解"仪式，从而和日本形成了很大的落差。其后，我拿到了当时《华盛顿邮报》报道的罗曼·赫尔佐克总统在追悼仪式上演讲的全文,并从德文翻成了日语。全文过长,在此只能介绍重要的部分,而日本则几乎没有这方面的报道。

赫尔佐克出生于1934年。基督教民主联盟党员,担任联邦宪法法院院长后,出任德国统一后的第二任总统。1999年将总统职务交由现任总统约翰内斯·劳后,担任欧盟基本权利宪章委员会委员长一职直至2000年。

演说比前任总统、同样来自基督教民主联盟的夏德·冯·魏茨泽克1985年呼吁吸取过去教训的著名演说《废墟的40年》更进一步,在表示"死者无法抵销"、要求前盟军承认轰炸非战斗人员的责任之上,强烈主张不论往昔是敌是友,都应"以和平与信任寻求共生"。演说的主要内容如下。

1945年2月13日到14日,在仅仅几个小时内,德累斯顿市就被空袭完全摧毁。数万人在大火中丧失了生命,幸存者的哀叹难以数计,并且无法挽回地失去了欧洲文化中不可替代的贵重财产,其中也包括人们的灵魂。

以往也已经多次提起过,当在今天再次想起这个事件时,我认为有必要明确一些问题。我并不希望在座的各位告发、后悔和自责。这一事件不能与纳粹德国时代德国人的罪恶行径相抵销。如果这就是目的,德累斯顿的居民们就不会像现在这样热情地款待英国和美国客人们了。

首先对死者表示哀悼。这是人类文化最悠久的一部分。同样,我们对德国在历史中的牺牲者,还有在战场、集中营、逃亡途中、被驱逐、被绑架,或在家中、路上、战壕中和地下室失去生命、健康受到伤害的人们也进行哀悼。

如果不了解全部历史,人类就无法克服历史,也无法获得安与和解。因此,对于一些主张,即认为我们的追悼之情是德国人利用本国战争牺牲者和被驱逐流放的牺牲者来抵销对其他国家人民犯下的罪行,无论这些人是谁,我们都表示抗议。

现代的德国人也是如此,对于那些根绝非正义与暴力、战争与非人性的恶性循环,追求民族间和平、友好与和解的人们,是不能单纯从账本上对各个民族的死者、残疾者、不幸者进行计算的。生命不能用生命来抵销。不能用痛苦抵销痛苦、用死亡的恐怖来抵销死亡的恐怖、用放逐抵销放逐、用战栗抵销战栗、用人性的毁灭来抵销人性的毁灭，这些都是不能抵销的。人类的悲哀无法相互抵销。但是，只有通过一起同情、思考和学习，才能克服悲哀。

我国民主主义生根发芽，并参与到欧洲一体化进程，是我们历史的必由之路。我们有能力正视发生过的事情。我们不会通过与其他人的比较来减轻自身承担的重责。我们的历史是我们自己的，不是其他人的。正因为是自己的历史，才最可以从中吸取经验教训。

人们喜好以国家和国民为对象观察历史，因为这种方法容易推算。即因为德国人发动了战争，所以德国人就当然应该受到正义的惩罚。但是，这种推论未免过于武断。如果考虑到德累斯顿空袭的牺牲者中有各式各样的人，就可明显体现出现代战争的人性悲剧。的确在牺牲者中有纳粹，也有盖世太保（秘密国家警察），当然也有在驱逐犹太人名单中的犹太人。牺牲者中不仅仅是欢迎开战的人，也有在开战时对自己的无能为力叹息流泪的人，还有抵抗运动的斗士。

不仅仅是缔结条约和同盟，必须首先学会通过各国人民的和平与信任寻求共生。这是很多欧洲国家在过去数十年间学到的经验。而现在，我们正在看到这种经验将超越今后数十年政治而继续存在的兆头。如果不是这样，英国女王代表肯特公爵、美国大使等英美友人就不可能在这里。

各位不是过去敌人的代表，而是今天朋友的代表，我们对此非常高兴并表示热烈的欢迎。最可以体现这种变化的是美国"德累斯顿之友"协会和英国的"德累斯顿信托基金"，两者都为了援助重建圣母大教堂而发起募捐活动[3]。

当这一遭到破坏的德累斯顿象征在重建后的德累斯顿重现光芒时，将矗立着由英美捐建的十字架高塔。这是比语言留下的印象更深的象征。高耸在城市上空的十字架塔将会永远让我们想起在遭到破坏后的50年间相互关注的成果。这种相互关注、相互信任就可以克服不幸的过去。这才是正确的道路。我们德国人将为此投入全力并走向未来。坚韧、勇敢地走下去。

尾章　可以实现"德累斯顿的和解"吗？

与德国的不同

赫尔佐克总统在演说中提到的作为"不是过去敌人而是今日友人代表"而受到欢迎的出席者中，不仅仅有肯特公爵，还有刚刚接任的英国国防参谋长彼得・安东尼・英奇将军和美国参谋长联席会议主席约翰・沙利卡什维利等职业军人中的最高职务者。

根据我现有的调查，他们在这次纪念活动中没有发言。但是，仅仅是在这种场合听赫尔佐克演讲也已经足够了。并不清楚是美国还是德国方面提出举办这个召集所有出席者的"仪式"。但是，这难道不是德国与美国、英国之间愈合"伤口"而进行的极为高超的外交努力的产物吗？

那么，日本的首相能不能在3月10日，或者在8月6日、8月9日在东京、广岛和长崎，在美国派来的代表面前发表与赫尔佐克同样的演说呢？能不能在"死者无法抵销"的思路下，悼念非战斗人员牺牲者，像德国一样，举行一种愈合日本与美国"伤口"的仪式呢？2004年是日本和美国签订第一个友好条约150周年。为何不以此为契机，在完成上述"仪式"的基础上进一步深化与美国的关系呢？这不是向前迈进一步的机会吗？德国可以与美国实现的事，为何日本就不能做到呢？为时还不算太晚，实际上应该是时机已经成熟了吧——在开始写作时，我是这么想的。

但是，用了一年半的时间去美国采访了五次之后，在与美国不断交流之间，发现想要实现自己的建议是多么的困难。尽管可能有些晚，但终于非常遗憾地注意到，日美关系还没有达到与德美关系同样的阶段。就在本书即将脱稿之际，日本政府内阁决定向伊拉克派兵，在还没有实现日本版"德累斯顿和解"的情况下就派遣自卫队，也使我的抵触更强了些。

在与美国的关系中，我认为最重要的是牢记德国与日本的不同，理解了这一点，就可以将日美关系梳理得更为清晰。

将今天在伊拉克的国家建设比喻为柏林空运以寻求国民理解，并志在2004年总统选举中获胜连任的布什总统等政府高官们，几乎都异口同声地将"谁都没有想到，第二次世界大战后不久民主主义就扎下根来"的德国和日本民主主义化的成功与经济繁荣作为将来伊拉克民主化的范本。这并不是什么新的说法，但是，在伊拉克战争后却被频繁使用。布什总统2003年11月两次演说中都在最煽情的部分使用了这个内容，这是因为他要极力渲染美国占领的成功案例。

的确，对过去毫无疑问地与德国和意大利结成轴心国的日本而言，这种说法听起来比较舒服。

但是，不应简单地看待这个问题。在与美国的关系上，首先日本和德国的历史就不相同。如前文已经提到的，德裔居民早在独立之前每年的合同移民时期就已开始诞生，独立战争期间，作为英国正规军援军被派到北美的约3万名德国雇佣军中，相当数量的人留在了新大陆，成为美国建国的一部分。

这与以佩里舰队为起点的日美关系可谓存在着天壤之别，驱动佩里前来日本"开国"的是充满盎格鲁-撒克逊上帝选民（上帝选中之人）意识的"命中注定"路线。前文也已提到，第二次世界大战开始后，被强制送往集中营进行隔离的只有日裔美国人，而没有波及德裔。

同样是"轴心国"朋友、也同样失败，但两国领导人在国际法院接受审判的时期、纳粹党的存在、屠杀犹太人、希特勒自杀、美国、英国、法国和苏联四国的占领、1941年的东西德分裂、柏林墙、联邦德国的联邦共和制度、基于基本法（宪法）的18岁以上男性的征兵制和联邦军队的创建、1994年后加入北约军队等，这些与"拥抱失败"[4]的日本之间的差异不胜枚举。

而对"战争责任"的认识和被认识的方法也不相同。但是，在这里我并不想对日德差异进行论述，本书不是为了这个目的，我对德国的学习也不充分。

仍然是"历史问题"

只有一点我很清楚。在华盛顿的中心地区，分布着樱花名胜的波托马克公园、华盛顿纪念塔、史密森学会,以及离白宫并不太远的犹太人大屠杀纪念馆等。在那里,每天都在向众多凭票参观的人和游客叙说和揭发着"纳粹的罪行"。正是在这种对过去彻底清算的基础上,才会有"德累斯顿的和解"以及明确拒绝"抵销"逻辑的赫尔佐克的演讲。

犹太人大屠杀纪念馆的正式名称是"美国大屠杀纪念博物馆"。1978年,根据大屠杀总统委员会的建议,卡特总统决定在华盛顿市中心的联邦政府用地内建设纪念馆以永远牢记大屠杀的教训。在1.94亿美元的民间捐款的资助下,纪念馆于1993年4月竣工并向社会开放。1980年,参众两院全票通过了建立博物馆的法案,每年预算2300万美元,来访人数也达到200万人,是华盛顿仅次于美国航空航天博物馆接待来客第二多的博物馆。

很明显,在预感到美国国内"永远"愈合大屠杀"伤口"的工作将结束后才有了1995年赫尔佐克的演讲。

在这次的伊拉克战争中,同样是美国"盟友"的德国却采取了与日本不同的行动,这也只有在愈合了双方"伤口"的成果之上方有可能。

而日本还有一点与德国不同,就是与近邻国家清算过去的问题。一个沉重的现实是,日本与朝鲜半岛和中国等邻国之间依然存在着"历史问题"的伤口,不管我们喜欢还是不喜欢,接受还是不接受,这都是现实。而德国则已经没有了这样的"历史问题"。

2002年以后,我在和美国友人见面时,曾作为B29空袭的受害者探讨日美之间有没有可能举办一个诸如"德累斯顿和解"般的"愈合伤口"的"仪式"。毫无例外,大家的回答都是"这是好事,或许时机也到了"。大体上大家也就说到这个程度。只有一位把话说得更深,拥有包括日本在内的亚洲各地长期工作经验的这位外交官反问我道:"美国在日本进行'德累斯顿和解'未尝不可。但是,那个时候日本如何向近邻国家进行解释?日本会像美国对日本一样对近邻各国做同样的事情吗?已经在做着呢吗?"对此我无言以对。

遗留"历史问题"不仅仅是与近邻各国之间,也存在于日美之间。仅列举一个事实,2003年,由议员提交的应"保留"二战中成为日军战俘的美军官兵要求几家日本企业进行补偿之权利的法案在参议院有2个、众议院则提出了7个。

在解决与朝鲜的绑架人质问题上，现在日本希望得到美国的帮助。2003年4月，美国纽约州北部的雪城大学邀请平壤金策工业综合大学6名IT研究人员赴美在"系统保证"领域进行为期一个月的进修。真是很不错的民间交流，其中还包括参观尼亚加拉瀑布和纽约证券交易所等友好项目。国务院也为此发放了签证，以前反共斗士设立的智库提供了资金。可以说现在纽约、华盛顿和平壤之间的正式、非正式渠道要比东京与平壤之间的深厚得多。与尼克松访华前的华盛顿—北京渠道相比，哪怕仅仅有在纽约的朝鲜驻联合国代表团这个窗口就已经密度更大了吧。

没有提及广岛和长崎的死者

我在对"德累斯顿和解"持续关注的同时又有一个现实摆在了眼前。

2003年11月，在华盛顿最后的取材期间，从12月15日开始，美国航空航天博物馆在华盛顿郊外杜勒斯国际机场附近新开的分馆展出完全修复的埃诺拉·盖伊号，得知这个消息后我也计划前去采访。

这是因为，就在我在华盛顿的饭店看到"德累斯顿和解"电视新闻并为此震撼的1995年2月，华盛顿的日本人圈子都在谈论着另一件事，当时正在航空航天博物馆本馆展出部分埃诺拉·盖伊号的机体，而说明文中并没有提到广岛和长崎的死亡人数。当时，由康奈尔大学天文学系主任转任博物馆馆长的宇宙物理学家马丁·休伊特从纯"科学家"的角度提出，"应该将展览作为正确告诉人们广岛约14万人、长崎约7万人死于核爆炸的历史教育场所"，这一方案因遭到退伍军人协会（American Legion）和空军协会等保守派的强烈反对而夭折。最后，在说明中没有提及死亡人数，只是对飞机本身进行了介绍。这一"事件"不久后就成为了日本人圈子的话题[5]。正如第一章所述，当时里根政府时期的高官也表示"本来应是解决日美间原子弹问题的绝好机会",对介绍广岛、长崎死伤者人数的展览方案被打入冷宫感到惋惜。

八年之后,这次完全修复后的展览介绍会是什么样子的呢?我向博物馆提出了非常想进行采访的申请。结果,博物馆以已向媒体说明为由对我说了不。取而代之的是通过电子邮件向我转发了美国国家航天航空博物馆11月7日的声明以及准备好的问答集。

博物馆在声明中称,经过对广岛市长秋叶忠利为首、日美双方150人以上签名的"核历史及现行政策全国讨论委员会"提出之要求的讨论,决定展览介绍的文字将与八年前保持不变,也就是不涉及广岛和长崎的死伤者人数。声明说记录"美国航空航天发展的历史"是该博物馆的使命,提供"正确的数据"以供参观者从各自的视角进行评价,这一方针同样适用于其他展品,语调冷淡。比起八年前的克林顿政府,在2003年的华盛顿,保守派影响力决定性地得以增强,这个结论似乎也是情理之中。

倒是在事前准备的问答集中的一个回答让我如鲠在喉,这个回答称,作为轰炸机的杰出代表B29埃诺拉·盖伊号的遗产,投放原子弹为日本的无条件投降作出了贡献,并成为东西方冷战初期核威慑的主力。这种肯定的语气让我想起了在第一章提到的"李梅轰炸"的残影。

将投掷原子弹与"夜间无差别燃烧弹轰炸"一视同仁,战后更将原子弹奉为"威慑力"的支柱,并进而主张对苏联采取先发制人的核战争,李梅将军这个逻辑的生命力依然旺盛。也就是说,从过去到现在,美国的立场一成不变。

这方面也看出了日德两国的不同。1996年指挥德累斯顿大轰炸的英国空军指挥官哈里斯将军的铜像在伦敦国防部前揭幕时,当时的德国总理科尔发表了抗议声明。与此相对照,李梅将军却得到了日本的勋一等旭日大绶章。

日本与1995年实现了"德累斯顿和解"的德国的差距一目了然。我认为,日本与美国的关系必须正视这种差距,并面对现实重新开始解决这种差距。在迈出了派遣自卫队这沉重一步的今天,这个工作无论花费多长时间都要坚持下去。

在实现"德累斯顿和解"后,就必须派遣自卫队了。即使是为了盟友美国，也要在某个时期实现此事。当然，在此之前必须要不依靠美国而独自解决与近邻各国的"历史问题"。

知览的震撼

2003年7月，在鹿儿岛朋友的帮助下，我参观了位于萨摩半岛的前知览特攻基地。知览町沿街排列着罗汉松，景色宜人。就如同被这片祥和的土地环抱一样，以知览特攻和平会馆为中心，知览町等地的人们精心守护着知览基地439名和来自九州、山口、台湾地区等22个特攻基地参加陆军冲绳特攻作战的共1036名年轻生命的灵魂。和平会馆搜集了4000余件遗照、遗书、绝笔、遗留品，还展示修复的疾风、飞燕、零战等特攻飞机。

走进据称是完全恢复原貌的三角屋顶的兵营后，特攻队员直到出击前夜一直生活的兵营内屋顶压抑、黑暗，一瞬之间仿佛回到了当时的日本。我也想起了当时自己受到"李梅B29"威胁和进攻但幸运活下来的一天天的生活。最年轻的特攻队员只有17岁零1个月，比当时12岁的我就大5岁，使我不自觉地感到了与这些特攻队员的距离之近。

从知览特攻和平会馆折田盛彦馆长的说明中得知，抵达冲绳海域美军舰队周围的"突击率"只占所有参战部队的21%到22%，也没有其他更多的数据。

再次痛感这是一场从不了解美国开始并失败的战争。

去知览5个月后，在终于完成本书写作时想起来的就是那天在知览受到的震撼。

我认为与美国的同盟关系符合日本的国家利益。问题是，同盟的内容是什么。同盟的内容不应只包括共享铃木一朗、松井、小松井等不断前往的职业大联盟和58%以上游客曾10次以上去过的迪士尼乐园。[6]

今天的同盟关系难道不是"虚拟"的吗？难道不是假想的友好关系吗？自卫队被派往伊拉克问题上笼罩在这个国家之上的紧张感就证明了这种偏离，也就是与实际情况之间的"偏差"，并且，这种"偏差"

可谓根深蒂固。

更进一步而言，麦克阿瑟将军对日本的占领原本而言就不是美国的占领，而是特殊的将军施行的与德国100%不同的特殊占领呢？是不是在这其中出现了与美国的"偏差"呢？是不是更应该追溯到尽管佩里舰队成为日本开国和现代化的契机，而日本却不是以美国，而是以欧洲作为范本不断发展并直至73年后的战争这一"明治的偏差"时代呢？结果，我在终章中的自问自答也与李梅将军一起回到了起点。一场没有终点的格斗仍然在继续。

但是，必须将向伊拉克派遣自卫队利用为从根本上思考这种日美关系的机会。为此，首先必须再一次去思考美国以及"持枪民主主义"究竟是什么。如果本书可以为这一思考起到抛砖引玉的作用，将倍感荣幸。

注释

1. 松本重治：《美国民主主义思想的原型》（"世界名著33"，中央公论社，1970年）。

2. George Bush and Brent Scowcroft, *A World Transformed*, Random House, 1998.

3. 为了纪念这次大轰炸，圣母大教堂被炸毁的漂亮的十字架高塔被原封不动地保存了下来，在包括美国、英国等国捐款在内的基金支持下，该塔计划在2004年7月完成修复。

4. John W. Dower, *Embracing Defeat: Japan in the Wake of World War 2*, W. W. Norton, 1999. 三浦阳一、高杉忠明译：《拥抱败北》，岩波书店2001年。

5. 因卷入1995年埃诺拉·盖伊号展览风波而被迫辞职的马丁·休伊特详细记录了这一段内情。Martin Harwit, *An Exhibit Defined: Lobbying the History of Enola Gay*, Springer Verlag Nre York, 1996. 山冈清二监译、渡会知子、原纯夫译：《被拒绝的原子弹爆炸展——历史中的埃诺拉·盖伊号》，MISUZU书房1997年。

6. 东京迪士尼乐园游客的回头率是2000年的数字，略显陈旧。但是，根据《日本经济新闻》2003年的统计，在这一年，以往14年间在世界主要主题公园游客人数始终位居首位的东京迪士尼乐园降为第二位。即便如此，每年仍有1300万人，仅比首位的神奇王国乐园少100万人，而比美国本土的迪士尼乐园多了270万人。如果加上迪士尼乐园旁边的东京迪士尼海上乐园的1200万人，则将毫无疑义地排在首位。

后　记

始终无法忘记遭遇B29轰炸经历导致了我要去挑战这个无比艰巨的写作主题。在前后五次赴美进行取材并历时一年半与美国的"斗争"后，充满内心的是"前途漫漫"的心情。

这是因为，"美国究竟是什么样的国家"，要对这个自己问自己的问题得出结论终归是不可能的。"对于日本而言，美国是什么样的国家？（认识的）偏差会不会还要继续下去？"对于这个问题本书也没能从正面进行回答。另外，"中美关系是不是比日美关系更加密切呢？"这个长年以来的问题则没有触及。还必须要继续学习，继续挑战。每每想到这些就会缅怀恩师的教诲。

1952年，我上了仅成立四年的学习院大学，在安倍能成校长带领下新旧合璧、热情洋溢的校园中遇到了我的恩师。

从一年级开始我就参加了已故清水几太郎先生的讨论课，清水先生激励我保持"精神的獠牙"，并把我引导上了记者的生涯道路。清水先生总是教导我说："不能老是用转折词が来回避与逻辑的斗争。"本书从一开始就决心遵守先生的教诲，争取一次都不使用转折词。

在学习美国的课程中，我听了被誉为日本学界美国研究先锋的已故高木八尺先生的"美国政治史"一课，并很幸运地接受了先生的个人指导。2003年8月，当站在清教徒分离派、朝圣先贤们启程之地的史克罗比庄园前时，就想起了先生端正的面容。在第一次赴纽约担任特派员之际，先生曾平静地对我说："美国人的生活态度本来是朴素的，清教徒的勤勉、节约和克己的精神犹存，可以多观察这方面的情况。"

我毕业后，高木先生给我介绍两位他非常优秀的弟子。

一位是共同通信前身同盟通信的大前辈、战后作为国际文化会馆理事长，为日本的国际交流呕心沥血的已故松本重治先生。他传授给我国际记者的很多心得，还为我引荐了众多优秀的美国朋友。"重要的是去跑，去见各种各样的人。为此必须比学者学习得更多，必须有自己的主见。如果没有消息来源和相互交换信息，是写不出好报道的。"直到1989年先生去世前始终念念不忘的教诲，我究竟做到了多少呢？2002年我重操旧业也是想着努力去追随松本先生为美国研究和保持与美国人友好关系所倾注的热情。本书也将献给这三位逝去的恩师。

还有一位是作为"门外弟子"受到教诲，至今仍在"初期美国学会"等聆听教导的东京大学名誉教授斋藤真先生。我这次挑战"持枪民主主义"的主题，如果没有先生对普利茅斯研究等在内对美国的多元化研究成果是不可能的。本书列举的美国宪法条文均引自《世界宪法集（第四版）》（岩波文库1983年）中斋藤先生的译文，特此致以深深的感谢。

在执笔中还得到了日本、美国双方众多友人的帮助。很遗憾无法一一道名表示感谢。其中在美国国家档案馆工作的罗伯特·内德科夫和日本外国特派员协会图书馆、国际文化会馆图书室的各位工作人员更是鼎力相助。此外，帮助我翻译有关德累斯顿德文资料的田边克彦、制作大事记的佐藤信行等都提供了宝贵的帮助和众多建议。他们都是我在共同通信外信部工作室就结识的朋友，在此表示衷心的感谢。

还要感谢始终铭记在心的小学馆已故友人荒木博。1978年，小学馆的荒木先生负责我和共同通信外信部同僚斋田一路合作翻译《尼克松回忆录》（三卷本）的编辑和出版工作，至今仍具有重要资料价值的这套书能够在对尼克松恶评如潮的当时顺利出版，荒木先生的慧眼令人赞叹。在日本出版社创办周刊杂志摇篮期贡献良多的荒木先生于1985年7月去世，也借本书再次缅怀荒木先生。

这次出版则受益于最近刚从小学馆退休的远藤邦正先生赐予的机会。此外，负责本书的盐见健先生极富耐心且热心地接下了还处于模拟计算机时代的我的原稿。各位工作人员也一并感谢。

最后，本书献给我11年四处奔波的特派员生活中始终予以支持，不幸患病卧床十年的爱妻直子和取代爱妻继续支持我工作的三位女儿。

2003年12月
松尾文夫

文库版后记

本书是2003年12月末脱稿、2004年3月1日由小学馆出版的《持枪民主主义——美国的进程》的文库本。末尾的年谱追加了从2004年到2007年四年间的内容，并再次进行了校对，个别之处还进行了订正和修改。但是，内容上没有改动。将原著原封不动地出版为文库本，是因为我想为了让不知道太平洋战争的新一代人理解日本以前和今天都决不能忽视的美国，这本书或许可以成为一份第一手资料和历史记录。

因出版文库本而得到新生的机会，为此我将在对原著比较在意的三点上进行一些补充。

与宪法第二修正案相遇

首先，原著也是我自己的个人史。因为这是对作为"敌人"相遇的美国进行学习、取材和奋斗的成果。

这项工作的起点可以追溯到投降前夕的1945年7月19日晚上，我在随后成为坟茔之地的福井遭遇了127架B29的燃烧弹轰炸，多亏了母弹没有爆炸才九死一生，捡回了一条命。由此本书的写作也就从对轰炸福井总指挥官李梅将军及其"夜间无差别燃烧弹轰炸"战略中"毫不留情地行使武力"的谱系进行探源开始。在确认现在的伊拉克战争、布什主义也明显继承了这一点之后，笔者认为其源头就在于1791年制定并延续了217年的美国宪法第二修正案。

"纪律良好之民兵对于自由国家的安全十分必要，因此人民有权力拥有和携带武器，且这一权利不得侵犯。"〔斋藤真译，岩波文库《世界宪法集（第四版）》1983年〕这就是宪法第二修正案的内容。

从结果上看，修正案用于进攻还是非常有效的。不仅一下子成为将行使武力与民主主义DNA相结合的美国建国原点，还可以抗衡当前美国最热门的社会问题——枪支管控问题。

强势的枪支管控反对派

在今天的美国，舆论在第二修正案的解释问题上一分为二，与堕胎问题一样，成为政治和社会对立点之一。枪支管理推进派持州权说，主张只有成为当时的民兵、现在的国民警卫队成员才可拥有人民保持武器的权利。与此针锋相对的枪支管理反对派则持人权说，即认同通过全民武装来行使防止作为"必要恶"的联邦中央政府专制化的权利。

联邦最高法院在1939年的米勒案中，做出了支持州权说但同时也不完全排斥人权说的暧昧判决。此后最高法院始终避免做出明确判决也为这种对立火上浇油。

尽管肯尼迪兄弟、马丁·路德·金牧师被暗杀、如今每年都会像"仪式"一样在全国各地不断发生的悲惨的枪击事件，但人权说仍占据多数。保守派不分党派地支持这一立场。2002年中期选举后，民主党也降下了以党的名义推动枪支管理的大旗。布什政府原本就明确倾向于以NRA为中心的反对枪支管理强硬派，至少在联邦政府层面上，1994年之后就没有制定过一个有效的枪支管理法案。

反而流行起这样的口号："枪增加了，犯罪就会减少。"NRA主办的"正确、安全持有和使用枪支"讲座的结业证成了事实上的执照。2007年4月弗吉尼亚工科大学发生枪击事件后，来自当地的声音却是指责学校"为什么不允许普通学生携带枪支进入学校，如果允许了，或许就会减少牺牲者"。

总之，在日本人觉得完全不能相容的"枪"和"民主主义"这两个概念，却被作为明确且深刻的建国价值观而共存，这就是美国。在很多都用同样民主主义国家而共享价值观来说明日美关系的昨天和今天，我想再次强调日本与美国之间的"偏差现象"。对于从前和现在都以中央权力推行"禁刀令"为前提的日本，可谓天壤之别。在日本人与美国人之间，在枪和行使武力上存在着结构性的差异。

最高法院的新判决值得关注

首先，出现了重要的新现象。

2007年秋，当我在美国举行签名会和演讲会以向美国市民直接介绍我这本书的英译本期间，11月20日联邦最高法院发表了声明："2007年3月华盛顿地方联邦最高法院做出判决，认为第二修正案承认市民拥有持枪的权利，因此1976年制定的禁止保持枪支的首都华盛顿条例属于违宪。对于这一判决，最高法院将于2008年3月起予以审议，并在7月底前进行判决。"

对于我而言，这条新闻可谓天赐之物。自从米勒案判决之后，这是联邦最高法院1968年以来第一次旗帜鲜明地表明了在宪法第二修正案解释问题上的立场。美国各家媒体对此都大幅报道，但却没有在日本引起什么反响。

当然，会做出什么样的判决尚无从得知。但是，2005年后，已有包括首席大法官罗伯茨在内的两名保守派大法官被布什政府送进了联邦最高法院，因此，不可否认偏向NRA的人权说被承认的可能性。而正逢总统选举战进入最高潮的时期，对于两党候选人、特别是民主党候选人而言，这将检验能否与拉拢保守票联系在一起。

从这个意义上讲，不管最高法院做出什么样的判决，都将成为文库本读者2008年夏天后了解"持枪民主主义"真实情况的教材。

40年的周期

其次，在原著中，我认为将于2009年1月20日结束八年任期并离开白宫的布什政府，是在约翰逊民主党政府自毁长城中尼克松成功入主白宫的1968年以后持续了40年的"保守时代"大周期中的一部分。1968年以后，被尼克松称为"伟大的沉默大多数"的保守化中产阶级、也就是以往罗斯福新政的受益者、民主党的支持层日渐保守化，被共和党所争取，成为美国政治稳定的新主流派和多数派。

实际上大体而言，以1968年为分水岭，"水门事件"下台的尼克松和福特的两个任期八年、最初自由最后保守的卡特的一个任期四年、1980年执政的里根两个任期八年、接任里根的老布什政府一个任期四年以及被称为里根亚流主义（Arianism）的民主党克林顿政府两个任期八年，实现连任任期八年的小布什政府，"保守时代"始终在延续。换言之，也可以说是一个共和党和民主党竞争保守新主流派的时代。

布什政权毫无疑问是这个周期的产物。2004年总统选举中，布什总统尽管顶着尚未发现发动伊拉克战争理由的大规模杀伤性武器的逆风，仍然竞选连任成功。这也是因为他最大限度地利用了对马萨诸塞州同性结婚合法化的反感，在俄亥俄等激战州，除了争取到超保守的福音派基督教徒的选票之外，还成功赢得了在保守化的郊外中产阶级更外侧居住的儿女儿孙这一代、通称准郊区居住者的新版"伟大沉默大多数"的选票。

这一40年间的周期几乎与从罗斯福1932年当选总统、经过第二次世界大战直至杜鲁门、肯尼迪、约翰逊，包括这期间被称为无党派政府的艾森豪威尔直到1968年，白宫直接或间接受到罗斯福新政支配的"自由时代"的36年时间跨度大体一样。

民主、共和两党已经开始就2008年总统选举的总统候选人展开了激烈竞争，"保守时代"的周期将会继续，还是会成为转型到新政治周期的时代分水岭？这是这次总统选举最大的看点。

从这个意义上，我相信，文库本提供给读者的美国论不仅可以用来观察2008年的总统选举，还可以作为分析2009年新政府执政后美国政治的起点，或作为"阅读"新政府的指南。如果对那场战争经历的执着心可以以这种形式帮助下一代人，对我而言可谓荣幸之至。

尚未实现的广岛献花

再次，对我而言，原著也是将开始行动以在日美之间实现日本版"德累斯顿和解"的宣言。在此将向读者汇报原著出版后我仅凭一支笔所进行的努力。

首先，原著出版一年后的战败60周年之际，我在2005年9月号的《中公杂志》上发表了《请布什总统在广岛献上鲜花吧——实现日本版德累斯顿和解之建议》一文。在文章中，我提议仿效1995年2月在德国东部古都德累斯顿举行的英法联合空军夜间无差别大轰炸50周年追悼仪式上，英美军方职业军人最高指挥和英国女王代表参加并实现了和解的事例，为了悼念在广岛和长崎原子弹爆炸牺牲者和全国67所城市夜间无差别燃烧弹轰炸的牺牲者，而请布什总统在广岛和平纪念公园举行献花仪式。

随后，在2005年8月16日《华尔街日报》的意见栏，我发表了《东京需要德累斯顿的瞬间》(Tokyo Needs Is Dresden Moment)的投稿，引用了赫尔佐克总统"通过悼念死者走上共生之路"的演讲词，直接向美国人民呼吁请布什总统在广岛进行献花。

2006年10月号的《中央公论》杂志上，我又发表了《请胡锦涛主席也到广岛献上鲜花吧——通过相互献花建立新"互信"之建议》一文，提议日本应主导推动实现包括南北朝鲜在内的东北亚、最终扩展到包括全亚洲和大洋洲在内的所有出现牺牲者的国家首脑进行相互献花的"仪式"。

2007年8月我在自己的博客"松尾文夫美国观察"中，提到还没有一位日本在任首相曾去珍珠港的亚利桑那战舰纪念馆献花，并提出首先在日美之间实现互相在广岛和亚利桑那战舰纪念馆献花的建议。

对于从李梅将军轰炸中逃生并提出"持枪民主主义"论的我而言，实现相互献花是最终目标。我一个人开始的战斗还将持续下去，也想推广我的想法。

现在读者反响最多的包括日本政府授予李梅将军勋一等旭日大绶章（1964年12月4日佐藤政府的内阁决定）、至今仍把战败称为终战、占领军称为进驻军的回避现实的态度、我在2006年12月也曾去过的东京都硫磺岛上仍有1.36万名战死者的遗骨尚未回收等。总之，日本方面还缺乏对那场战争的"决算"。美国总统在广岛献花可以多少填补一些这方面的空白。为了正确地面对美国也必须实现这一重要的

"决算"。

英译版的幸运

最后要向读者汇报的是原著在2007年10月出版了英译版。出版社是伯克利的Stone Bridge Press，英译版的书名为 *Democracy with a Gun—America and the Policy of Force*。英译版得到了日美两国众多朋友的帮助。2004年我得到日本散文俱乐部颁发的第52届日本散文家俱乐部大奖成为出版英译版的动力。

本书中已经提到，同年11月，我花了三周时间访问美国，去了华盛顿、剑桥、纽约、旧金山、斯坦福、伯克利等地，参加了介绍英译版的演讲会和签名会，向美国读者直接介绍了我对美国的看法并进行了讨论。还参加了第七章中介绍的特地赶来的1965年结交的老朋友、马尔科姆·艾克斯前部下埃德蒙德博士等黑人朋友一起举办的两场活动。在华盛顿日本大使馆信息文化中心（JICC）的演讲会上，里根政府第一任期中一起到白宫采访的老友、CBS电视台长老级记者比尔·普兰特还特地来当主持人。还有从伦敦发来的电子邮件。让我感到英语版这一新的生命正慢慢开始在世界中游荡。

还要向始终鼓励我"最后要出英文版啊"的恩师、已故松本重治先生报告此事。而就在写这篇稿件的2008年1月16日早上，另外一名无可替代的美国研究者恩师斋藤真先生也仙逝而去。谨以本书纪念我的二位恩师。

最后，对2004年原著出版以来的责任编辑、以巨大的包容心帮助我走到今天并给予我文库版和英译版双重幸运的小学馆盐见健先生致以衷心的感谢。

2008年1月16日
松尾文夫

中文版追加章

破天的奥巴马"重新建国"之梦

2003年12月本书第一版发行时，正是美国布什政府根据伊拉克萨达姆政权拥有大规模杀伤性武器的错误情报而军事干涉伊拉克，并为泥潭般的国家建设焦头烂额之际。

而百分之百支持美国的日本小泉政府则迈出了战后向海外（伊拉克）派遣自卫队的第一步，日美同盟关系也进入了面临新考验的时期。在第一版的最后，我曾如此写道：

"今天的同盟关系难道不是'虚拟'的吗？难道不是假想的友好关系吗？自卫队被派往伊拉克问题上笼罩在这个国家之上的紧张感就证明了这种偏离、也就是与实际情况之间的'偏差'，并且，这种'偏差'可谓根深蒂固。……为此，首先必须再一次去思考美国以及'持枪民主主义'究竟是什么。如果本书可以为这一思考起到抛砖引玉的作用，将倍感荣幸。"

15年后，本书将出版中文版，为此我将增加对奥巴马和特朗普两位总统执政时期的分析。在从事新的写作时，首先想到的就是10年前的上面这一段自问自答。对于日本而言，美国仍然是一个难以捉摸的国家，过去是，现在也是。

美国政治每四年会进行一次体现国民选择的总统选举。在这个意义上，美国政治史就是每四年或八年重复一次的"反复试验"。本书也是我、作为与美国保持"同盟"重要关系、同时也必须随时警觉与美国保持距离的日本人，为和美国一同引领当今世界动向的中国读者送上的分析。

雄心壮志

2009年1月20日，诞生了美国历史上第一位黑人总统、翻开了美国历史新的一页的第44任总统贝拉克·侯赛因·奥巴马。他的政治在各种意义上都以"改变"为起点。奥巴马的就职演说就象征了这一点。

从国会大厦经华盛顿纪念塔到林肯纪念堂，再向西呈一条直线的巨大的华盛顿国家广场、通称Nation Mall里挤满了180万甚至200万参加总统就职仪式的人，在充满兴奋和热情的人群面前，历史上第一位黑人总统的演讲始终朴实，一次都没有使用在选举中深得人心并大获成功的"改变，是的，我们可以！（change，yes，we can）"的口号。

从演讲内容中可以发现，"变化"一词只出现了一次，仅仅在自戒不要浪费资源时说了"世界已经出现了变化，我们必须随之进行改变"。

也就是说，在选举中让国民狂热的"高大上"的口号完全被封存，演说的内容只是一味地强调国民对"美国复兴"大义的责任、努力和牺牲，以及呼吁为实现这些而树立信念、决心和奉献精神，罗列了对美国国民的强烈要求。根据当时在场的朋友说，在随时等着连呼"change，yes，we can"机会的参加者中漂浮着困惑的空气。一部分美国媒体的评论甚至流露出失望感。

奥巴马总统在就任后的第一次演讲中，并没有引用在选举中奉为楷模的林肯，而只是引用了华盛顿还是在率领大陆军与英国国王军队苦战时期的语句。也就是说，将时间追溯到1788年制定南方各州黑奴只按照3/5人口计算这一显而易见歧视规定的美国宪法之前、即"摇篮器"的美国时代。体现了奥巴马意欲开启美国重生航程的雄心。

演说中奥巴马没有正面提及歧视黑人这一美国历史"隐私"，只是用"我们经历了内战和种族歧视的苦难，并在这段黑暗历史后更加强大、更加团结和再次复兴"一句轻轻点过了从制定宪法到发布黑奴解放宣言的75年历史，巧妙地发出了团结白人保守层、通过举国一致方式建设新美国的和解信号。总之，这是奥巴马强烈意识到其历史上第一位黑人总统身份而苦心制定的路线。

举国体制的失败

但是，如果从今天的结果上看，我认为为了"建立新美国"而推行的超党派路线以及从竞选者豪华转型为统治者的"变身"路线的失败是"奥巴马美国"的所有内容。可以说意识到其黑人身份的要强和发奋精神带来了相反的效果。

通过举国体制重新建国的野心和雄心，在制定当时笼罩全美的次贷危机的对策时就早早地受到了重挫。2009年2月13日，奥巴马政府准备的被称为自新政以来第一次救济金融机构的紧急经济对策法案，尽管因为得到了当时占据众议院多数席位的民主党的支持而通过，但没有得到共和党的一张赞成票。就是说，奥巴马总统基于历史上第一位黑人总统意识而制定的"建立新美国"的举国一致体制，在起点上就遭到了重创。

在参议院得到了三张共和党的支持票，总算保住了面子，但众议院举国体制的失败实质上极大地伤害了被称为"腼腆的知识分子、即便是决策，也一定会在公务晚餐后拿着文件回去，与学者性格相似"的奥巴马，在此后八年的执政当中，"妥协"这一总统与议会的关系始终没有理顺，成为八年奥巴马政府的结构性软肋。

特别是2010年中期选举后的众议院，民主党自1938年中期选举丢掉71个席位之后创纪录地减少了63个席位，自参议员失去多数后，从众议院多数党沦为少数党是决定性的，此后民主党在众议院连续失去多数席直至今日。在参议院中，继2008年、2010年之后2012年也勉强维持了多数，但14年后沦落为少数，至今仍是共和党独占参众两院的局面。

有的专栏甚至推测，早在结束任期两年前的2014年，奥巴马总统因厌倦了与议会的长期缠斗而"斗志"全无，已经准备举旗投降了。

尽管屡次三番地发生枪击事件，但由于无法在所期待的有效枪支管制问题上得到共和党统治的国会合作，2016年1月，奥巴马行使总统权限，在白宫通过电视直播向全国发表了包括加强对网络购枪者身份调查内容在内的"次善之策"时，曾一度失语，眼含热泪。

感叹"或许早了10年、20年"

总结奥巴马时代的政治，尽管开启了第一位黑人总统这一美国历史新的篇章，但在实际的政策实施中，却明显表现出了优柔寡断、模棱两可的态度。

八年间在白宫作为奥巴马最近的亲信，本·洛德（Ben Rhodes）在2018年6月出版的 The World as It Is: A Memoir of the Obama White House 中回忆道，希拉里竞选总统失败后不久的秘鲁利马APEC峰会上，奥巴马曾问洛德"我们到底做错了什么？""可能我们（在国际性的全球化上）有点走过了头。能留下坚挺的美国经济已算幸事"，并感叹"有时候我在想，是不是早了10年、20年呢"。

作为优柔寡断的代表性案例，洛德在书中生动地描写了2013年奥巴马将对叙利亚行使武力的决定权委以议会，导致美国没有采取任何行动的过程。

今天，特朗普总统2018年6月与朝鲜劳动党委员长金正恩在新加坡举行会谈震动了世界。与此相比，"战略忍耐"这一实际上容忍朝鲜开发核武器和导弹武器的奥巴马政府对朝政策也在优柔寡断的延长线上。

对华政策转向对立

奥巴马的对外政策中，一次都没有出现过"奥巴马主义"的身影。除了2011年5月2日派遣反恐特种部队成功暗杀了潜伏在巴基斯坦地方城市的本·拉登外，在军事干涉伊拉克失败的余波之中，总体而言呈现了明显的内向性。尽管在2011年按照承诺从伊拉克撤军，但依据反恐政策两次向阿富汗增派了部队。但是，在这一期间，奥巴马总统再次声明到2016年底前从阿富汗完全撤军后，又再次放弃并宣布仍将在阿富汗派驻5500名美军，屡次的朝令夕改凸显混乱。其结果，从"9·11"事件后的十年里，有约4500名和2200名美军分别战死在伊拉克和阿富汗的沙场上。

在对华关系上，奥巴马外交的扭曲路线也显现无遗。在执政后马上建立大规模的政策磋商机制，体现出推动合作关系的姿态。但2010年7月，希拉里国务卿发表了反对中国在南海单方面加强军事行动的声明，并提出"海上航行自由"政策以对抗中国，作为南海利益相关的当事者之一，与中国对峙的立场十分鲜明。次年11月，奥巴马总统正式宣布将美国外交政策的重点转向亚洲、即所谓的"重返亚太"政策。此后，与中国的潜在对立成为奥巴马对华政策的基础。

奥巴马医疗计划的实际成果尚存

但是必须记住一个事实，奥巴马政府在内政外交上都进行了一定的"新挑战"。

在内政方面，"挑战"的是在世界最大发达国家美国有4500万以上的人没有医疗保险这一沉重现实。在美国，除了老年保健医疗制度（Medicare）和面向低收入者的医疗补助制度（Medicaid）等保险之外，没有大的国家保险制度。很多人通过工作单位加入民间保险，但中小企业之下的贫困层中，没有保险或低保险者为数众多。

奥巴马政府从正面挑战了这个问题。在民主党参众两院仍都占据过半数席位的2010年3月，国会以微弱优势通过并成立了医疗保险制度改革法（奥巴马医疗计划）。根据奥巴马医疗计划，保险公司需对无保险者和有病史者提供价格优惠的保险，在为个人和中小企业提供加入保险的补助同时，也将推行个人加入保险的义务化。这个计划在被称为20世纪60年代以来之大改革的同时，政府将为此在10年里支出1.3万亿美元，因此不仅以共和党为首的厌恶政府介入的传统保守派、在美国经济全球化中逐渐失去多数派地位的白人阶层也表示了强烈的反对。2016年总统选举中特朗普意外获胜坐上总统宝座，其原因之一就是在其"美国优先主义"主张之下的白人蓝领阶层对奥巴马医疗计划的不满。

因"没有核武器的世界"获得诺贝尔和平奖

外交政策上的"挑战"则是奥巴马总统2009年4月5日在捷克布拉格作为美国总统首次提出了"没有核武器的世界"的目标。在演说中，奥巴马称"作为唯一使用过核武器的核大国，美国拥有开始行动的道义责任"，并进一步"明确宣布，美国将承诺追求没有核武器的世界和平与安全"。

奥巴马因为这次演讲获得了同年的诺贝尔和平奖。在这一潮流下，美俄签署了将战略核弹头限制在1550枚的新削减战略核武器条约，从2010年到2011年，两国议会都完成了批准手续，2011年2月5日两国交换批准书，条约正式生效。

根据这个条约，美俄两国有义务在七年内履行条约，条约有效期为10年并最多可延长5年。双方还同意通过两国政府相互检查来核实条约的履行情况。2018年2月5日，两国宣布双方已经按照规定削减完毕。

还有一点必须提及的就是奥巴马政府改善了对立持续半个世纪以上的与古巴的关系。从2013年开始，奥巴马政府在加拿大政府和罗马教皇的调解下与古巴国务委员会主席菲德尔·卡斯特罗进行秘密谈判，并于2014年12月在开设大使馆和商贸关系正常化等问题上达成一致。2015年4月，奥巴马政府宣布将古巴从支持恐怖主义国家的名单中删除，2016年3月，奥巴马总统作为现任美国总统，继1928年卡尔文·柯立芝总统访古88年后访问了古巴。

特朗普政府尽管大幅修正了奥巴马的对古政策，并在2017年11月后开始施行限制商贸和人员往来的制裁措施，但并没有断绝外交关系。

最后还有一点需要指出，CNN在奥巴马政府结束任期时的民调显示，54%的美国人感觉在奥巴马时代终结之际美国黑人与白人的关系恶化了。

搅乱世界的特朗普"美国优先主义"

特朗普时代的出现令世人震惊不已。

先是2016年总统选举的结果，与几乎所有美国媒体的预测相反，特朗普实现逆转取得了胜利。开票之夜，民主党本来准备好要为继黑人总统后"破天荒"地诞生美国历史上第一位女总统希拉里·克林顿大张旗鼓庆祝的集会相继取消，可谓饱受屈辱。

2017年1月就任总统后，特朗普按照总统选举战中的承诺，大刀阔斧地推行"美国优先主义"，开始毫不留情地一个个推翻前政府的政策。首先是拒绝让叙利亚等一部分伊斯兰国家国民入境，接着废除奥巴马医改、退出TPP（跨太平洋伙伴关系协定）、退出有关全球气候问题的巴黎协定、退出联合国人权委员会，废除与伊朗的核协议，并将驻以色列的美国大使馆移往耶路撒冷等。一系列甚至不惜打破政治禁忌的内外政策转型大胆且坚决。

在外交上，2018年6月特朗普在新加坡与奥巴马一直拒绝的朝鲜劳动党委员长金正恩举行首脑会晤，震惊了世界，并至少为朝鲜的非核化打开了突破口。在会晤中，双方原则上同意签署朝鲜强烈要求的旨在"保证体制"的朝鲜战争终战协定，为了表示"诚意"，特朗普马上答应也是朝鲜要求的中止美韩联合演习，并称中止的理由是"花费巨大"，从而向全世界展现了存在于这些"交易外交"根深之处的、有意识迎合美国国内支持层的"美国优先主义"彻底的现实主义性质。

而与对朝"交易外交"平行发展的则是，以减少贸易赤字为主要目标、公布全面对华制裁性关税政策，中国也以报复性关税应战，从而呈现出爆发世界性"贸易战争"的局面。

特朗普的奔放政策还波及了美联储（FRB）的外汇和利率政策。特朗普轻而易举地突破了总统不干涉美联储的政治传统，开始公开宣称"不赞成"美联储在美国经济持续景气之际讨论加息的问题，同年7月，更声称"中国、欧盟等国操纵汇率，导致美元升值，企图以此使

| 中文版追加章 |

美国丧失出口竞争力",表明了甚至不惜"货币战争"的态度。

基于"美国优先主义"的增加关税政策的实施对象不仅是中国。从2018年3月起,美国开始限制从欧盟进口钢铁、铝制品,随后限制又扩大到加拿大、墨西哥、日本等前西方阵营传统的友好国家。更有甚者,特朗普要求北约各国的军费从以往的2%增加到4%,在军事安全方面采取了轻视同盟的态度,日美同盟也绝不会是例外。

特朗普这种完全忠实于总统竞选公约、根本不顾及国内政治分裂和对立的各项强劲登台的政策之间,特朗普时代新的政治主角、白人蓝领阶层、也被称作poor white的中产阶级之下的白人有权者的存在十分突出。

2004年后,我选择将俄亥俄州作为总统选举年进行"定点观测"的地点,并一直进行取材,2016年9月,在这里我遇到了特朗普时代的"主角"。

俄亥俄州位于美国中西部被称为"美洲大陆肚脐"的地方,历史上也是可以左右美国总统选举结果的"激战州"之一,在特朗普当选总统为止的45位总统中,这里诞生了6位。

在美国舆论对特朗普的政治做出明确评判的中期选举之前,作为从事特朗普政治分析工作的我,很想向中国的读者报告这一段经历。

在俄亥俄州确认到对特朗普的支持

从成田机场乘坐直飞航班到达芝加哥机场后接受入境检查时,就受到了极为热烈的"支持特朗普现象"的洗礼。由于出发前不久发生在纽约等地炸弹恐怖主义袭击的影响,机场对护照的检查极为严格,有的人还被采集了十个手指的指纹。

终于等到我后,当问及赴美理由时,我说"我要去俄亥俄州进行采访。在外国看来,不好理解为何像特朗普这样的人物会得到如此支持"后,佩带大大的官衔徽章、看上去像是干部的女性官员的表情突然就变了。

我接着向她解释,从1960年尼克松和肯尼迪进行首次电视辩论的总统选举战开始，包括两次出任驻华盛顿特派员的经历在内，作为新闻工作者，我对美国进行了半个世纪以上的追踪报道。听完我的说明后，这位官员表现出了很大兴趣，我们两个人花了很长时间讨论了选举。随后，她一边大笑着说"实际上我是特朗普的支持者，请好好看看特朗普领先的俄亥俄吧"，一边爽快地在我的护照上盖了章，完全没有指纹检查。

经由克利夫兰进入俄亥俄州后的第二天，我访问了俄亥俄州东部扬斯镇（Youngstown）的州立大学，在坐着大约30个人的教室中，我询问了在总统选举中支持哪位候选人的问题，有5人举手支持特朗普，而支持希拉里的是4人，其中包括教室里仅有的3名黑人学生。带我来的教授表示，实际上特朗普的支持者更多，明显是多数派。

扬斯镇与附近的宾夕法尼亚州匹兹堡一样，过去作为钢铁之城兴盛一时，但现在已是夕阳斜下之地，唯一的产业只有法国和俄罗斯资本下勉强经营的页岩油精炼工厂。根据教授的介绍，学生们的父母就像是描写中典型的穷白人（poor white），属于特朗普的支持层。据说以往是高级社区的豪宅，仔细看来也有荒芜之感，还听说现在属于晚上经常有危险分子出入的"毒品黑社会"。

坐着每四年得到一次关照的老熟人地方报纸记者的车去了民主党和共和党的地方组织，民主党的干部消沉得很，只是不断重复"我们期待奥巴马总统、特别是米歇尔夫人的演讲"。与此相比，共和党俄亥俄州负责人可能是由于共和党现任州长与特朗普保持着距离，含混地表示"我和特朗普只是在党大会上打了招呼，他们的组织还没有成立，现在活动最活跃的是茶党运动（Tea Party movement）俄亥俄支部的负责人，你去听他说吧"。

茶党运动负责人能言善辩。详细地向我说明了共和党是如何长期保持优势地位的。具体而言，"至少有四个四年前支持奥巴马的镇转向支持了特朗普，这一点毫无疑问。主张小政府的我们与增加公共投资的特朗普之间尽管意见有所不同，但在反对希拉里的问题上是一致的"。

这时候，我还注意到了以往没有过的现象。一到总统选举年，美国人会在汽车保险杠上贴满支持政党和候选人的贴纸，成为一道美国的风景线。但是这种景象这次却几乎没有看见。

2004年后每次必来的哥伦布市近郊的高级住宅区新奥尔巴尼，几乎都是白人居住，以前很多家前院里都随心所欲地插着候选人的照片和标语，这次则无影无踪。转了很久之后才终于发现了与总统选举同一天进行投票的州参议员候选人的照片，并且只有一张。四年前的"定点观测"时，在被认为占据优势的共和党候选人罗姆尼的照片中混杂着大量奥巴马总统的照片，使我预测到奥巴马能赢得连任。想起这些，我就更在意这一点了。于是我去地区办公室等询问是否地方自治体的规定发生了变化，得到的回答是地方并没有这方面的规定。

想着是不是我来的时间太早了，于是在投票日前不久又请地方报纸记者开车带我转了转，照片和标语数量依然是零。当我观察到与四年前奥巴马连任时大不相同、处于守势的俄亥俄民主党的状态后，在奔向访问下一站的华盛顿之际，我坚信特朗普在俄亥俄占据了优势。

但是，坦白地说，从芝加哥机场白人女海关官员的发言，到保险杠没有贴贴纸，在家门前院不摆放任何候选人照片的人，他们实际上都可能是"隐形特朗普支持者"，好不容易目睹了这些活生生取材资料的我，却没有能够认识到这是将特朗普送到白宫、希求出现大变化的美国大潮中的一部分。在华盛顿几乎所有的朋友都告诉我即便如此，希拉里的优势地位仍不可动摇，在华盛顿之后去的洛杉矶我观看了第一次电视辩论中希拉里的雄辩善战，所以没能写一篇预测特朗普当选的报道。

"美国独大"的产物

哪怕仅仅是上述原因，在即将开始中期选举的2018年8月，我觉得也有必要从各个角度详细地介绍现在全力追捧特朗普总统各项内外政策、以白人蓝领阶层为中心的美国政治"新主流"。或许这也可以有助于预测特朗普时代今后的发展趋势。

首先，在2016年的总统选举中，民意调查始终处于领先地位的希拉里民主党阵营在全国投票中比特朗普多得到了近290万张选票，但在各州选举人的数量上却惨痛败北的事实说明，其选举战略存在着根本性的欠缺。在历史上由工会组织起来的白人蓝领阶层票数占据多数的中西部五个州、即威斯康星、艾奥瓦、密歇根、俄亥俄、宾夕法尼亚的败北可谓惨痛。而传统上是民主党稳固地盘的威斯康星、密歇根，选举战中希拉里不知为何一次都没有前去举行选举演讲，从这个意义上有的分析认为希拉里的选举战略过度自信，最终自毁长城，导致了在这些州的失败。

还有，颇有意外的是希拉里在女性中没有什么人气，本来在投票女性中应成为强力支持层的中南美洲系（西班牙裔）女性，给希拉里的票数也比上次奥巴马连任时低。在特朗普不断出现对女性的性别歧视发言中，"我也可以选择在家里做蛋糕、喝红茶，但是，我选择了自己的生涯"，希拉里这种毫不掩饰精英意识的发言也没有得到好评。

但是其次，在催生了"特朗普白宫"的希拉里选举战略失败背后，也不能忘记美国二战后充满讽刺的漫长历程。其中浓缩了美国今天以及未来的苦恼。

有关这一点，奥巴马亲信罗斯在其新著中回忆道，希拉里竞选失败后不久，奥巴马前总统曾说过"或许我们（在国际全球化进程中）走得有点太快了"，这个细节很值得关注。

今天，在被称为全球化的时代中，美国在1989年柏林墙倒塌间取得了东西方冷战的最终胜利，随后在苏联解体、"美国一家独大"之间，诞生了超越国境阻隔的经济活动。几乎同时，随着作为新工业革命登场的互联网这一沟通手段的生根发芽，从金融到贸易等各个领域的经济活动都进入了一瞬之间就可以在世界自由移动的时代。

值得讽刺的是，作为其结果，新的财富积累与新的贫富差距时代产生了正面和负面影响，而最受影响的就是"一家独大"的美国国内。在观察今天"特朗普美国"最易于理解的就是这种讽刺。20世纪50年代前支撑美国战后繁荣的相信"只要辛勤劳动、遵守秩序地生活，谁都可以得到公正薪酬"的中西部白人蓝领阶层却得到了"铁锈地带（Rust Belt）"贫穷白人的屈辱性称呼，这就是现实。

根据CNN的出口民调，特朗普与希拉里的白人支持层学历比较中，大学毕业以上学历者43%对52%，而高中毕业以下学历者则是52%对44%，特朗普获得了更多的支持。

"最后的白人统治时代"的危机感

具体而言，就是其父辈，一部分是受到第二次世界大战后复员士兵实施的GI法的恩惠，至少可以上到州立大学，而到了他们孩子这一代，一部分家庭失去了可以得到"大学毕业"称号的经济能力，这种挫折感催生了接受特朗普美国优先主义和贸易保护主义主张的支持层。

成为全球化渗透北美洲大陆的象征性存在——北美贸易自由区（NAFTA），自从克林顿民主党政府时期的1994年生效后，工厂为了寻求廉价劳动力而将工厂移往墨西哥，众多劳动者陷入了经常性失业和工资降低的不安之中，像在扬斯镇我看到的沉湎于药品和酒的白人蓝领的身影遍布整个中西部。滥用阿片类药物（Opioid）（从罂粟中提炼的必须有医生处方的医疗用镇痛剂，用于缓和癌症等病症产生的剧痛）者也在蔓延。根据报纸报道，占世界人口5%的美国消费了全世界这种镇痛剂的80%，令人咋舌。

其结果，2015年的统计显示，美国国民的平均寿命为78.8岁，22年以来第一次出现下降。40—50岁的死亡率不断攀升，死因中自杀、肝功能受损、药物中毒等十分显著，被经济学家安格斯·迪顿（Angus Stewart Deaton）称为"绝望之死"。2016年总统选举的结果也表明，特朗普支持层在这种"绝望之死"较多的城镇也比较多。

美国白人蓝领阶层的这种困境尽管可以追溯到因计算机普及而导致的产业高效化，或被称为自动化大发展的时代，但20世纪60年代以后，美国老百姓生活中的"美国制造"在悄悄消退，取而代之的是以"中国制造"开始的孟加拉、哥斯达黎加等亚洲、中南美洲商品成为消费生活的主角，对他们造成了直接的冲击。我自己从1981年到1984年两次在华盛顿工作时，也和家庭一起经历了这种大的变化。

原本应该对制造业被外国产品取代现象进行抵抗的美国工会的影

响力却日渐没落,其组织率从1990年开始下降,2017年跌到了历史最低的10.7%。举一个例子,美国汽车工会(UAW)的成员自1935年成立后也降到了最低水准,只有最盛时期150万人的三分之一,曾几何时,这个工会参与的底特律汽车工业以及伴随着罢工的提高工资谈判走向甚至决定着美国经济的整体景气。

根据某位学者的统计,在全球化发展最快的1988年到2008年这20年期间,总体而言,以美国为首的发达国家中等收入阶层的收入增长明显下降,各国的蓝领阶层可谓全球化时代的最大输家。

毫无疑问,就是这些白人蓝领阶层的不满和抵抗的巨大能量在支撑着今天"特朗普的美国"。

此外还必须指出,对于他们而言,还存在着一种长期且深刻的危机感。根据2010年人口普查以及2014年辅助普查的预测结果,调查当年不包括西班牙裔在内占总人口60.5%的白人多数地位将在20—30年后的21世纪40年代丧失。在人口已经超过1000万人的洛杉矶郡的统计中,西班牙裔族群之外的白人只占了人口的25%强,国外出生者的比例上升到35%,56%的家庭在家中使用英语以外的语言。

总之,可以说今天集结在特朗普总统周围的白人蓝领阶层的心理深处,存在着"白人可以统治的最后时代正在到来"的危机感。如果要论述这个有关美国将来走向的重要问题,必须专门另找机会。但是,在论述今天"特朗普的美国"时,这也是不能忘记的重要视角。

"南方战略"在今天的意义

再次,在政治上利用贫穷白人阶层的困境以及对未来的危机感以获得成功,特朗普的这种尝试在美国政治史中并不是新生事物。有必要了解这种尝试的过去和演进。

最近的例子是在1992年和1996年参加总统选举、历任尼克松、福特和里根三代共和党总统助理以及讲演撰稿人的帕特里克·布坎南。特朗普对于布坎南主张的贸易保护主义、美国优先主义和白人至上主义有相当程度的共鸣。布坎南在其2011年出版的《超级大国的自杀》

中文版追加章

一书中就表明了上文提到的对预测2040年白人人口将少于半数的危机感。

这本书中，布坎南指出"多样性才是美国力量"的说法就是个神话，正是白人造就了美国。但当时，他这种特朗普风格的过激发言没有对舆论产生什么影响，在预选阶段就销声匿迹了。这与作为全国知名电视节目"学徒"主持人不断出风头，并拥有在纽约中心部修建特朗普大厦、取得成功的亿万富翁和房地产商之财力的特朗普存在着天壤之别。

在与今天的特朗普的类似性上，就必须触及20世纪60年代尼克松的"南方战略"。

"南方战略"是尼克松最亲近的约翰·米歇尔的助手凯文·P. 菲利普斯在1969年11月出版的《崛起的共和党多数派》一书中提出的。这个野心勃勃的战略关注到，从奴隶州时代开始一贯是民主党地盘的南方各州，在第二次世界大战中逐步发展为从原子弹开发到飞机、导弹等军需产业以及宇航开发等新兴产业地区，全国各地新的白人中产阶层不断涌入。根据这一状况，尼克松试图将他们拉入到共和党的阵营之中。

菲利普斯将这一从南方各州经由新墨西哥、科罗拉多半沙漠地区到加利福尼亚包括新产业及能源在内的新兴产业地区命名为"阳光地带"，这个名称沿用至今。从"阳光地带"诞生了互联网产业革命，成为美国一家独大的支柱。

在这个意义上，与现在特朗普现象中的主角是全球化负面结果的"铁锈地带"和贫穷白人相比，南方战略是以实现"美国梦"的白人们为对象的积极战略。

但是，有一点非常相像。

"南方战略"与现在的特朗普政治一样，都是以当时美国社会存在深刻的分裂为前提，并只有解决其中白人蓝领阶层的不满方可成功的路线。"南方战略"中，这种分裂就是在美国国内吹起了反对越南战争的劲风。当时，这场战争投入50万大军却仍无法取胜的现实已显而易见。

1968年3月，就像等着被视为一定会连任的约翰逊屈服于反对越南战争的舆论而被迫辞职的那一刻一样，国内出现了各种对立。马丁·路德·金、罗伯特·肯尼迪相继遭到暗杀，为此华盛顿经历了大城市中第一次黑人暴动，随后践踏星条旗、烧毁征兵令、吸食大麻、主张性自由、开放色情业和承认同性恋的"反文化运动"席卷美国全土。芝加哥的民主党全国大会成为反战运动与激进派混战乱斗的战场。尼克松仅仅呼吁维持"法与秩序"就赢得了大选。

我在35岁时作为共同通信社特派员有幸对"1968年"进行了一系列的采访。5月，为了采访终于开始的越南和平谈判，还到巴黎采访了被称为"五月革命"的学生运动，在法国共产党党报《人道报》（L'Humanité）总部门前激进派学生与警察发生冲突的现场，明白了白人之间使用的催泪弹与一个月前在华盛顿国民警卫队镇压抗议马丁·路德·金遭到暗杀的黑人游行所使用的强力催泪弹相比根本不值一提，从而体会到了美国深刻的黑人与白人间的对立。

现在，特朗普指责《纽约时报》和《华盛顿邮报》以及有线电视的开创者CNN是"假新闻"的发源地，从而得到了支持者的热烈追捧。和特朗普一样，尼克松将冷眼旁观激进的反战运动和"反文化运动"的白人中产阶级称为"沉默的大多数"，以夸耀他们对自己的支持。还是和特朗普一样，尼克松也点了《纽约时报》《华盛顿邮报》的名，并将支配华盛顿的东部权势集团（Eastern Establishment）定性为"有组织的高调少数派专制组织"。当时还没有CNN，取代CNN成为被攻击对象的是三大广播电视台。

总之，尽管很多媒体批判特朗普歧视女性的发言，但并没有降低其支持率，反而加强了其支持票源的白人蓝领阶层的团结。可以说，尼克松的"南方战略"正是充满讽刺的现状的源流。

说到相似之处，尼克松"改变了世界"而名垂青史的1972年"与毛泽东的握手"，也是尼克松主义的成果。即使投入B52轰炸柬埔寨不断扩大在中南半岛的战火，只要美国可以实现"光荣撤退"就可以，这也正是凝缩"沉默大多数"利己主义的"南方战略"的一部分。

与以往"沉默的大多数"一样，2018年6月震惊世界的特朗普与金正恩握手后，特朗普将新加坡会晤自吹自擂为"美国遭受ICBM进攻的恐怖已经消除"，也是为了获得为他拍手喝彩的特朗普支持者们利己主义的支持。这一点上两者可谓本是同根生。尼克松1971年7月访问北京后马上就废除了金本位制以保卫美元。今天，特朗普仅仅为了消除美国的贸易赤字就发动与中国和欧盟的"贸易战"，也是一个逻辑。

"推特政治"的绝技

最后，必须要回答一个问题，就是"特朗普"的美国将走向何方。

特朗普可谓奇人，在71岁的人生中，从来没有从国民的税金中拿过一分钱工资，也就是说人生与政府高官、各种级别的议员、军人等官职完全无缘。

自华盛顿以来的45位美国总统中，特朗普毫无疑问正在进行着对于大多数美国人而言"未曾经历"过的政权运作。整个政府、甚至在白宫内部，都不存在作为组织的"秩序"，所有都由特朗普自己决定。比如决定与金正恩举行会谈即是如此，从韩国特使那里听到金正恩委员长的提议后，特朗普没有和包括国务卿在内的任何人商量，就马上表示了同意，其后不久，当时的国务卿蒂勒森就辞职而去。

推动这种随心所欲政治运作风格的强力武器，就是与每个人直接联系、被称为"推特（tweet）"的140个字以内短信收发信系统。推特成为了特朗普与一般美国公民在互联网上直接沟通的空间。

推特与AI（人工智能）一同被称为人类掌握未来生活的钥匙，是互联网产业革命最前列的技术之一，2018年全世界共有3亿多人在使用。此外，追随某人推特的用户被称为粉丝（follower），粉丝的数量也是推算推特影响力的指标之一。特朗普总统个人账号的粉丝在2018年8月超过了5000万人。

特朗普总统几乎每天早上都要亲自在推特发消息，巧妙地同时使用白宫的官方发表和他与美国国民的私人渠道，分别表达其推行政策中的原则和真心话。国内外的新闻社都有专门跟踪特朗普推特的人员。

对美国总统而言，20世纪后与一般老百姓进行对话变得日益重要。

在20世纪30年代摆脱经济大恐慌、在第二次世界大战中领导人民的富兰克林·罗斯福充分利用新的媒体——无线电，通过每个周末的"炉边谈话"凝聚民心。与尼克松的电视讨论中获得胜利入主白宫的肯尼迪更是派专人充分利用电视的形式。而特朗普则是为互联网时代媒体与政治的关系揭开了新的一页。当然，特朗普通过推特发出的各种信息中有很多是出于自身需要的"假新闻"。毫无疑问，或可被称为"推特政治"的新的政治技术已经登场亮相了。

三场胜负

判断特朗普政治今后走向的政治斗争将集中在以下三点。

第一，对联邦最高法院保守化这一重大问题的挑战。不管美国联邦最高法院大法官安东尼·肯尼迪（81岁）7月是否宣布退休，特朗普总统就以出乎寻常的速度宣布保守派、联邦上诉法院法官布雷特·卡瓦诺（53岁）将继任联邦最高法院大法官，意欲在2018年末前共和党勉强维持参议员多数席位的现议会任期内获得承认。值得关注的就是与将全力阻止的民主党进行决战的结果。

最高法院现在的9名大法官中，保守派5人，自由派4人。肯尼迪大法官尽管是里根总统任命的保守派，但在同性婚姻和人工流产等问题上做出了倾向于自由派的判断。同时，在最近有关针对限制外国公民进入美国的法规的诉讼中，保守派也将决定判决的走向。仅仅这些，被称为更加纯粹的保守派的卡瓦诺一旦被任命，将有可能从根本上颠覆承认人工流产和同性婚姻等当今美国社会的基本制度。

根据CNN的调查，总统选举中四分之一投票给特朗普的选民是因为希望联邦最高法院走向保守化。通过任命忠诚保守派色彩浓厚的卡瓦诺，特朗普意在向白人蓝领阶层"表功"以迎接即将到来的中期选举。

第二，2018年秋举行中期选举后，共和党以多出43个议席保持多数的众议院是否会出现逆转。从两党的预选阶段开始，选民就体现出强烈的关心，无论哪个党的投票数量都超过了上一次。2018年8月7日，俄亥俄州举行了众议院第12选区特别选举。在这个1982年以来共和党就占据议席且白人人口众多的选举区，民主党候选人却仅仅比共和党候选人少了1700票，选举管理委员会表示在清点计入需要再确认的8000张选票后才会公布最终结果，可谓一场激战。尽管特朗普总统很快就在推特上发表了胜利宣言，但有意见认为正是在特朗普4日亲自前往俄亥俄州进行演说后，民主党的支持票反而增加了。决定众议院构成的11月6日的投票动向将影响到特朗普政府的沉浮。

实际上正如本章最初部分所介绍的，我在两年前到俄亥俄州进行每四年一次的"定点观测"取材中，就去过这个第12选区。四年前奥巴马和罗姆尼竞选时，这里的住宅前像百花争艳般地装饰着候选人的照片和标语，而两年前则一无所有，这个地方也让我第一次感觉到了这些"隐形特朗普支持票"的存在。这次的激战表明这些"隐形特朗普支持票"出现的巨大摇摆，目前也增加了民主党获得众议院多数席位的可能性。也是在这里，两年前的总统选举中特朗普以领先11个百分点的优势大胜希拉里。

第三个值得关注的是2020年总统选举中特朗普能否获得连任。在这个问题上，我很关心民主党的体制。希拉里败北的冲击之大，使得民主党在过去两年中只能全力去守住被特朗普一个接一个否定的奥巴马的政治成果，有关下一任总统候选人的讨论也石沉大海。但是，特朗普的第一任期过半后，由于特朗普太过旁若无人的政府运作以及民主党在各州特别选举中的能征善战，民主党终于燃起了阻止特朗普连任、夺回白宫的临战情绪，党内有关选举候选人的讨论也热闹了起来。

总统竞选候选人除了加利福尼亚的参议院女参议员、来自马萨诸塞州的现自由派领导人伊丽莎白·沃伦参议员等人之外，我比较关心有可能成为阻止特朗普连任的"新民主党"撒手锏，星巴克咖啡连锁店前董事会执行主席霍华德·舒尔茨。舒尔茨1987年以4000万美元收购被称为改变了美国咖啡口味的星巴克后，作为CEO将该公司壮大为全球性的咖啡连锁企业。他为员工提供健康保险，在移民问题上持自由主义立场。特别是2018年4月，在宾夕法尼亚州一家店里等候朋友的两名黑人男性被咖啡店报警遭到逮捕，这一事件发生后，以进行深刻反省为由，全美所有的星巴克连锁店均关门一整天，并以与种族歧视进行斗争为题目召开公司内部研讨会，一时成为话题。对于出马参加总统选举的声音，舒尔茨并没有否定，其今后动向值得关注。

新面孔登台对于民主党的重建可谓至上命令。另外，舒尔茨的父母都是纽约布鲁克林的犹太裔德国移民，他的父亲是退伍军人，出生于贫困家庭的舒尔茨以美式足球特长生的身份上了北密歇根大学，毕业后在施乐公司工作后，在星巴克取得了成功。同时，从第一位犹太裔美国人挑战竞选总统的意义上，也有可能成为描绘实现"美国梦"最新版故事的人物。

始终存在的"多元化"浪潮

终于要对"特朗普的美国"将向何处去做出自己的结论了。我在2018年8月终稿阶段想说明两点。

首先想要说明的是，现在特朗普总统强烈主张并且正在实施的美国优先主义和贸易保护主义是有局限性的。也就是说，必须认识到一个现实，20世纪以来、具体而言就是在1965年移民法修改并废除对西欧裔白人有利的国民出生地配额体系导致移民多样化的进程中，或者说东西方冷战结束后美国一家独大状况下产生了全球化之下的生产、贸易等所有经济活动的"多元化"，"特朗普的美国"只是对这种多元化的"反作用"。

正如前文所述，今天特朗普推行的政治就是最大限度地用政治来应对这种"多元化"带来的不安、不满以及白人将长期性地从多数地位下滑的危机感，认识到将以往受到忽视的白人蓝领阶层作为新的政治主流派，并博得其欢心。反言之，覆盖世界的"多元化"潮流本身并没有改变。白人人口沦为少数也将随着时间长河的流淌而成为无可奈何的现实。

在这个意义上，简言之就是"特朗普的美国"只是一时性的。换言之，在今天AI（人工智能）新前沿中拥有广大前景的互联网产业革命进一步深化进程中，美国历史上诞生了第一位黑人总统奥巴马的美国"多元化"具有永久性和持续性。再举一个具体的例子，20世纪80

年代美国开始的"政治正确",即"从政治观点出发使用正确用语以消除语言中的歧视与偏见"的某种文化革命正在完全渗透,不仅在美国还在世界的市民生活中生根发芽。将Miss(未婚女性)、Mrs(已婚女性)统称为Ms(不涉及婚姻状况的女士)的习惯今天已是常识。特朗普竞选演说中,白人蓝领阶层对敢于挑战和否定政治正确的特朗普鼓掌喝彩固然是事实,但是在今天白宫的正式文件中,Ms一词的用法也完全固定了下来。

20世纪60年代和80年代,我和家人一起在美国生活了10年,这段经历使我深深感受到了这种"多元化"已经根植在美国社会的深层。

如何解决全球化催生的城市高学历白领阶层和专业人士高收入阶层与铁锈地带工作、连大学也上不起的白人蓝领阶层之间的贫富差距,仍然是一个重要的问题。但必须考虑到,即使能够连任,"特朗普的美国"也只有六年半的"寿命",等待其后的美国仍然是各种未知的开拓地。

我又想起了1967年8月在波士顿家中第一次接受我采访、以名著《孤独人群》闻名于世的已故社会学者、哈佛大学教授大卫·李思曼,1969年3月在帕罗奥多的斯坦福大学他曾对我这么说过尼克松总统:"实际上(尼克松是)美国历史上第一位西海岸诞生的总统。大家都没有关注这一点很是意外。美国人还不了解美国自己。美国发生的问题,基本上还没有答案。"时隔49年后的今天,这段话仍萦绕在我的脑海里。

过时的关税制裁陷阱

必须注意的第二点就是,特朗普总统自己前后七次改变了所属政党,终极而言具有只关心如何成交的机会主义者的侧面。正如与朝鲜金正恩实现闪电式会晤后特朗普的言行所表现的,在内政外交上不断进行露骨的自我宣传和毫不掩饰地自赞自画般的发言背后,必须看到特朗普表现出的现实主义姿态,即以奇妙的形式体现的"承认现状"或"放任现状",或执着于带着大局观的对眼前利益的重视。

按照竞选公约,特朗普在获得政权的同时就向议会提出了废除奥巴马医改的法案。不过尽管执政党共和党在参众两院都拥有超过半数的议席，但即使是保留了有以往病例也可加入保险的大框架一部分的共和党保守派和自由派的妥协方案，也在共和党领导层2018年3月的判断下，放弃了提交众议院进行表决的做法。于是尽管特朗普亲自到议会做两派的工作，直到今年夏天，奥巴马医改作为制度仍然勉勉强强地得以继续。

特朗普对于在美国各地依然几乎定期发生的枪击事件的态度也是"放任现状"。

2018年2月，佛罗里达州发生了罪犯用改装有"撞火枪托"连发装置的步枪枪杀17名高中学生的事件后，特朗普很快就召集17名参众两院议员，并通过电视直播在白宫召开超党派紧急对策会议，表示将发布总统令以禁止销售这种连射装置，同时宣称将要求国会进行枪支管制立法，以将购买枪支的最低年龄限制从现在的18岁调高到21岁。

但是，由于这些都是拥有雄厚财力的利益集团全美步枪协会反对的内容，所以《纽约时报》等媒体对特朗普的表态持怀疑态度，认为"很有可能以特朗普流的电视秀告终"。果不其然，同年3月的全美步枪协会年度大会上，与副总统彭斯一同露面的特朗普热情地表示支持拥有枪支的权利，对新的管制措施只字未提。白宫新闻发言人桑德斯声称"在提高购枪年龄的问题上，总统本人并没有改变想法，但是没有得到广泛支持，并不现实。比起联邦政府，首先在州政府层面上推动更为适宜"，其立场大幅度倒退了。

就任时轰动一时的建设防止墨西哥等非法移民的高墙并让墨西哥承担费用的计划，在将父母与孩子分别收容的做法遭到恶评后，马上就进行了修正。而诸如"强制遣返非法移民"计划等很多问题上，在不断强调按照公约推动的原则的同时，实际上却不断忍受着妥协。现在，虽然与中国、欧洲之间进行着关税制裁拉锯战的复古风"贸易战争"，但在经济全球化的现实中，报复性关税这种风格的贸易摩擦的功能在全球化经济相互依存中实际上正在丧失。

比如，为了弥补因受到对从中国等地进口钢铁、铝制品征收高额关税的影响而导致的大豆出口商的损失，联邦政府只能考虑提供补助金，这多少令人讽刺。此外，以违反朝鲜伊朗出口管制政策而对中国通信大型企业中兴通讯（ZTE）进行制裁，但在与希望避免ZTE经营危机的中国方面进行非正式交涉后，双方达成了以罚款13亿美元和重组领导层为条件缓和制裁的共识。

在与中国的关系上，"习近平的中国"提出了"中国制造2025"构想，计划通过在半导体和新一代移动通信系统、电动汽车（AV）等新能源汽车等10个重点领域的技术革新，在2025年实现"制造强国"的目标。根据报道，针对中国的这一构想，特朗普的对策仍然是对2000亿美元的中国产品征收25%的制裁关税。拒绝参加TPP（跨太平洋伙伴关系协定）谈判，对希望签署FTA（自由贸易协定）的日本、英国等国的强硬要求也是与老气横秋的贸易保护主义一脉相承的。

2018年8月，特朗普签署了新的《国防法案》，2019会计年度的国防预算达到7160亿美元，较前一年继续增加以"进一步增强美军"。其中规定，禁止美国政府部门和与其有业务往来的企业使用与ZTE同样是中国大型企业华为技术的机器，整体而言对华强硬姿态十分鲜明。与对ZTE进行了事实上的救济同时，这种体现强硬姿态的软硬兼施的对华交易外交走向值得关注。

现在，交易外交中令人瞩目的是特朗普根据退出奥巴马时期建立的伊朗核问题六方协议，重新开启了将对伊朗经济产生重大影响的经济制裁，同时又宣称"准备随时与伊朗最高领导人进行对话"。同朝鲜一样，也存在着交易的可能性。

最后还有一点可与尼克松进行比较。目前特朗普总统担心的是特别检察官罗伯特·穆勒一路追究的"通俄门"问题，即普京的俄国在2016年总统选举中通过网络战帮助过特朗普阵营这一丑闻是否真有其事。特朗普多次在推特中表达了要解雇穆勒特别检察官的意向，但并没有付之于行动，"水门事件"中尼克松失败的巨大阴影还是存在的。"通俄门"正在动摇特朗普期望与普京进行"超级大国"间"交易"的外交步调。

今天的特朗普会成为哪个尼克松，这是一个问题。而美国以前是、今天依然是充满各种讽刺的"没有答案的国家"。

美国历任总统

F=联邦党　W=辉格党　R=民主共和党　民=民主党　共=共和党

任	就任年	总统	政党	当选时所在州	副总统
1	1789	乔治·华盛顿	F	弗吉尼亚	约翰·亚当斯
	1793	同上			同上
2	1797	约翰·亚当斯	F	马萨诸塞	托马斯·杰弗逊
3	1801	托马斯·杰弗逊	R	弗吉尼亚	阿伦·伯尔
	1805	同上			乔治·克林顿
4	1809	詹姆斯·麦迪逊	R	弗吉尼亚	同上
	1813	同上			埃尔布里奇·格里
5	1817	詹姆斯·门罗	R	弗吉尼亚	丹尼尔·汤普金斯
	1821	同上			同上
6	1825	约翰·昆西·亚当斯	R	马萨诸塞	约翰·卡德威尔·卡尔霍恩
7	1829	安德鲁·杰克逊	民	田纳西	同上
	1833	同上			马丁·范布伦
8	1837	马丁·范布伦	民	纽约	理查德·门特·约翰逊
9	1841	威廉·亨利·哈里森	W	俄亥俄	约翰·泰勒
10	1841	约翰·泰勒	W	弗吉尼亚	缺任
11	1845	詹姆斯·诺克斯·波尔克	民	北卡罗来纳	乔治·米夫林·达拉斯
12	1849	扎卡里·泰勒	W	肯塔基	米勒德·菲尔莫尔
13	1850	米勒德·菲尔莫尔	W	纽约	缺任
14	1853	福兰克林·皮尔斯	民	新罕布什尔	威廉·鲁福斯·金
15	1857	詹姆斯·布坎南	民	宾夕法尼亚	约翰·卡贝尔·布雷肯里奇

续表

任	就任年	总统	政党	当选时所在州	副总统
16	1861	亚伯拉罕·林肯	共	伊利诺伊	汉尼巴尔·哈姆林
	1865	同上			安德鲁·约翰逊
17	1865	安德鲁·约翰逊	民	田纳西	缺任
18	1869	尤里西斯·格兰特	共	纽约	斯凯勒·科尔法克斯
	1873	同上			亨利·威尔逊
19	1877	拉瑟福德·伯查德·海斯	共	俄亥俄	威廉·阿尔蒙·惠勒
20	1881	詹姆斯·加菲尔德	共	俄亥俄	切斯特·艾伦·阿瑟
21	1881	切斯特·艾伦·阿瑟	共	纽约	缺任
22	1885	格罗佛·克利夫兰	民	纽约	托马斯·安德鲁斯·亨德里克斯
23	1889	本杰明·哈里森	共	印第安纳	利瓦伊·帕森斯·莫顿
24	1893	格罗佛·克利夫兰	民	纽约	阿德莱·尤因·史蒂文森
25	1897	威廉·麦金利	共	俄亥俄	加勒特·奥古斯塔斯·霍巴特
	1901	同上			西奥多·罗斯福
26	1901	西奥多·罗斯福	共	纽约	缺任
	1905	同上			查尔斯·华伦·费尔班克斯
27	1909	威廉·霍华德·塔夫脱	共	俄亥俄	詹姆斯·斯库克拉夫特·谢尔曼
28	1913	伍德罗·威尔逊	民	新泽西	托马斯·赖利·马歇尔
	1917	同上			同上
29	1921	沃伦·甘梅利尔·哈定	共	俄亥俄	卡尔文·柯立芝
30	1923	卡尔文·柯立芝	共	马萨诸塞	缺任
	1925	同上			查尔斯·盖茨·道斯
31	1929	赫伯特·胡佛	共	纽约	查尔斯·柯蒂斯
32	1933	富兰克林·罗斯福	民	纽约	约翰·南斯·加纳
	1937	同上			同上
	1941	同上			亨利·阿加德·华莱士
	1945	同上			哈里·S.杜鲁门

续表

任	就任年	总统	政党	当选时所在州	副总统
33	1945	哈里·S.杜鲁门	民	密苏里	缺任
	1949	同上			艾尔本·威廉·巴克利
34	1953	德怀特·戴维·艾森豪威尔	共	纽约	理查德·米尔豪斯·尼克松
	1957	同上			同上
35	1961	约翰·肯尼迪	民	马萨诸塞	林登·贝恩斯·约翰逊
36	1963	林登·贝恩斯·约翰逊	民	得克萨斯	缺任
	1965	同上			休伯特·霍拉蒂奥·汉弗莱
37	1969	理查德·米尔豪斯·尼克松	共	纽约	斯皮罗·西奥多·阿格纽
	1973	同上			缺任
	1973	同上			杰拉尔德·福特
38	1974	杰拉尔德·福特	共	密歇根	纳尔逊·奥尔德里奇·洛克菲勒
39	1977	吉米·卡特	民	佐治亚	沃尔特·弗雷德里克·蒙代尔
40	1981	罗纳德·里根	共	加利福尼亚	乔治·赫伯特·沃克·布什
	1985	同上			同上
41	1989	乔治·赫伯特·沃克·布什	共	得克萨斯	詹姆斯·丹·奎尔
42	1993	比尔·克林顿	民	阿肯色	艾伯特·戈尔
	1997	同上			同上
43	2001	乔治·沃克·布什	共	得克萨斯	理查德·布鲁斯·切尼
	2005	同上			同上
44	2009	贝拉克·奥巴马	民	伊利诺伊	约瑟夫·拜登
	2013	同上			同上
45	2017	唐纳德·特朗普	共	纽约	麦克·彭斯

美国的发展历程与日本、世界

公历	美国	公历	日本、世界
约2万年前	从亚洲大陆经白令海来到北美大陆的亚洲人（现在被称为美洲印第安人及印第安人Indio）在南北美洲居住		
		1215	英国大宪章
		1487	迪亚士发现好望角
1492	哥伦布抵达巴哈马群岛的瓜纳哈尼岛，并命名为"圣萨尔瓦多"		
		1498	达伽马发现印度航线
		1517	路德宗教改革（德国）
		1519	麦哲伦环绕地球一周航行（至1522年）
		1534	亨利八世颁布《至尊法案》，成立英国国教教会
		1541	加尔文宗教改革（瑞士）
		1562	法国宗教战争开始（至1598年）
		1588	西班牙无敌舰队败于英国舰队
		1600	关原之战。英国建立东印度公司
		1603	德川家康、江户幕府开府
1606	英国国王向弗吉尼亚的殖民公司（伦敦、普利茅斯公司）颁发了特许状		
1607	伦敦公司在弗吉尼亚开始建设第一个永久性英国殖民地詹姆斯城		
1608	法国开始建设第一个殖民地魁北克		
1619	詹姆斯城第一个殖民地议会成立，弗吉尼亚首次进口黑奴		

续表

公历	美国	公历	日本、世界
1620	朝圣先贤在"五月花"号上签署誓约后,开始建设普利茅斯殖民地		
1626	荷兰人从印第安人手中购买了曼哈顿,并命名为新阿姆斯特丹		
		1628	权利请愿书(英国)
1630	马萨诸塞湾殖民地开始建设。大量新教徒跨洋而来		
1634	建设马里兰殖民地		
1635	建设康涅狄格殖民地		
1636	第一所大学哈佛学院成立。建设罗德岛殖民地		
1637	与印第安人进行佩克特战争		
		1639	江户幕府发布锁国令(至1854年)
		1642	英国资产阶级革命(至1649年)
1643	结成针对印第安人的新英格兰同盟		
		1648	三十年战争结束。缔结威斯特伐利亚条约,承认瑞士及荷兰独立
		1649	查尔斯一世被处决
		1651	克伦威尔发布《航海条例》,霍布斯出版《利维坦》
		1660	王政复辟,查尔斯二世即位(英)
1664	新阿姆斯特丹成为英属,一部分被割让成为新泽西殖民地		
1667	新阿姆斯特丹改称纽约		
1670	建设卡罗莱纳殖民地		
1675	与印第安人进行菲利普国王战争		
1676	要求夺取印第安人土地的贝肯发动叛乱		
1679	新罕布什尔脱离马萨诸塞		
1681	建设宾夕法尼亚殖民地		
		1688	光荣革命(英)
		1689	权利宪章(英)
		1690	洛克出版《政府论》

续表

公历	美国	公历	日本、世界
1704	德拉维脱离宾夕法尼亚		
		1707	苏格兰与英格兰合并,建立大不列颠王国
1713	卡罗莱纳分为南北两部分		
		1716	享保改革
		1721	英国组成第一任责任内阁
1730	开始制造肯塔基枪		
1732	建设佐治亚殖民地,13个殖民地组成英属殖民地		
		1744	印度爆发英法殖民地战争
1752	富兰克林发明避雷针		
1754	法国印第安人战争爆发(英法七年殖民地战争)(至1763年)		
		1757	普拉西战役,英军击败孟加拉太守及法军,掌握了在印度的主导权
1762	法国将路易斯安那转让西班牙	1762	卢梭出版《社会契约论》
1763	印第安人庞蒂亚克起义		
1764	英国颁布《糖税法》		
1765	英国制定《印花税法》,召开印花税法会议,抵制英货运动扩大		
1766	英国废除《印花税法》,制定《宣言法》。将宾夕法尼亚与马里兰间的梅森-迪克逊线划定为蓄奴州和自由州的界线		
		1769	瓦特改良蒸汽机(英)
1770	波士顿屠杀事件		
1773	英国制定《茶法》,波士顿倾茶事件		
1774	第一届大陆会议举行	1774	路易十六世继位(法)。杉田玄白翻译《解体新书》
1775	在莱克星顿、康科德,英军与殖民地军之间爆发冲突,独立战争开始。第二届大陆会议举行。华盛顿出任大陆军总司令。英国国王乔治三世宣布殖民地的行动为叛乱		

续表

公历	美国	公历	日本、世界
1776	潘恩出版《常识》。宣布《独立宣言》	1776	亚当·斯密出版《国富论》
1777	将星条旗定为国旗。制定联合规约。禁止进口奴隶		
1778	美法结为联盟，法国对英宣战		
1781	联合规约生效。英军投降		
1783	巴黎和平条约签署。英国承认美国独立		
		1784	美国商船"中国皇后"号首次来华，抵达中国广州
		1785	卡特莱特发明动力织布机（英）
1786	谢思叛乱		
1787	召开制宪会议。制定西北部条例。出版《联邦党人》	1787	宽政改革
1788	合众国宪法生效		
1789	召开第一届联邦议会。华盛顿出任第一任总统	1789	法国大革命爆发
1791	制定宪法第一——第十修正案。华盛顿发表退任演说		
1793	惠特尼发明轧棉机。南方奴隶制扩大。制定《奴隶逃亡法案》	1793	路易十六世被处决，恐怖政治开始（法）
		1795	康德出版《永久和平论》
		1796	琴纳发明接种牛痘
		1798	本居宣长完成《古事记传》
		1799	拿破仑发动雾月政变，成为第一执政（法）
1800	将华盛顿定为新首都。西班牙将路易斯安那转让法国。惠特尼在向联邦政府提供的武器生产中实现了零件可交换系统	1800	伊能忠敬测量虾夷地
1803	从法国手中购得路易斯安那		
1804	路易斯与克拉克前往西部探险（至1806年）	1804	拿破仑称帝（法）
		1805	特拉法尔加海战中，英国击败法国西班牙联合舰队
		1806	神圣罗马帝国灭亡

续表

公历	美国	公历	日本、世界
1807	富尔顿发明的蒸汽汽船"克莱蒙特"号竣工，航行于纽约与奥尔巴尼之间		
1808	《禁止奴隶贸易法》生效	1808	间宫林藏探险库页岛
1812	美英战争爆发（至1814年）	1812	拿破仑发动对俄战争
1813	史蒂文斯制造铁甲船		
1814	马萨诸塞州沃尔瑟姆引进动力织布机	1814	维也纳会议召开（至1815年）。史蒂芬·孙发明蒸汽机车（英）
		1815	神圣同盟
1816	最初的关税保护法案成立		
1817	利比里亚美国殖民地协会成立		
1819	从西班牙购买佛罗里达。霍尔后膛装填步枪开始服役		
1823	发表门罗主义		
1825	伊利运河开通	1825	德川幕府发布驱逐外国舰船令
		1829	墨西哥奴隶解放
1830	印第安人迁移法。巴尔的摩—俄亥俄铁路开通	1830	七月革命爆发（法）
1833	美国废奴协会成立		
		1834	德国关税同盟。英帝国内废除奴隶制
1835	得克萨斯独立运动爆发。柯尔特左轮手枪获得专利	1835	托克维尔在比利时出版《论美国的民主》
1836	阿拉莫之战，得克萨斯独立宣言		
1837	莫尔斯发明有线电报机	1837	维多利亚女王即位（英）
		1840	鸦片战争爆发（清）
		1841	天保改革（至1843年）
		1842	《南京条约》缔结，五座城市开港，香港割让于英国（清）
		1844	中美望厦条约、中法黄埔条约缔结（清）
1845	"命中注定"口号登上历史舞台。得克萨斯州加入联邦	1845	爱尔兰土豆饥荒。大量爱尔兰人移民美国

续表

公历	美国	公历	日本、世界
1846	美墨战争爆发（至1848年）。英国割让俄勒冈。贝特尔海军准将来航浦贺		
1847	邮政部发行第一枚邮票	1847	利比里亚宣布从美国独立
1848	加利福尼亚发现金矿。百老汇出现第一家百货商场。获得加利福尼亚、新墨西哥	1848	二月革命（法）。三月革命（德）。意大利统一运动。马克思、恩格斯《共产党宣言》
1849	印第安事务局由陆军部移交内政部	1849	废除《航海条例》（英）
1850	横渡大西洋的定期蒸汽船航线开通。在加利福尼亚加入问题上南北方妥协	1850	太平天国运动（至1864年）（清）
1852	比彻·斯托夫人出版《汤姆叔叔的小屋》	1852	法国第二帝国，拿破仑三世即位
1853	佩里来航浦贺，要求日本开国。纽约至芝加哥铁路开通		
1854	《日美和亲条约》缔结。《堪萨斯—内布拉斯加法案》成立，废除密苏里协定。索罗出版《瓦尔登湖》	1854	《日俄和亲条约》缔结
1855	惠特曼出版《草叶集》		
1856	哈里斯总领事赴任下田	1856	"亚罗"号事件（清）
1857	否定自由黑人与白人拥有同等权利的联邦最高法院"德雷德·斯科特诉桑福德案"判决		
1858	《日美友好通商条约》缔结。通过马车和铁路的横跨大陆邮政开通		
		1859	安政大狱事件中，吉田松阴被处刑。达尔文出版《物种的起源》，穆勒出版《论自由》
1860	林肯当选总统。南卡罗来纳脱离联邦。幕府访美使节团乘坐"咸临丸"号前往旧金山。温彻斯特生产连发步枪	1860	英法联军占领北京，缔结《北京条约》。樱田门外之变
1861	美国南方11州组成联盟国，推选戴维斯出任总统。南北战争爆发（至1865年）	1861	威廉一世即位（普鲁士）。意大利王国成立。俄国解放黑奴
1862	《宅地法》成立。加特林发明旋转机关枪	1862	俾斯麦出任普鲁士宰相。生麦事件

续表

公历	美国	公历	日本、世界
1863	黑奴解放宣言。林肯在葛底斯堡发表演说。制定全国银行制度	1863	伦敦地铁开通
1865	林肯遭暗杀身亡，约翰逊继任总统。密西西比州率先制定有关黑人的各项法律。宪法第十三修正案（全面废除奴隶制）生效。三K党开始活动		
1866	横跨大西洋的电信业务开通（通信革命）。大量生产方式诞生	1866	福泽谕吉出版《西洋事情》。普鲁士—奥地利战争中普鲁士获胜
1867	从俄国购买阿拉斯加。制定南方重建各项法案	1867	奥匈帝国成立。大政奉还。马克思出版《资本论》
1868	宪法第十四修正案（承认黑人公民权）生效	1868	明治维新
1869	太平洋铁路竣工	1869	苏伊士运河开通
1870	宪法第十五修正案（黑人选举权）生效。标准石油公司成立	1870	普法战争（至1871年）。法兰西第三共和国
1871	全美步枪协会成立。岩仓使节团抵达旧金山（周游欧美后于1873年回国）	1871	德意志帝国成立。废藩置县
		1872	新桥至横滨间铁路开通
		1874	日本出兵中国台湾
1875	成立《民权法》，禁止在公共场所的种族歧视行为	1875	法兰西第三共和国宪法制定。英国购买苏伊士运河。日俄签署千岛库页岛交换条约
1876	贝尔获得电话专利。卡斯特将军部队在与印第安人的战争中全军覆灭。马克·吐温出版《汤姆·索亚历险记》	1876	颁布废刀令
1877	联邦军队完成从南方撤军，重建时代结束。爱迪生发明留声机	1877	西南战争。印度帝国成立
1879	爱迪生发明电灯泡、蓄电池和发动机	1879	废除琉球藩，设立冲绳县（琉球处分）
1881	加菲尔德总统被暗杀身亡		
1882	制定《排华法案》		
1883	最高法院做出1875年《民权法》违宪的判决（州权优先于黑人的公民权）		

续表

公历	美国	公历	日本、世界
1886	美国劳工联合会（AFL）成立。阿帕奇族投降。印第安人的军事抵抗结束。自由女神像完成		
		1889	大日本帝国宪法制定
1890	伤膝河大屠杀。美国人口普查局宣布边疆不复存在。《谢尔曼反垄断法》制定。马汉出版《海权论》		
1891	爱迪生获得收音机专利		
1892	南方各州成立歧视黑人的吉姆·克劳法案		
1893	福特生产第一辆汽车		
		1894	中日甲午战争爆发（至1895年）
		1895	马关条约。俄罗斯、德国、法国三国干涉
1896	在纽约出现第一张活动照片		
1897	波士顿开通第一条地铁		
1898	"缅因"号被炸沉，美西战争爆发。吞并夏威夷。获得菲律宾与波多黎各。占领关岛	1898	德国租借胶州湾，俄国租借旅顺、大连，英国租借威海卫、九龙半岛。居里夫妇发现镭元素
1899	占领威克岛。海·约翰国务卿宣布门户开放政策。与德国瓜分萨摩尔群岛	1899	布尔战争（至1902年）。法国租借广州湾
		1900	义和团运动（至1902年）（清）
1901	古巴沦为保护国。麦金利总统遇刺身亡，罗斯福接任总统。美国钢铁公司（U.S.Steel）成立	1901	英属澳大利亚联邦成立
		1902	日英同盟成立。西伯利亚铁路开通
1903	莱特兄弟首次飞行。跨太平洋海底电缆铺设		
1904	巴拿马运河动工	1904	日俄战争（至1905年）
1905	假定对日战争的美国"橙色计划"启动	1905	在罗斯福总统的斡旋下缔结《朴茨茅斯条约》
1906	旧金山教育委员会发令对日本、中国、朝鲜小学生实行隔离		

续表

公历	美国	公历	日本、世界
1907	与日本签订有关移民管制的绅士协定。各国移民达到一年128万人的最高纪录		
1908	日本移民施行自主规制。罗德—高平协定，日美双方尊重太平洋的现状。福特公司的T型车投入大量生产		
1909	全国有色人种协进会（NAACP）创立。爱迪生发明碱性蓄电池	1909	伊藤博文遇刺身亡。东京向华盛顿赠送樱花
1910	飞机首次从军舰上起飞	1910	日本吞并韩国
		1911	辛亥革命（清）
1912	总统选举中民主党威尔逊获胜	1912	中华民国成立
1913	宪法第十六修正案生效（所得税）		
1914	威尔逊宣布在第一次世界大战中保持中立	1914	第一次世界大战爆发（至1918年）。巴拿马运河开通。日军占领德属太平洋岛屿及青岛
		1915	对华二十一条
1916	汤姆逊发明汤姆逊冲锋枪		
1917	威尔逊对德宣战。石井蓝辛协定缔结。美国由债务国转为债权国	1917	俄国二月革命，十月革命
1918	威尔逊十四条演说	1918	西伯利亚出兵。德国投降。米骚动
1919	宪法第十八修正案生效（禁酒法）。美国共产党成立。参议院否决美国加入国联	1919	德国劳动党（纳粹党前身）成立。巴黎和会（至1920年）。凡尔赛条约缔结。共产国际成立。五四运动（中）。魏玛宪法制定（德）
1920	参议员否决批准凡尔赛条约。宪法第十九修正案生效（女性参政权）。加利福尼亚州实施排日土地法。汽车、收音机、留声机等普及	1920	国际联盟成立
1921	对德和约签署	1921	中国共产党成立。希特勒出任德国纳粹党党首。日英美法缔结四国条约。日英同盟废弃
1922	华盛顿会议，缔结海军条约与九国公约	1922	法西斯政权成立（意）。苏维埃社会主义共和国联盟成立
		1923	关东大地震。法国占领鲁尔地区

续表

公历	美国	公历	日本、世界
1924	排日移民法成立。制定授予全体印第安人美国公民权的法案	1924	第一次国共合作（中）
1925	发明实用型电视	1925	公布治安维持法、普选法。缔结洛迦诺公约
1927	林白驾机成功飞越大西洋（纽约至巴黎）。有声电影开始出现	1927	蒋介石建立国民政府
1928	胡佛当选总统。首次电视广播。制作有声电影和第一部彩色电影	1928	美法等15国签署非战公约（《白里安—凯洛格公约》）。苏联开始第一个五年计划
1929	纽约股市暴跌，世界经济大恐慌开始		
		1930	美英日签署伦敦海军条约
1931	帝国大厦竣工	1931	九·一八事变
1932	F. 罗斯福当选总统。安德森发现正电子。发表史汀生主义（不承认日本占领中国东北，要求中国门户开放）	1932	"满洲国"成立。立顿调查团调查九·一八事变。五·一五事件。纳粹党成为德国第一大党
1933	罗斯福实施关闭全国银行、禁止金的交易、成立紧急银行救济法、停止金本位制、成立农业调查法（AAA）、成立"田纳西流域管理局法"（TVA法）等一系列新政。承认苏联。废除禁酒法	1933	希特勒出任总理。日本退出国联。德国退出国联
1934	制定印第安人重新组织法	1934	苏联加入国联。日本废除华盛顿海军条约。中国共产党开始长征
1935	哈雷姆黑人暴动。最高法院裁定《全国工业复兴法》（NIRA）违宪	1935	德国宣布重新军备。意大利开始侵略埃塞俄比亚
1936	米切尔出版《飘》。罗斯福连任总统	1936	二·二六事件。德国进驻芬兰。西班牙内战。日德签署防共协定。凯恩斯出版《就业、利息与货币通论》
		1937	七七事变。第二次国共合作。中苏互不侵犯条约缔结。日德意缔结三国防共协定
1938	美国产联（CIO）成立。众议院设立非美活动调查委员会	1938	德国吞并奥地利。日本公布国家总动员法令。慕尼黑会议召开

续表

公历	美国	公历	日本、世界
1939	首次跨大西洋定期空中航班开始运营。罗斯福宣布在第二次世界大战中保持中立	1939	日苏两国在诺门坎发生军事冲突（诺门坎战役）。苏德互不侵犯条约。德国入侵波兰，第二次世界大战爆发。苏联入侵波兰
1940	日美通商条约失效。制定《选征兵役训练与服役法》。罗斯福第三次当选总统	1940	丘吉尔出任英国首相。德军攻陷巴黎。日军进驻法属印度支那北部
1941	罗斯福发表四大自由。成立租借法案。宣布处于非常紧急状态。美苏签署协定。冻结日本资产。对日全面禁止出口石油。发表大西洋宪章。日军进攻珍珠港。对日宣战、太平洋战争爆发。对德宣战	1941	日苏中立条约缔结。苏德战争爆发。日军进驻法属印度支那南部。德意日建立三国军事同盟
1942	《联合国家宣言》签署。罗斯福签署强制收容日裔美国人的行政命令。中途岛海战胜利。开始曼哈顿计划。喷气式飞机首次试飞。费米核裂变实验成功	1942	斯大林格勒保卫战
1943	罗斯福与丘吉尔在卡萨布兰卡举行会晤。开罗会议。德黑兰会议	1943	意大利投降。大东亚会议在东京召开
1944	罗斯福第四次当选总统	1944	盟军诺曼底登陆。巴黎解放
1945	雅尔塔会议召开。罗斯福去世，杜鲁门接任总统。李梅将军指挥开始对东京等日本各城市进行焦土作战。波茨坦宣言。向广岛、长崎投放原子弹	1945	德国无条件投降。联合国宪章签署。苏联对日宣战。日本接受波茨坦宣言。联合国成立
		1946	天皇"人间宣言"。远东军事法庭开庭。公布日本国宪法。法国开始在印度支那的军事行动
1947	发表杜鲁门主义。发表马歇尔计划。国家安全法成立。成立国防部，空军从陆海军分离，成为独立军种。凯南在《外交事务》上发表匿名文章，主张对苏采取遏制政策	1947	印度独立

续表

公历	美国	公历	日本、世界
1948	杜鲁门发布命令，禁止在联邦政府及军队内部施行种族隔离政策	1948	苏联封锁柏林。柏林大空运开始。大韩民国成立。朝鲜人民民主主义共和国成立。以色列建国，第一次中东战争。远东军事法庭判决，东条等七人被处以绞首刑
1949	杜鲁门宣布"公平政策"。北大西洋公约组织（NATO）成立	1949	苏联与东欧五国建立经互会。苏联宣布拥有核武器。德意志联邦共和国成立。中华人民共和国成立。德意志民主共和国成立
1950	朝鲜战争爆发（至1953年）。麦卡锡主义兴起。杜鲁门宣布国家进入非常状态。罗森堡夫妇遭到逮捕	1950	中苏友好同盟互助条约缔结。朝鲜战争爆发
1951	杜鲁门罢免麦克阿瑟。对日讲和条约、美日安全条约签署。彩色电视节目首次播出	1951	澳美新安全条约签署
1952	艾森豪威尔当选总统	1952	欧洲防务共同体条约（EDC）签署
		1953	斯大林去世。朝鲜战争停战协定在板门店签署。苏联宣布拥有氢弹
1954	杜勒斯国务卿发表"大规模报复战略"政策。最高法院判决在公立学校施行种族歧视政策违宪。参议员通过谴责麦卡锡的决议。第一艘核动力潜水艇"鹦鹉螺"号下水	1954	尼赫鲁、周恩来发表和平共处五项原则。印度支那停战协定签署。东南亚条约组织（SEATO）条约签署
1955	最高法院命令在公立学校实施种族融合政策。决定延长选征兵役制度。AFL与CIO合并。亚拉巴马州蒙哥马利市黑人在马丁·路德·金带领下开展抵制乘坐公共汽车运动	1955	万隆会议召开。华沙条约签署。南越共和国宣布独立。美英法苏四国召开日内瓦峰会
1956	杜勒斯国务卿发表"战争边缘政策"。阿拉巴马大学接受第一位黑人入学	1956	赫鲁晓夫发表批判斯大林的演说。埃及宣布苏伊士运河国有化。第二次中东战争（苏伊士战争）爆发。匈牙利事件
1957	艾森豪威尔主义。1957年民权法成立。阿肯色州小石城暴动，联邦军队出动。与苏联的"导弹差距"的问题化	1957	苏联成功发射人类第一颗人造卫星斯普特尼克一号

续表

公历	美国	公历	日本、世界
1958	成功发射第一颗人造卫星探索者一号	1958	赫鲁晓夫担任苏联部长会议主席。戴高乐当选法国总统
1959	艾森豪威尔、赫鲁晓夫举行会谈	1959	古巴卡斯特罗政权成立
1960	U2事件。艾森豪威尔因日本反美运动加剧取消访日。新日美安全条约签署。1960年民权法成立。肯尼迪当选总统	1960	南越民族解放战线成立。非洲17个国家独立
1961	美国支援反革命分子登陆古巴失败（猪湾事件）。首次载人运载火箭发射成功。肯尼迪、赫鲁晓夫举行会晤。《进步同盟》宪章签署。柏林危机。和平部队法成立	1961	苏联成功发射载人宇宙飞船东方一号（宇航员加加林）绕地球一周。修建柏林墙
1962	肯尼迪发表经济援助南越计划。在南越设立军事援助司令部，派遣4000名军事顾问。肯尼迪发布命令对古巴全面禁运。成功发射第一颗载人宇宙飞船。黑人学生梅瑞迪斯密西西比大学入学事件。对古巴实施海上封锁。肯尼迪、赫鲁晓夫就解决古巴导弹危机达成一致	1962	有关老挝中立的日内瓦国际会议召开。中印边境冲突
1963	在亚拉巴马州伯明翰等地发生反对种族歧视的游行。美英苏签署《部分禁止核试验条约》。反对种族歧视的华盛顿"自由进军"。华盛顿与莫斯科建立热线。肯尼迪遇刺身亡，约翰逊升任总统	1963	南越发生军事政变，吴庭艳总统被杀害
1964	1964年民权法成立。东京湾事件后，开始对越南报复性轰炸。参议员通过东京湾决议。加利福尼亚大学伯克利分校学生与警察冲突。约翰逊连任总统、马丁·路德·金获得诺贝尔和平奖	1964	中法建交。赫鲁晓夫被撤职。中国原子弹试验成功
1965	约翰逊提出建设"伟大社会"构想。轰炸越南北部、投入地面部队，越南战争扩大。马尔科姆·艾克斯遇刺身亡。密歇根大学"校内讨论会（teach in）"开始。投票权法案成立。瓦茨区黑人暴动	1965	印度尼西亚退出联合国。印度、巴基斯坦冲突。日韩条约签署
1966	卡迈克尔提出"黑权"，第一位黑人内阁成员诞生	1966	法国退出北约组织。中国发动"文化大革命"

279

续表

公历	美国	公历	日本、世界
1967	越南战争的反战运动高涨。马歇尔成为第一位黑人最高法院大法官。全美各城市发生黑人暴动	1967	第三次中东战争爆发。东盟成立。中国进行氢弹试验
1968	约翰逊宣布停止轰炸越南北部。约翰逊宣布退出总统提名竞选。马丁·路德·金遇刺身亡。1968年民权法成立。越南民主共和国与美国在巴黎开始正式谈判。罗伯特·肯尼迪遇刺身亡。尼克松当选总统	1968	春季攻势。布拉格之春,苏联入侵捷克斯洛伐克
1969	尼克松公布从南越部分撤军计划。尼克松主义发表。佐藤、尼克松会谈,宣布1972年返还冲绳。"阿波罗11"号在月球表面着陆。《纽约时报》报道南越美莱村大屠杀。大学斗争、反战运动激化	1969	美苏批准《防止核武器扩散条约》。中国宣布成功进行首次地下核试验、氢弹试验
1970	参议院大会决定废除东京湾决议。美军入侵柬埔寨。各地举行妇女解放游行	1970	戴高乐去世
1971	尼克松宣布访华。"越南化计划"开始。尼克松宣布放弃金本位制。史密森协定。联合国大会决定驱逐台湾、恢复中国合法席位	1971	参议院批准冲绳返还协定。英国加入欧共体(EC)
1972	尼克松访华,发表上海公报。尼克松访苏,签署《第一阶段限制战略武器条约》。"水门事件"。国际汇率成为浮动汇率制	1972	冲绳行政权回归日本。中日建交
1973	越南停战协定签署。美国完成从南越撤军。停止轰炸柬埔寨。废除选征兵役制,改为志愿征兵制	1973	第四次中东战争爆发。第一次石油危机
1974	尼克松因"水门事件"辞职。福特接任总统。福特对尼克松施行特赦。美国议会公布罗伯特·洛克(Gene Robert LaRocque)退役海军少将"美国军舰停靠日本港口时也装备核武器"的证词。福特总统访日		
1975	金边陷落。西贡陷落。越南战争结束。福特、勃列日涅夫会谈。福特、毛泽东会谈。昭和天皇、皇后访美	1975	越南战争结束。欧安会东西方阵营35个国家发表赫尔辛基宣言,签署最终文件

续表

公历	美国	公历	日本、世界
1976	《美苏和平利用地下核爆炸条约》签署。建国200周年活动。卡特当选总统。参议院外交委员会跨国企业小委员会公布洛克希德公司的贿赂事件。福特总统签署宣布第二次世界大战中强制收容日裔美国人无效的文件	1976	周恩来逝世。毛泽东逝世。粉碎"四人帮"。田中角荣前首相因涉嫌洛克希德事件被逮捕
1977	巴拿马运河新条约签署	1977	邓小平复出
1978	美以埃戴维营会谈,三方就"中东和平协议"达成一致	1978	中日和平友好条约签署
1979	中美关系正常化。德黑兰美国大使馆人质事件。美国三哩岛核泄漏事故。美苏第二阶段限制战略武器条约（SALTII）达成基本一致	1979	伊朗革命。随之爆发第二次石油危机。埃及、以色列签署中东和平文件。越南入侵柬埔寨。中越边境冲突。英国撒切尔内阁成立。苏联入侵阿富汗
1980	解救伊朗人质行动失败。里根当选总统。抵制莫斯科奥运会	1980	波兰团结工会成立。两伊战争（至1988年）
1981	伊朗人质问题解决。里根遇刺受伤。第一架航天飞机发射成功。第一位最高法院女性大法官就任	1981	波兰实施戒严令。埃及总统萨达特遇刺身亡
1982	美苏削减战略武器谈判（START）。男女平权法案成为废案	1982	英阿马岛战争
1983	入侵格林纳达。什叶派恐怖主义分子炸弹袭击黎巴嫩海军陆战队军营,341人死亡	1983	大韩航空坠机事件。仰光炸弹恐怖袭击事件
1984	里根访华。洛杉矶奥运会。民主党第一位女性副总统候选人。里根连任。海军陆战队从贝鲁特撤军	1984	印度甘地总理遇刺身亡。苏联宣布不参加洛杉矶奥运会
1985	广场协议。美元贬值、日元升值。由债权国转为债务国	1985	苏联戈尔巴乔夫出任党总书记。日本海外纯资产跃居世界首位
1986	空袭利比亚	1986	切尔诺贝利核电站事故
1987	里根、戈尔巴乔夫签署《中导条约》		
1988	乔治·H.W.布什当选总统	1988	苏联从阿富汗撤军
1989	美苏马耳他会晤	1989	江泽民成为国家领导人。昭和天皇去世。柏林墙倒塌
1990	日美构造协议开始	1990	伊拉克入侵科威特。德国统一。日本股市暴跌,泡沫经济崩溃

公历	美国	公历	日本、世界
1991	海湾战争。日本出资135亿美元。美苏签署削减战略武器条约（STARTI）	1991	马斯特里赫特条约。苏联解体。戈尔巴乔夫辞职。叶利钦登上历史舞台
1992	克林顿当选总统。洛杉矶等地爆发黑人暴动		
1993	美苏签署STRATII。日美一揽子经济协议开始。参加索马里联合国和平执行部队的美军士兵尸体被在市内拖行	1993	欧盟成立。日本人均GDP跃居世界首位。日元升值，进入一美元兑换100日元的阶段
1994	北美自由贸易协定成立。签署《朝鲜问题框架协定》以冻结朝鲜核开发及改善关系	1994	欧洲货币机构成立。欧洲隧道（英吉利海峡隧道）开通。金日成去世
1995	与越南建立外交关系。波斯尼亚内战，北约进行军事干涉	1995	阪神淡路大地震。奥姆真理教沙林事件。朝鲜能源开发组织（KEDO）成立
1996	克林顿连任总统		
		1997	金正日出任朝鲜劳动党总书记。香港回归中国
		1998	金大中就任总统。朝鲜进行大浦洞导弹发射试验
1999	克林顿在不伦弹劾案中被宣告无罪。为了迫使科索沃塞尔维亚治安部队撤退，北约在没有联合国安理会承认的情况下开始军事干涉并发动空袭	1999	欧洲货币联盟成立
2000	总统选举中，经最高法院裁定，乔治·W.布什当选总统	2000	朝韩首脑在平壤举行会晤
2001	"9·11"事件。对阿富汗行使武力。塔利班政权解体。安然公司等大公司财务造假事件频出		
2002	发表认同先发制人进攻的国家安全战略报告。国土安全部成立	2002	欧元开始流通。小泉首相访问朝鲜，与金正日会晤。一部分被朝鲜绑架者回到日本。派遣海上自卫队参加美国对阿富汗行使武力的支援行动
2003	伊拉克战争，推翻萨达姆政权。拘捕萨达姆	2003	决定向伊拉克派遣自卫队。有关朝鲜核问题的朝中美日韩俄六方会谈在北京召开。日本两名外交官在伊拉克遇袭死亡

续表

公历	美国	公历	日本、世界
2004	阿布格莱布监狱虐待战俘事件曝光。马萨诸塞州在美国首次承认同性婚姻合法化。里根总统去世。"9·11"事件独立调查委员会最终报告。布什连任总统。向伊拉克临时政府转让主权,开战后美军死者超过1300人	2004	西班牙马德里"3·11"列车爆炸案。巴基斯坦解放组织主席阿拉法特去世。印尼苏门答腊地震,引发大海啸。中国军委主席江泽民退任,胡锦涛接任
2005	美国南部遭遇飓风卡特里娜袭击。联邦最高法院约翰·罗伯茨出任首席大法官	2005	伦敦连环爆炸案。众议院选举,小泉领导的自民党取得历史性大胜。朝鲜核问题六方会谈发表联合声明。伊拉克颁布新宪法,举行议会选举。朝鲜发表拥核宣言
2006	塞穆尔·阿利托就任联邦最高法院大法官。因加强管制非法移民在全美各地引发抗议游行。中期选举共和党败北。拉姆斯菲尔德辞去国防部长职务。有关伊拉克战争问题的超党派"伊拉克研究小组"(ISG)发布报告	2006	朝鲜发射大浦洞导弹。小泉首相引退,第一任安倍政府开始执政,随后访问中韩两国。朝鲜地下核试验。萨达姆被执行死刑
2007	布什总统向伊拉克增派部队。弗吉尼亚理工大学枪击事件。次贷危机表面化。前副总统戈尔获得诺贝尔和平奖。众议院大会通过要求日本政府在慰安妇问题上正式道歉的决议	2007	朝鲜核"去功能化"联合宣言。英国首相布莱尔辞职,布朗接任。萨科齐出任法国总统。安倍首相辞职,福田政府开始执政。日本反恐特别措施法过期,海上自卫队从印度洋撤回。平壤举行南北首脑会晤。韩国总统选举,李明博当选
2008	布什总统出席北京奥运会开幕式。雷曼兄弟公司破产。不再将朝鲜列为支援恐怖主义国家。奥巴马成为历史上第一位黑人总统	2008	石油价格保障,达到一桶147美元的历史最高值
2009	奥巴马在布拉格发表"无核世界"演说,获得诺贝尔和平奖。朝鲜退出六方会谈,进行核试验	2009	众议院选举民主党大胜,鸠山政府诞生。日元升值。通货紧缩宣言。日航经营危机
2010	中期选举执政党民主党大败。茶党崛起	2010	中国超越日本成为世界第二大经济体。以希腊为开端的欧洲财政金融危机
2011	奥巴马在澳大利亚议会发表太平洋"最优先"的演说。要求解决贫富差距问题的游行从纽约波及全美	2011	中东地区民主化浪潮。利比亚卡扎菲死亡。东日本大地震与东京电力福岛第一核电站事故。日元更新战后汇率最高值。朝鲜金正日总书记猝死

续表

公历	美国	公历	日本、世界
2012	奥巴马连任总统。康涅狄格州桑迪胡克小学枪击案，26人死亡。传媒大企业脸书在纳斯达克市场上发行股票	2012	冲绳县钓鱼岛"国有化"，引发中国全土的反日游行。中国习近平新领导体制建立。总选举中自民党夺回政权，第二次安倍内阁启动
2013	波士顿马拉松爆炸事件，3人死亡。奥巴马政府与共和党对立激化，8年以来首次临时关闭政府部门	2013	特定秘密保护法成立，设立国家安全委员会。安倍首相参拜靖国神社，驻日美国大使对此"表示失望"。叙利亚对反对派使用化学武器
2014	密苏里州白人警察射杀黑人青年，抗议行动转变为暴动。中期选举共和党大胜，同时在参众两院拥有多数席位	2014	俄罗斯将乌克兰克里米亚半岛纳入领土。日本内阁决定承认行使集体自卫权
2015	最高法院裁定同性婚姻合宪，全美解禁同性婚姻。与古巴复交。美国等6国与伊朗达成限制核开发的最终协议	2015	安保关联法案成立，行使集体自卫权成为可能。前往欧洲的难民增多，欧盟内部在如何接纳的问题上产生分歧。TPP谈判基本完成。巴黎同时发生多起恐怖袭击，130人死亡。日韩就解决慰安妇问题达成一致
2016	奥巴马向广岛原子弹爆炸慰灵碑献花。特朗普当选总统	2016	英国公民投票决定退出欧盟。应对全球气候问题的巴黎协定开始生效。安倍首相与奥巴马一同在珍珠港亚利桑那战舰纪念馆献花
2017	特朗普宣称退出TPP和巴黎协定。发表《国家安全战略》，与中俄的对抗姿态鲜明	2017	朴槿惠总统被罢免，文在寅就任总统。朝鲜宣称拥有ICBM、进行氢弹试验，成为核强国。通过核武器禁止条约
2018	特朗普宣布退出伊朗核协定，对伊朗进行制裁。美朝在新加坡举行首次首脑会晤。美中贸易摩擦激化，相互实施关税报复措施	2018	中国全国人民代表大会修改宪法，废除国家主席担任两届10年的规定。2015年11月以来首次中日韩首脑峰会在东京召开。中国海军航空母舰"辽宁"号在西太平洋进行为期40余日的远洋训练

参考资料：共同通信《世界年鉴》、共同通信数据库（每年十大新闻项目，2005—2017年）、松尾文夫著《美国与中国》（岩波书店）年表、后藤谦次《向十岁一代人讲述平成史》（岩波少年文库）年表。

解　说

五十岚武士（东京大学教授）

本书获得了2004年日本散文家俱乐部大奖。2007年美国的出版社也以 Democracy With a Gun: America and the Policy of Force 的书名出版了英文版。

作者松尾文夫先生是一名深受松本重治、詹姆斯·雷斯顿等传奇记者熏陶并曾长期在美国和印度尼西亚工作过的国际派记者。他还对有关美国的学术研究抱有强烈的兴趣，自诩为是笔者恩师斋藤真先生的"门外弟子"，正是因为这样的缘分，我们已经有了近30年的交情。

20世纪70年代中期后就一成不变地拎着流行的途明（TUMI）拎包出行，最近不仅依然关注美国，又开始关注中国，作者总是给人以神出鬼没之感。这一点在本书的章节构成中也有所体现，出人意料正是本书的魅力所在。

本书的主题是枪与美国的关系，在这一问题上，迈可·摩尔导演以发生在科罗拉多州的科伦拜中学校园枪击案为题材制作了纪录片《科伦拜校园事件》，这部在日本也很受欢迎的纪录片深刻揭露了持枪制度宽松的美国社会是如何可以轻易发生杀人事件的真相。

现代民主主义发源地的美国，以个人自由和尊重人权为政治的根本原则。而就在这样的美国，本应是最根本人权的保护生命却被忽视，监狱收容的犯人数量在发达国家中也是一骑绝尘，只能说这是多么的讽刺。而成为种族歧视牺牲品的黑人之间的杀人事件却又是最多的，这更是悲剧。

本书从正面挑战迄今为止在日本的美国研究中没有真正涉及过的枪与美国的关系这一基本问题。但是，本书的特点并非解说美国的实际情况，而是进一步将这一问题的背景深挖到美国政治体制的根本原则，即宪法第二修正案对人民拥有武装的规定，并将其视为美国民主主义内在的本质性问题。

总之，本书将美国历史上不断发动的对外侵略以及伴随其而来的对印第安人原住民的征服和对黑人的种族歧视相结合来理解人民拥有武装的问题，同时又将其与美国易用武力这一现在国际政治的关键问题相联系，鲜明体现了作者独特的美国观。

事实上，"美国帝国"论颇受关注，主张冷战结束后唯一的超级大国美国正在试图即使单独行动也要掌控世界局势。这个理论关注美国会在何处行使武力，但在民主主义的美国，并非只靠政府的决定，问题也在于国民是否会支持行使武力。并非一定难以两立的帝国与民主主义在美国处于何种关系？解答这个问题是预测世界局势走向的切实课题。

我想引用作者自己的话来回答："美国在世界上值得自豪，现仍被世界所接受的自由平等的民主主义理念里内嵌着行使武力的DNA（基因）。事实上，在民主主义光芒的背后，美国还有一张行使武力的令人生厌的面孔。"

本书的这一问题意识与"持枪的民主"这一颇具挑衅性的书名可谓正合时宜。本书出版正值伊拉克战争一年后的世界形势动荡不定之际。但是，本书文库本长期受读者喜爱就在于作者独特的美国观贯穿始终。松尾先生的美国观是以少年时的战争经历为起点，以40余年的记者生涯为基础的结晶。

在此之上，作者通过历史背景探讨自己的美国观，还对美国史的学术研究进行探索，在说明成为美国国内持枪论战核心的宪法第二修正案时，切中要害地介绍了法官的判断和代表性宪法学者的学说。更确切而言，本书是进行周到准备后才开始执笔的长年跟踪话题的集大成者，并在恰到好处的时机得以出版。

作者将美国形容为"似近实远的国家"，对日本人的美国观进行了如下描述：

"历史和文化大相径庭的两个国家，却维持着如此紧密的关系，恐怕在世界历史上也属首次吧。

但是，这与日本人正确了解美国这个国家似乎还是两回事。在表面上十分亲密的背后，日本与美国的关系在深层也不断积累着甚至可称为'擦肩而过'的状况。"

尽管这是长年报道美国的资深记者的感叹。但笔者很早就感觉到，日本人的美国观不仅基于个人经历，很大程度上还受到不同年代、不同经历的影响。与美国进行过战争的一代人、经历过战败后美国占领下民主化的一代人、20世纪60年代越南战争中度过青春岁月的一代人和70年代日本成为"富足社会"并恢复自信后成长起来的一代人，对美国的看法会迥然不同吧。

大体而言，日本人的美国观从捕捉美国"本质"的思路转向了对各种关心分别理解的思路。可以认为，这种变化缘于日本社会对美国文明的吸收和日美共同点的增加。

有的观点认为，日本人的美国观中存在着"崇美与排美"的二律背反倾向。在占领时期度过少年、青年时光的一代人将美国视为"民主主义"和"富足"国家的"崇美"倾向相对较强。而作者的独特之处在于，尽管在年龄上属于这一年代，但正如序言标题"与'敌人'的相遇"一样，松尾先生美国观的出发点却是其本人的战争体验。

其结果正如"DNA"的表述一样，作者美国观强烈体现出了追求"本质"的心情。本书从小学生时目睹杜立特空袭东京的经历开始，继而关注坚持战略轰炸立场的李梅将军，最后还涉及当前布什政府的先发制人战略。从序言到第一章的叙述可谓本书的压卷之处。

第二章则笔锋一转，论述了这一问题起源的宪法第二修正案中人民拥有武器的权利问题，提醒读者注意美国的民主主义在历史上是以这一权利为基本原理的，即人民拥有武器反映了市民在面对权力时将自己保卫自己的自由与权利这一古典共和主义思想。

正如作者一语中的所指出的，在美国，由于在殖民地化和西部大开发过程中不断进行武力侵略，因此普及民主主义的使命感与人民拥有武器也成为了征服原住民印第安人和歧视黑人的手段。而今天的美国军队中黑人与女性等少数群体比白人男性更多，反而成为了维护少数群体的组织，这也体现了美国社会的令人讽刺之处。

第八章《1968年的分水岭》在本书中发挥了承前启后的作用。这一年尼克松在总统选举中获胜，成为美国政治延续至今的保守化倾向的第一步。值得深思的一点是，在那时的采访中，哈佛大学教授大卫·李思曼谈到加利福尼亚出身的尼克松当选时指出美国东部的人并不理解西部。

　　作者认为日本人在理解美国的问题上存在着"擦肩而过"的危险，实际上即使是美国人，要预测美国的政治动向也绝非易事。这不仅由于美国空间广阔，也是产业结构变化剧烈，国民原属族裔变动较大并较易反映在政治上的缘故。总之，这意味着美国"实验国家"的性质依然强烈，只根据现有的知识就判断其未来前景并不充分，必须关注并看清不断变化的动向。

　　作为日本记者，作者在这一点上也是十分优秀的。2002年10月从社长职务上退休、宣布重出江湖后，马上就在《中央公论》8月号发表了《不容小觑的新帝国主义》一文，最先介绍了主导伊拉克战争的新保守主义。

　　本书在承前启后中最后部分的第九章介绍了新保守主义。这一章中作者对伊拉克战争的看法与对越南战争亲身采访的经历，特别是1975年目睹西贡（现胡志明市）陷落的前例进行了比较，并做出了颇为含蓄的预测。

　　罗纳德·里根总统执政使美国从越南战争症候群中恢复了自信。本书认为里根是一位给予美国人以"安心感"的人物，而建议作者不能忽视里根的正是发动伊拉克战争的始作俑者副总统切尼。十分遗憾，在本书中期待切尼发挥传递"安心感"作用这一作者的希望看来没有成为现实。

　　本书的尾章明确了作者的主张。作者带着羡慕的心情介绍了在第二次世界大战中被美军战略轰炸摧毁得体无完肤的德国德累斯顿，德国与原本是敌国的美英等盟国之间举行的和解仪式。同样，在遭遇过东京大轰炸、广岛和长崎原子弹爆炸的日本举行和解仪式成为了松尾先生的夙愿。可以说，渴望日美两国实现更深层的相互理解也正反映了松尾先生作为"战中派"的心情吧。